PROMENADES

EN ESPAGNE.

Paris. — Imprimerie de Pommeret et Moreau, quai des Augustins, 17.

PROMENADES
EN ESPAGNE

Pendant les années 1849 et 1850.

PAR

Mme DE BRINCKMANN
née Dupont-Delporte.

PARIS
CHEZ FRANCK, LIBRAIRE-ÉDITEUR,
RUE RICHELIEU, 67.
—
1852

A

Monsieur Hugues Delporte.

—

LETTRE I.

Paris, 1ᵉʳ janvier 1852.

Céder aux conseils de mes amis et aux tiens, mon cher frère, est vraiment un acte d'incroyable vanité. Ecrire les souvenirs de mon voyage, après tant de plumes habiles qui ont déjà célébré ou critiqué le doux pays des Espagnes, n'est-ce pas une énormité? Quiconque aura lu *Tralos Montès*, cet ouvrage charmant de Théophile Gauthier, et quelques autres, me prendra en pitié. Cependant, je cède quand on me fait observer qu'ayant pénétré dans l'intérieur des provinces les plus intéressantes et les plus curieuses de la Péninsule, tant par la beauté pittoresque du pays que par le prestige des souvenirs qui s'y rattachent, et qu'ayant eu, grâce à de très-bonnes recommandations, mille moyens d'étudier et de connaître les mœurs de ce noble pays, je puis offrir aux touristes d'utiles renseignements. Passionnée pour les voyages, je me trouverai plus que récompensée de la peine que je vais prendre de mettre mes notes en ordre, si elles peuvent être utiles aux personnes qui partagent mes goûts. Ces souvenirs, que j'écrivais chaque soir, étant brisée de fatigue et à travers un combat acharné avec le sommeil, ont bien besoin d'être, non pas augmentés, mais considérablement revus et corrigés. Ils sont sous forme de lettres à toi adressées, de sorte que je ne faisais que me recopier quand je t'envoyais en Russie mes impressions sur l'Espagne, alors que toi-même tu me rendais la monnaie de ma pièce par des détails pleins d'intérêt sur l'empire des tzars.

Je vais donc laisser la même forme à ce petit ouvrage, que tu vas reconnaître pour l'avoir lu en détail.

Ai-je toujours été juge impartial? Je l'ignore; cela a été ma constante volonté, et j'espère lui avoir obéi.

Un mot d'abord sur le caractère espagnol, et disons que c'est à tort qu'on parle et qu'on écrit sur le caractère espagnol en général. La Péninsule ayant subi des dominations différentes, ayant été pendant tant de siècles divisée en plusieurs royaumes ayant chacun des gouvernements, des lois, des usages à eux, il en devait résulter une extrême différence entre les caractères, et elle se fait encore sentir de nos jours. Chaque province a une couleur qui n'appartient qu'à elle, des usages, des mœurs qui lui sont propres.

Ainsi le caractère du Castillan est froid en apparence; il parle peu, il est réservé avec les gens qu'il ne connaît pas; lorsque vous le voyez se promener seul, vous pourriez le croire élaborant un vaste projet de conspiration ou un poëme épique. Si vous revoyez le même homme le soir dans un salon, vous trouvez alors le véritable *caballero castillan*. Ses manières sont élégantes, il emploie avec les femmes cette politesse empressée et de bon goût qu'hélas les révolutions et la passion libérale, qui prend la grossièreté pour le véritable civisme, ont bannie de notre pauvre France, non pas sans retour, mon ami; si ce n'est nous, ce seront nos enfants qui reverront avec tous ses charmes la société française.

L'Andaloux, au contraire, est toujours joyeux, jovial, riant, dansant, chantant, et travaillant le moins possible. Sa vivacité l'entraîne au-delà de toute espèce de borne. Ainsi, il y a rarement dans la classe populaire quelque réunion, quelque fête qui ne soit suivie de querelles et les querelles de coups de couteaux. Pas un homme du peuple, en Espagne, qui ne soit toujours porteur de sa *naraja* (1). La *naraja* est un couteau, si commun qu'il puisse être, dont la lame est bien trempée, et dont la pointe est, sans exagération, aussi fine que celle d'une aiguille. La blessure que fait la *naraja* est souvent mortelle. Néanmoins, ces hommes qui se battent ainsi ne sont pas plus cruels que nous; l'imagination l'emporte sur la raison sous un climat si excitant, chez ces êtres qui, amis le matin, se tuent le soir.

Ne cherchez pas en Espagne de ces réunions occultes où l'assassinat est érigé en vertu, où on tire froidement au sort quel sera le bras qui doit frapper mortellement la clef de voûte de l'édifice social. N'y cherchez pas davantage de ces monuments élevés à la mémoire des misérables dont les brevets de civisme furent des condamnations judiciaires, de ces monuments odieux sur lesquels sont gravés les noms de ces bandits et qui sont là pour perpétuer le souvenir de nos malheurs, de nos plus hideuses révolutions et constater la faiblesse des pouvoirs qu'elles ont fait surgir.

Ce qu'on peut dire en général du caractère espagnol, c'est qu'il est élevé, généreux, loyal. Lorsqu'un homme a donné sa parole, on peut y compter, il n'y manquera jamais; il est extrême dans ses sentiments, votre ami dévoué, ou votre implacable ennemi.

Je serais heureuse de pouvoir être crue lorsque je chercherai dans ce faible travail à rectifier bien des erreurs qui ont été accréditées sur cette noble et grande nation. C'est le seul témoignage de reconnaissance que je puisse offrir à ceux qui ont prodigué la plus franche et la plus cordiale hospitalité, la meilleure protection à l'étrangère qui osait ainsi se lancer seule dans un pays qui lui était inconnu et auquel tant de niais se sont plu à faire une mélodramatique réputation. Je dois ajouter que c'est peut-être à ce sentiment généreusement protecteur de la faiblesse féminine, que je dois d'avoir vu et observé des choses auxquelles ne pensent pas la plupart des voyageurs.

(1) On lit la phrase suivante gravée sur toutes les lames de la navaga : *Soy defensor de mi dueño* (Je suis le défenseur de mon maître).

Parmi les touristes, il y en a de différentes espèces : il y a d'abord celui qui se croit blasé, qui s'ennuie de tout, sans s'apercevoir qu'il s'ennuie de lui. Il part mécontent et arrive de même jusqu'à la frontière, espérant qu'une fois traversée, il éprouvera quelque sensation nouvelle. Comme il ne sait de l'Espagne que ce qu'il en a lu dans les poésies charmantes de Victor Hugo ou d'Alfred de Musset, il croit pouvoir retremper sa pâle vie et dissiper ses ennuis près de quelque Andalouse au teint bruni ; il croit ne respirer partout où il doit porter ses pas que le suave parfum des fleurs, pauvre homme ! Pour celui-là, il y aura bien des déceptions, comme tu le verras plus loin. A mesure qu'elles arrivent, il maudit de plus en plus son idée de voyage en Espagne, revient dans son pays furieux, ne parle que de mauvaises routes, mauvaises auberges, voleurs qu'il a failli rencontrer. Enfin, il était de si mauvaise humeur qu'il n'a pas eu le courage d'aller jusqu'au bout et n'a pas vu toutes les merveilles des arts qui font la gloire de ce pays. A celui-là, je dirai : Quiconque ne peut trouver dans les jouissances de l'intelligence, dans les enivrements de l'imagination, une compensation à tout ce qui manque au bien-être matériel de la vie, doit rester chez soi et pêcher à la ligne pour charmer ses loisirs. C'est donc ce touriste-là qui a contribué à faire à l'Espagne une fâcheuse réputation ; réputation qui s'est accréditée, malgré l'absurde exagération de cet *homme-borne* auquel je refuse la qualification de touriste.

La deuxième espèce est, comme je viens de le dire, l'homme qui veut alimenter son intelligence, augmenter la masse de ses connaissances en toute chose ; qui trouve un charme infini dans l'observation et l'étude, dans la contemplation d'une belle nature sous un ciel enchanteur, dans celle des grands et nobles restes qui sont là comme témoignages des beaux jours de la vie des nations.

A ceux-là je dirai : Allez en Espagne, vous y trouverez tout ce qui peut charmer et séduire l'esprit, comme tout ce qui peut toucher le cœur. Alors, le soir en rentrant, étant sous l'impression des souvenirs de votre journée, vous vous apercevrez bien moins de la mauvaise qualité de votre souper; puis la fatigue vous endormira promptement sur le lit fort dur qui vous attend et auquel, je vous assure, vous serez vite accoutumé.

Enfin, mon cher Hugues, je te promets de ne rien exagérer, ni en bien ni en mal; je voudrais redresser les erreurs commises au préjudice de l'Espagne, comme renseigner sur les inconvénients qu'on rencontre, et qui, étant connus à l'avance, peuvent être modifiés ou évités. Si je puis être utile, mon but sera atteint.

LETTRE II.

Burgos, 26 octobre 1849.

Enfin, mon cher ami, le voici en voie d'exécution, ce fameux voyage en Espagne auquel je rêve depuis mes jeunes années, et qui avait fini par me faire l'effet d'un mirage. Ce pays ne s'offrait jamais à mon imagination qu'à travers un prisme enchanteur; quelle plus aimable distraction que celle du voyage à opposer à la solitude et aux peines de la vie! Je pense souvent et avec reconnaissance à tes efforts fraternels pour me détourner de mon projet. Te rappelles-tu nos conversations de cet été, pendant ces bonnes heures de *far niente* que nous passions sur la terrasse aérienne et embaumée, lorsque tu me disais un jour :

— Regarde, crois-tu trouver en Espagne des vues beaucoup plus belles que celle-là?

En effet, c'était magique; le soleil était dans toute sa splendeur, et nous avions à nos pieds cette riche et gracieuse vallée du Gresivaudan d'un côté, la pittoresque vallée d'Uriage, de l'autre. Ta terrasse est si bien et si haut placée, que nous pouvions admirer cette grande nature, sans voir ni entendre la pauvre humanité!

— Assurément, te disais-je, il est impossible de rencontrer une habitation plus délicieusement située que la tienne, très-difficile de voir des sites plus variés, des montagnes plus belles et des vallées plus fertiles que dans cette partie du Dauphiné; mais si je ne vois pas mieux en Espagne, j'y verrai des beautés d'un autre ordre. Et puis, je ne sais, cette terre a pour moi une attraction invincible à laquelle il faut que j'obéisse.

— Mais ton sybaritisme, ajoutais-tu, que n'aura-t-il

pas à souffrir dans ces effroyables auberges si malpropres où tu auras à peine de quoi manger? Et les bandits?

— Les mauvaises auberges, je suis très-disposée à les supporter avec philosophie, et les bandits, j'y crois peu; mais, le cas échéant, je me mettrai sur la défensive, et puis enfin, j'ai confiance en mon étoile, qui m'a toujours été aussi favorable dans mes pérégrinations qu'elle me l'est peu en toute autre circonstance. Je me sens très-décidée à opposer un stoïcisme à toute épreuve aux épines du voyage.

C'est le 20 dernier que je quittais notre moderne Sodome, munie de bonnes lettres de recommandation de notre ami Buloz pour le maréchal Narvaez et M. de Mora, membre des Cortès, qui est, me dit-on, un homme aimable habitant Madrid et marié à une Française. J'ai aussi une lettre circulaire du ministre pour nos agents diplomatiques et consulaires. Avec ces choses, il me semble que je pourrais défier les intempéries comme les brigands.

Je fus seule dans mon coupé jusqu'à Angoulême, où monta un père jésuite. Ce disciple de saint Ignace m'abrégea la longueur de la route, que je connaissais, par une conversation des plus agréables. Je trouvai en lui un homme infiniment distingué et instruit, ayant beaucoup voyagé, et tu sais que : *Quiconque a beaucoup vu doit avoir beaucoup retenu.* Il me quitta à Bordeaux, où l'envoyait son général, me laissant plus convaincue que jamais que c'est seulement la jalousie qu'inspirent leur force et leur supériorité qui depuis des siècles a déchaîné la calomnie contre eux. Et la plupart des gens qui emploient cette arme des lâches, seraient probablement fort embarrassés d'expliquer pourquoi ils détestent les jésuites.

A Bordeaux, mon coupé se compléta par M. et madame Roche. Tu sais que M. Roche est notre consul à Tanger; il retourne à son poste en traversant l'Espagne. Tu vois que c'était commencer mon voyage sous d'heureux auspices. M. Roche est un homme de la meilleure compagnie, qui joint un grand savoir à une vaste intelligence, qui, lui aussi, a beaucoup vu et raconte avec un grand charme et beaucoup de simplicité. Malheureusement je devais les quitter à Burgos.

Mais revenons à mon voyage, que le souvenir de cette agréable rencontre avait interrompu. D'ailleurs le *mayoral* crie de toute la force de ses poumons : *Señores, en coche*.

Arrivée à Bayonne dans la matinée du 22, je retins ma place pour le lendemain dans les *peninsulares*, et à 8 heures du matin je remontais prendre ma place près de mes aimables compagnons.

Rendons aux diligences espagnoles la justice de dire qu'elles ne sont pas plus mauvaises que les nôtres. La *peninsulare* qui nous enlève est attelée de huit mules élégamment et coquettement harnachées; leur collier est orné d'une fâcheuse quantité de grelots, qui nous envoient une harmonie dont je me passerais volontiers. Le lourd véhicule est gouverné par trois hommes, c'est sans doute en imitation de ce je ne sais quoi qu'on appelle gouvernement constitutionnel. Espérons que nos trois pouvoirs vont s'entendre un peu plus que certains autres que nous avons connus, hélas! et que le véhicule ne roulera pas au fond de quelque précipice.

Le premier pouvoir s'appelle *mayoral* (conducteur), le deuxième *zagal*, le troisième *delantero*. Le *mayoral* lance majestueusement ses ordres aux gens et aux bêtes. Je n'aimerais pas les fonctions du *zagal*, elles consistent à courir à côté des mules et aussi vite qu'elles pour les exciter à la vitesse à grands coups de fouet; mais il est vrai que les évolutions du fouet sont accompagnées des paroles les plus tendres : *Allons, ma belle, plus vite, ma charmante*, ou bien de jurons très-énergiques lorsque l'une d'elles paraît un peu nonchalante. Chaque mule est interpellée par son nom; le *mayoral* joint sa conversation à celle du *zagal*, conversation qui s'interrompt encore moins que les coups de fouet, et je te laisse à penser quel tintamarre nous avons là. Quand le pauvre *zagal* a dépensé tout ce qu'il avait de forces dans les jambes, les bras et les poumons, il monte se reposer quelques instants à côté du *mayoral*.

Le *delantero* est un adolescent, c'est un petit postillon à cheval sur la mule de gauche de la quatrième paire; souvent cette mule est remplacée par un cheval. Ces attelages sont si longs que le pauvre enfant me paraît être à un kilomètre de notre coupé. C'est le même *delantero* qui va aller ainsi jusqu'à Madrid, il va galopper trois jours et deux nuits, et quoique je le classe dans les gouvernants de notre petit état roulant, je n'envie pas son sort.

De Bayonne à Behobie la route est charmante; nous traversons Saint-Jean-de-Luz, et nous voilà à la frontière, au pont de Behobie, dont une moitié appartient à la France et l'autre à l'Espagne. C'est là qu'on visite les passe-ports, cérémonie bien fastidieuse quand on a hâte de passer la frontière.

Comment t'exprimer toutes les impressions diverses qui s'étaient emparées de mon être? J'éprouvais une de ces satisfactions inouies que toujours on éprouve à la réalisation d'un rêve éveillé qu'on a longtemps caressé. Je ressentais une véritable joie en pensant que je ne verrais plus de quelque temps des murs, des frontons d'édifices publics, souillés des noms des trois furies républicaines. L'Espagne, pensais-je, est un pays religieux; au lieu de cela, peut-être verrai-je ces douces paroles consolatrices: la Foi, l'Espérance, la Charité. J'aime mieux cela.

Cependant je mets ma tête à la portière en traversant la frontière, car je veux voir la France le plus longtemps possible. Mon cœur se serre en pensant à ses maux; puis je laisse là la famille, toutes mes affections exposées aux fureurs révolutionnaires, je ne dirai pas du peuple, car j'honore et j'estime infiniment ce peuple dans lequel je comprends tout ce qui est Français, mais de cette vile et hideuse populace que les ambitions déçues savent déchaîner contre tout ce qui est sacré ou respectable. Pourtant l'espoir ne m'abandonnait pas. Noble France, pensais-je, tu reprendras ton antique valeur, tu auras la force et la volonté de secouer l'ignoble vêtement dont tu es affublée. Nous pourrons dire encore: *Dieu protége la France.*

Nous voilà à Irum, c'est là la première ville d'Espagne; nous sommes à une heure de la France, et déjà rien ne lui ressemble, rien ne la rappelle; toutes les maisons sont à balcons, les rues sont étroites et l'aspect de la ville est triste. Après avoir subi avec résignation les ennuis de la douane, nous faisons un déjeûner dont la cuisine espagnole-française me paraît valoir mieux que sa réputation.

Où donc aller pour éviter ce fléau qui a nom *commis-voyageur?* J'espérais que dans un pays aussi peu commerçant que l'Espagne, ce n'était pas possible. Vain espoir, la chose se trouve dans l'intérieur de la diligence, et se révèle à table en maugréant contre la cuisine et la difficulté de se faire comprendre dans un pays dont on ne sait pas la langue quand on a des échantillons à placer. Mais patience, pensais-je.

Nous sommes en pleine Biscaye; le pays est charmant, très-accidenté, arrosé de belles eaux; les montagnes ne sont pas très-hautes, elles sont boisées et les vallées bien cultivées. Je remarque des rangées d'hommes et de femmes bêchant avec autant d'ensemble que des militaires en mettent à marquer le pas. La route est plus étroite que celles de France, mais bonne; des bancs de gazon la bordent de chaque côté, le *mayoral* me dit que c'est pour servir de garde-fous. Quelques maisons en ruines, éparses çà et là, et qui sont les tristes témoignages de la dernière guerre civile, ajoutent au pittoresque du coup d'œil. Nous traversons la petite ville de Renteria, et nous laissons à droite une éminence s'élevant au milieu de la vallée sur laquelle sont posés l'ancien couvent et l'église de Lezo : rien de plus charmant que ce tableau. En avançant un peu plus, l'aspect du pays change d'une manière fâcheuse; il se dégarnit, plus de prairies, de bois, de jolies habitations; tous ces gracieux sites sont remplacés par de grandes étendues de sable, des monticules de sable, c'est d'une tristesse mortelle. M. Roche me dit qu'on pourrait se croire en Afrique. Nous nous approchons de la mer pour aller changer de chevaux à Saint-Sébastien. A l'entrée de la ville, notre attention est attirée par un poste de carabiniers de la Reine; c'est un beau corps, la tenue et l'uniforme en font des hommes qui pourraient rivaliser avec notre cavalerie.

J'ai la prétention, mon cher ami, de ne pas suivre les

sentiers battus. C'est te dire que je ne te parlerai que de ce que j'aurai vu, et je vais l'avouer tout naïvement que je n'ai vu de Saint-Sébastien que la grande place où on change de chevaux, qu'elle est irrégulière et très-sale. Le *mayoral* répond à la question que je lui fais que nous ne pouvons aller voir l'église qui est à l'autre extrémité de la ville, parce qu'on n'y reste que le temps de changer de chevaux. Il fallait bien se résigner, mais ce ne fut pas sans regrets ; je ne regrettais pas moins de ne pouvoir aller visiter la vallée si vantée de Loyola. Il faut ressortir de Saint-Sébastien par la même porte ; nous quittons bientôt les sables pour nous retrouver au milieu des riants coteaux de la Biscaye.

Voici la nuit ; la lune éclaire cette belle nature, le ciel paraît diaphane, c'est enfin une vraie nuit d'Espagne. Nous arrivons à Tolosa, dont je ne te dirai rien non plus, car on ne nous donne que le temps de souper.

Ah ! cette fois, me voilà aux prises avec la cuisine espagnole, c'est dire que l'huile rance et l'ail y occupent les premiers emplois. Mais tu sais que je prends aisément mon parti sur tout ce que laisse à désirer le côté matériel du voyage. On nous sert une si grande quantité de plats, qu'on peut y faire un choix, et je m'adresse à tout ce qui est rôti ou bouilli. Et quels rôtis ! Des poulets plus secs, plus maigres que des Anglais morts d'amour ; il faut user de toute la force de sa mâchoire pour en être vainqueur. Mais, patience, on s'habitue à tout. En dédommagement on nous sert au dessert d'un excellent vin de liqueur auquel je goûte pour m'ôter le sommeil, car la nuit est si belle, que je veux jouir de tout ce qui va s'offrir à mes regards. Nous serons demain, disais-je, dans la vieille Castille, j'aurai le temps de rendre au sommeil ce que je vais lui enlever.

Notre *mayoral* est un homme fort complaisant, il est même empressé et galant avec les dames, et nous obtenons de lui d'aller à pied en avant pendant les relais, ou de monter à pied les côtes que nous devons rencontrer.

Combien j'ai joui, mon cher ami, de ces petites promenades nocturnes de ma première nuit en Espagne, en compagnie de cet aimable couple, admirateur du beau et accessible aux nobles impressions! Cette charmante nature avait pris un caractère mélancolique; j'écoutais comme si la brise que nous sentions allait se changer en musique, et la clarté de la lune nous montrait de ces ombres fantastiques qui nous transportent dans un autre monde. J'étais sous un charme indéfinissable.

Nous étions de grand matin à Vitoria, et je pris sur le déjeûner le temps de jeter un trop rapide coup d'œil sur cette ville de tristes souvenirs pour nous. Je remarquai une grande et belle place entourée de portiques, c'est celle de la Constitution. Il est si matin, que les églises ne sont pas encore ouvertes, ce qui nous contrarie infiniment. En sortant de Vitoria, nous laissons à gauche une promenade qui nous parait jolie, c'est le Prado. Puis, la campagne commence à révéler l'approche de la vieille Castille; elle se dégarnit de plus en plus, et devient d'une tristesse qui engage au sommeil. Nous remarquons cependant un sol qui doit être d'une extrême fertilité.

Je ne te parlerai pas des petits villages insignifiants que nous traversons; leur aspect, en général, est pauvre, les maisons bâties en pisé sont basses; les rues reçoivent les immondices des maisons, des écuries; c'est d'une malpropreté repoussante qui contraste avec tout ce que j'avais vu de gracieux la veille.

La seule chose à voir, entre Vitoria et Miranda, est l'église de la Puebla que nous eûmes le temps de visiter pendant le changement de chevaux.

Je dois t'avertir ici que, quoi que puisse te dire le *mayoral*, tu as toujours le temps de te promener, de visiter quelque chose pendant cette opération. Rien au monde de plus impatientant que de voir *mayoral* et *zagal* dételant et attelant leurs mules; cela dure une demi-heure au moins, et ils perdent ainsi tout l'avantage de l'extrême vitesse avec laquelle ils conduisent.

La petite église de la Puebla est assez curieuse à voir; le sacristain nous dit qu'elle fut construite sous Philippe III, et moi je pense que le brave homme se trompe; cette construction est plus ancienne et paraît appartenir à l'enfance de l'art gothique. Le retable tout sculpté en bois est digne d'examen.

Nous voilà à Miranda-de-Ebro, petite ville laide et mal bâtie au bord de l'Ebro, qu'on traverse sur un beau pont. Ah! cette fois le *mayoral* est désespérant; sous prétexte de prendre le chocolat, nous devons rester une heure à Miranda où il n'y a rien à voir. Cependant il faut l'employer, cette heure; je demande où est l'église, on me répond : *no vale nada* (elle ne vaut rien), et je m'assure par moi-même qu'on m'avait dit vrai. Je revins au bas du pont d'où la vue m'avait paru assez jolie. En effet, à gauche, hors de la ville, j'aperçois un vieux couvent abandonné, bâti sur une éminence; c'est encore un résultat des dernières révolutions, et des hauts faits de l'école libérale qui souffle le feu de la destruction des principes comme des choses jusque dans ce malheureux pays. En face de moi, j'ai une forteresse de très-vieille construction qui sert de caserne et qui domine la ville. Cet ensemble offre une vue très-pittoresque.

Pendant que j'étais à l'examiner, un officier de douanes, arrêté près de moi et paraissant étonné de ma position contemplative, semblait attendre un moment favorable pour entrer en conversation, et je l'avoue que son désir trouva de l'écho en moi. J'ai toujours pensé que, lorsqu'on voyage avec le goût de l'observation, un des moyens à employer pour bien connaître les pays qu'on parcourt est d'en posséder la langue, et, pour cela, ne négliger aucun moyen de converser avec l'indigène, quel que soit le rang qu'il occupe. J'étais donc très-empressée de m'initier dans la langue de Cervantes, que la grammaire seule m'avait apprise; j'étais en grande défiance de moi-même, je craignais qu'on ne m'apportât un poignard quand je demanderais le nom d'un village, ce qui pourrait m'occasionner quelque démêlé désobligeant.

Cependant je réussis à comprendre et à me faire comprendre du jeune officier. Nous causâmes une demi-heure, pendant laquelle je répondais brièvement à toutes les questions dans la crainte de commettre des énormités. Grand fut mon embarras quand il me questionna sur notre jeune république, sur son présent et son avenir. Ah! lui dis-je, la pauvrette n'est pas née viable, et je doute qu'elle atteigne une imposante longévité. Elle vient de parents si malsains, qu'elle porte en elle le germe d'une maladie mortelle.

Cette réponse fut comprise, et mon jeune officier la goûta. Il me donna la plus haute idée du bon sens espagnol en me disant qu'il n'y avait pas douze républicains dans toute la Péninsule. Le fouet du *zagal* mit fin à notre conversation, et le véhicule aux trois pouvoirs nous enleva.

La campagne devenait plus accidentée, nous traversâmes le laid village de Ameyugo, et, à quelque distance de là, nous entrions dans les gorges de Poncorvo. Nous voici entre de hautes murailles de rochers, d'un aspect sombre et imposant, au sortir desquelles nous avons la plus charmante vue : un torrent se brise au fond de la vallée qui est à notre gauche ; un ermitage et un moulin complètent ce mélancolique tableau. Puis, la campagne redevient un véritable désert, je ne vois pas un arbre ; nous traversons d'immenses plaines, ne rencontrant que peu de villages, tristes et pauvres, du moins en apparence. Cependant, nous approchions de l'antique capitale de la vieille Castille. J'aperçois des clochers à l'horizon, ce doivent être, dis-je, ceux de la cathédrale. Je voyais à ma gauche, se dressant majestueusement au milieu de cette triste campagne, un monument d'un aspect imposant ; le *mayoral* me dit que c'est la chartreuse de *Miraflores*, très-curieuse à voir.

Enfin nous approchons, la route se garnit d'arbres ; elle nous offre un avant-goût de la plus belle moitié de la population de Burgos. Ce sont de gracieuses promeneuses, la tête coquettement enveloppée dans la mantille noire ; puis, des promeneurs drapés dans leur manteau.

Mais quelle impression s'empare de moi, à cette pensée que je suis bien décidément en Espagne ; que je vais entrer à Burgos, l'une de ses plus anciennes cités ; elle est là, devant moi, et m'offre un coup d'œil magique ! J'aperçois, au-dessus de ses plus hautes maisons, les clochers aériens de sa cathédrale et la lueur étincelante d'un beau soleil couchant se jouant à travers leurs découpures de pierres. A l'entrée de la ville, j'ai à ma gauche une double allée d'arbres plantés au bord de la petite rivière d'Arlanzon. Vers le milieu, elle forme un demi-cercle orné de trois médiocres statues de rois, et, en face, se trouve la porte qui nous donne entrée sur la grande place de la Constitution.

Au bout de la promenade, et en face d'un pont, tu verras une autre grande porte de la ville, tout à fait remarquable par son ornementation dans le goût arabe.

Comme je t'ai promis d'être un narrateur fidèle, je dois avouer que, des hautes et poétiques régions où errait mon esprit à la première vue de Burgos, il tomba lourdement à terre et se fit un mal affreux sur la place de la Constitution où s'arrête la diligence. Mes compagnons et moi nous nous regardions du même air contrit; notre odorat venait d'être assailli par la plus déplorable odeur d'huile rance brûlée et d'ail. Cette place, qui sert de marché, était en ce moment un véritable cloaque; son sol, qui n'est pas pavé, est inégal et se trouvait encombré de tas d'ordures. Cet air de complet désordre et d'extrême malpropreté me fit la plus triste impression : c'était mon premier désenchantement, et je commençais à penser qu'il pouvait être suivi de quelque autre.

La place de la Constitution est grande, mais irrégulière; elle est entourée de portiques bas sans aucun caractère; une médiocre statue de Charles III est placée au centre.

On m'avait tant dit qu'il n'y avait rien à voir à Burgos que sa cathédrale, que j'avais retenu une place hier soir en arrivant, afin de repartir demain pour Valladolid. Quelle faute! Combien un jour est insuffisant pour voir et apprécie cette vieille capitale! J'engage les touristes à ne pas m'imiter; Burgos est un trésor de vieux joyaux, très-digne d'appeler leur attention. Et sa cathédrale est plus qu'un joyau, c'est son soleil, c'est sa merveille.

J'eus bien des raisons pour être matinale aujourd'hui;

j'avais toujours devant les yeux ces dentelures de pierre qui m'étaient apparues la veille; je brûlais de les voir de près; et, d'ailleurs, le peu de satisfaction qu'avait éprouvé mon sybaritisme sur le lit de la *fonda* (hôtel) ne me disposait pas à y rester au-delà du lever du soleil. Cependant rendons aussi à la *fonda* la justice qui lui est due. Son aspect, son entrée ne m'avaient rien fait présager de bon; mais une fois dans l'intérieur, je trouvai que ce n'était pas au-dessous des hôtels de nos villes secondaires de France et certainement moins sale.

Combien je sens ici l'inhabileté de ma plume, mon cher ami, pour l'initier aux jouissances que j'ai ressenties, pour te donner une idée du chef-d'œuvre dans lequel je n'ai pu passer que cinq heures, et qui mérite des jours entiers, car je crois que, plus on l'observe, et plus on y doit trouver de charmes! La cathédrale de Burgos est gothique, avec quelques mélanges arabes qui s'y associent à merveille sans rien gâter. Dans l'intérieur, il y a malheureusement des additions de la renaissance et dans ce qu'elle avait de mauvais goût. Je voulus d'abord prendre une idée de l'ensemble, et mon attention fut appelée par les ogives des quatre portes latérales. Mon Dieu, que de merveilles, et comment décrire ces innombrables figures qui garnissent les arceaux! toutes veulent être examinées tour à tour, et toutes le méritent; elles paraissent s'animer sous le regard, elles semblent avoir la pensée. Puis, les clochers, les clochetons qui s'élèvent si majestueusement et si haut, et qui paraissent nous regarder d'un air de pitié. Sous ce ciel conservateur, la main du temps n'a pas cette action destructive qu'elle exerce chez nous; jusqu'ici elle a religieusement respecté cet édifice jusque dans ses moindres détails. Commencé en 1221 par ordre de saint Ferdinand, roi de Castille et de Léon, il était terminé vers la fin du même siècle. En 1539, le dôme fut renversé par la foudre, et sa réédification était terminée en 1556.

En entrant dans l'église, une chose me frappe : le chœur est fermé et comprend une grande partie de la nef; il est entouré d'un mur qui peut avoir de 6 à 8 mètres de haut, c'est comme une église dans une autre église. Cela nuit excessivement au coup d'œil, en arrêtant la vue qui aimerait à plonger en entrant jusqu'au fond de la demeure sacrée. Ce chœur forme encore deux parties séparées par une grille. La première, celle qui regarde le levant, est la *Capilla mayor*, la chapelle du maître-autel, où le curé qui officie est tout à fait éloigné de son clergé. La deuxième partie, qui s'appelle *el Coro*, est donc en face de la *Capilla mayor*, et elle est occupée par le chapitre. *El Coro* est entouré de stalles de chêne sculptées délicieusement par un bénédictin dont le nom est tombé dans l'oubli quoiqu'il méritât le contraire.

Pendant que je me livrais à la contemplation et aux regrets de voir cette belle nef ainsi sacrifiée, ma tournure française fut remarquée par une señora d'humeur accorte qui, ayant habité la France, vint gracieusement à moi pour m'offrir ses services que j'acceptai avec empressement. Je lui demandai un cicerone capable de répondre à mes questions, pour m'ouvrir les chapelles, et enfin me faire voir toute sa cathédrale intérieurement et extérieurement.

—Bien volontiers, me dit-elle; je trouve en vous un amateur de nos vieilleries, et, en véritable Espagnole, je suis trop fière de ce que vous veniez tout exprès de si loin afin de les voir, pour ne pas vous en faciliter les moyens.

Nous causâmes quelque temps; c'était une femme aimable et instruite qui voulut bien elle-même me servir de cicerone pendant quelques instants; elle me chercha ensuite un sacristain qu'elle savait pouvoir faire mon affaire, et un autre conducteur pour aller voir la *Cartuja* (Chartreuse) dans la journée. Là, me dit-elle, vous verrez encore de ces beautés qui vous disposeront peut-être à juger mon Espagne plus favorablement que ne le font en général vos compatriotes. Elles vous donneront de la patience pour supporter les mille petits désagréments, j'en conviens, qu'on rencontre à travers les routes et dans nos *fondas*, et qui, je le crois bien, sont inséparables de toute espèce de voyage, quel que soit le pays où l'on aille. Elle me quitta, me promettant sa visite pour le soir, et je restai avec mon sacristain que je suppliais de parler bien lentement pour être compris.

Nous commençâmes notre visite par la plus belle chapelle, celle des connétables de Castille. Le centre est occupé par la tombe de deux fondateurs de cette chapelle : doña Maria de Mendoce et don Pedro Hernandez de Velasco. Leurs statues, couchées sur leur tombe, sont d'une belle exécution. Ce monument porte la date de 1452. Je recommande cette chapelle à toute ton attention; elle contient trois autels et plusieurs autres tombeaux d'un grand mérite; les vitraux, parfaitement conservés et beaux, ne laissent pénétrer à travers leur richesse multicolore que ce jour à la fois mystérieux et chatoyant qui prête un charme indéfinissable à ces personnages de marbre dormant sur leur sépulture.

Nous passons de là à la sacristie. Ce qui frappe d'abord ma vue, sont les deux piliers de chaque côté de sa porte; Quel charmant travail! Elle renferme d'excellents tableaux de Luc Sordan, de Léonard de Vinci, un Christ du Greco qui est un chef-d'œuvre de douloureuse expression. Cette sacristie serait belle si les ornements de sa coupole n'étaient d'un style faux et en terre cuite; c'est du dix-huitième siècle. Passons maintenant au cloître où les jouissances continuent; il est vaste, et son style gothique est bien plus pur que celui de l'intérieur de l'église. Rien de plus charmant que ces découpures, ces dentelures, ces feuillages qui garnissent les ogives; puis, tout au tour sont rangées des tombes dont les détails sont admirables. Du cloître nous entrons dans une salle qui sert comme d'antichambre à la salle capitulaire et dans laquelle on montre la malle du Cid; elle ressemble assez à celles de nos jours malgré ses 800 ans. La salle capitulaire dépendait du palais maure sur l'emplacement duquel fut construite la cathédrale. Elle a été conservée dans toute son intégrité en souvenir de la conquête. Le plafond de chêne à caissons est tout couvert de moulures et de peintures dans le meilleur goût arabe. Ces peintures sont encore d'une vivacité de couleur qui étonne si l'on pense qu'elles ne peuvent avoir mo̅ ˙ ˙ de sept à huit siècles.

C'est dans la salle capitulaire que se réunit le c̶ ̶itre pour discuter et régler les affaires d'administration de son église.

Il y a encore là quelques bons tableaux à voir.

Mais rentrons dans l'église, mettons-nous au centre du chœur, oublions un peu qu'il est fermé et que ses murs mesquins qui arrêtent si fâcheusement l'élan du regard, ont encore le défaut d'être soutenus par des colonnes à chapitaux grecs qui font un très-mauvais effet.

Voyons d'abord les quatre énormes piliers qui soutiennent cette magnifique coupole octogone du seizième siècle. Ils contiennent dans leurs flancs des niches ornées d'une véritable dentelle de pierre; nous y voyons des apôtres, des saints, des pères de l'Eglise. Je n'ai jamais vu un luxe d'ornementation comparable à celui de ces quatre piliers : j'aurais voulu avoir vingt yeux. Immédiatement au-dessus d'eux il y a deux étages de galeries à jour d'un effet ravissant qui entourent la coupole. Sous ce solennel et majestueux abri, l'esprit a quitté la terre; j'admirais cette foi antique qui sut créer de pareils chefs-d'œuvre; et l'art gothique, me dis-je, n'a pu naître que de l'inspiration chrétienne, c'est un souffle divin. Ce dôme, qui s'élance si hardiment vers le ciel, semble appeler le Créateur au secours de l'humanité. Mon âme ravie errait à travers les idées religieuses qui conduisent à l'espérance, quand, hélas ! mon sacristain vint me tirer de l'ascétisme dans lequel j'étais plongée pour m'avertir que les chantres arrivent pour chanter les vêpres; il leur faut faire place, et je vais jeter un coup d'œil rapide à la *Capilla mayor.*

L'autel ne répond pas au grandiose de l'édifice, mais le rétable est digne d'attention.

Retournons à la porte d'entrée pour examiner toutes les chapelles les unes après les autres. Je trouve, dans la première à gauche, une vierge de Michel-Ange qui me paraît un peu virile, et le tombeau de Juan de Lerma. Les autels sont de mauvais goût, la dorure y abonde, les saints et les saintes sont habillés avec la dernière extravagance. Dans la deuxième chapelle, celle de Sainte-Anne, il y a un beau mausolée et un bon tableau d'André del Sarte. Je ne te parlerai pas des autres qui sont en grand nombre, parce qu'il n'y a rien de saillant; cependant je t'engage à les voir. Mais, ce qu'il ne faut point oublier, ce sont les bas-reliefs extérieurs du petit mur d'enceinte de la *Capilla mayor*. Chacun de ces tableaux de pierre a deux plans : le premier représente des scènes de la vie de Jésus-Christ; le deuxième des vues de Jérusalem, et, au-dessous de chacun d'eux, il y a des niches contenant des apôtres.

Hélas! le temps a des ailes, comme dirait un écrivain octogénaire; cet intraitable vieillard va si vite, que je m'aperçus que j'avais dépensé deux heures dans l'intérieur de la cathédrale; je me rappelai que je n'avais qu'un jour à consacrer à Burgos, et qu'il me restait beaucoup à voir. Je m'en arrachai pour aller examiner l'extérieur; j'avais signifié à mon sacristain que je voulais faire une promenade aérienne à travers cette forêt de clochers que j'avais vue d'en bas, et je lui avais donné rendez-vous sur la place.

Je sortis de l'église par la porte principale, qui donne sur une petite place au milieu de laquelle est une fontaine.

Mais, mon Dieu, c'est donc une chose bien rare dans cette ville que la présence d'une étrangère! *Muchachos* (jeunes garçons) et *muchachas* (jeunes filles) qui viennent chercher de l'eau me regardent avec étonnement: ils ne comprennent pas que j'examine avec attention ce chef-d'œuvre qu'ils comprennent encore moins.

Jusqu'ici, mon cher ami, je suis tout à fait satisfaite de la complaisance hospitalière des Espagnols; tu me diras que je ne suis encore que bien nouvellement sur cette terre, et c'est vrai; mais ce sont d'heureux débuts.

Une habitante de la place prit mes jambes en pitié en me voyant écrire debout sur mon calpin, et vint gracieusement m'apporter une chaise en m'offrant ses services. La chaise fut acceptée par moi avec force sourires de reconnaissance.

Il y a de ravissantes choses à admirer au portail de la

cathédrale, mais il y en a une à déplorer. Sous une délicieuse ogive toute découpée à jour, se trouve une porte dans le style de la renaissance, carrée, et trop basse relativement au grandiose de l'édifice, cela fait un regrettable contraste. Au-dessus de cette belle ogive, il y a une galerie à jour, puis, au-dessus d'elle, une rosace délicieuse, et encore au-dessus de cette rosace, deux ogives de grande dimension contenant chacune quatre statues de saints. Enfin tu admireras, je n'en doute pas, cet ensemble que ma plume est bien insuffisante à décrire. Et, de chaque côté de ce portail, vois ces hauts clochers si élancés, entourés d'un monde de clochetons, de statues de toutes dimensions ; tout cela n'est-il pas adorable ? J'étais ravie et j'étais insatiable. Je quittai ma position contemplative et la chaise de l'hospitalière bonne femme pour aller continuer dans les airs les jouissances que je venais d'avoir sur la terre.

Mon sacristain me conduisit d'abord à la première galerie intérieure de la coupole; je voulais examiner de près cette richesse d'ornementation qui m'avait charmée d'en bas. En effet, c'était une prodigalité merveilleuse des plus charmantes créations de cette époque; le moresque s'y trouve mêlé au gothique de la plus heureuse manière. Je ne crois pas qu'il puisse exister une coupole toute de pierre plus magnifiquement chargée; j'étais au milieu de bustes de rois, des armes de Castille, des trèfles de toute grandeur et des créations fantastiques de ce temps, qui font un si bon effet malgré leur bizarrerie. En sortant pour examiner extérieurement la coupole, les mêmes merveilles frappent mes regards de tout côté. Je parcours les galeries qui entourent les toits, et mon ravissement augmente encore; je suis au milieu des prodiges, la pierre est animée, chacune de ces innombrables statues prend une âme; ce sont des saints, des rois; c'est la belle tête du Cid qui sort d'un médaillon et paraît jeter de tristes regards sur sa patrie. Et tout ce monde de pierre nous plaint de participer aux désolations de la terre. Mais regarde ce dôme entouré par douze clochers et clochetons, ils sont à jour et vraiment le temps a arrêté pour eux sa marche; je ne vois ni un feuillage ni une de ces nombreuses gargouilles qui ait reçu la moindre atteinte de ses coups. Ah! que béni soit le ciel qui conserve ainsi ces prodiges, et dis-moi si ce n'est pas l'inspiration religieuse seule qui a pu créer ces miracles de l'art. Extérieurement la cathédrale de Burgos me parait appartenir à ce que le style gothique a de plus pur, c'est le sublime de cet art. Je connais les principales cathédrales de France, je n'en sais pas une qu'on puisse lui comparer. Je pensais à toi, à ma chère Marie; combien ne jouiriez-vous pas, vous qui avez le sentiment du beau si complétement développé! Un jour je veux être votre cicerone pour une promenade en Espagne.

Ce ne fut qu'avec un regret poignant que je redescendis, mais je voulais pouvoir jeter un coup d'œil sur la ville après avoir été voir la *Cartuja*, et il me restait peu d'heures de grand jour. Ma protectrice de ce matin m'avait envoyé, pour me guider dans cette excursion à une demi-lieue de la ville, le portier de l'*ayuntamiento* (1), qui m'attendait en bas.

Impossible de trouver une voiture toute prête; le portier me fait observer très-judicieusement que nous pouvons perdre bien du temps à chercher, et que si je ne crains pas la fatigue, mieux vaudrait aller à pied. Je trouvai le conseil bon, et nous nous mîmes en route immédiatement.

L'église de la *Cartuja de Miraflores* est de style gothique extrêmement simple, mais la chapelle du chœur contient une véritable merveille : c'est le tombeau de Juan II, roi de Castille et Léon, et de Doña Isabelle de Portugal, sa femme. Il fut élevé par la piété filiale d'Isabelle la Catholique, leur fille, qui voulut que leurs restes reposassent dans ce saint lieu fondé par eux. Ce mausolée est tout de marbre blanc; il a la forme d'une étoile d'une immense dimension, les deux statues royales couchées dessus sont deux chefs-d'œuvre, rien de plus parfait que leurs têtes ceintes des couronnes royales et surmontées des armes de Castille et Léon. D'autres couronnes de clochers gothiques sont posées derrière les armes, le détail est incalculable, c'est délicieux.

(1) Mairie.

Autour du tombeau, dans chacun des angles rentrants et sortants formés par l'étoile, il y a des niches renfermant des statuettes d'un travail exquis; chaque tête a une expression qui lui est propre. Je regrette de ne pas savoir le nom de l'artiste qui a su donner au marbre l'animation de la vie. Je voudrais, disais-je au pauvre chartreux qui garde le couvent, pouvoir m'enfermer seule dans le silence de cette église pour admirer à loisir ce chef-d'œuvre. Le brave homme était tout content; cette tombe est son seul amour sur la terre, il n'en parle qu'avec bonheur. Il m'en fit voir une autre adossée au mur, c'est celle de l'infant don Alonzo; elle est du même artiste, elle est moins riche d'ornements que la première, mais le travail a la même perfection. Les stalles du chœur sont dignes d'être examinées aussi.

Je jetai un coup d'œil sur ces cloîtres déserts, jadis l'asile de la prière des âmes dégoûtées du monde et dont les humbles habitants n'avaient guère d'autre but que celui de vivre en paix en priant pour tous ceux qui ne prient pas.

C'est en 1835 que les libéraux, au nom de la liberté, ont saccagé et volé les couvents d'Espagne, en massacrant jusque sur les dalles de leurs autels ces paisibles hommes. Il reste dans la *Cartuja de Miraflores* cinq chartreux qu'on y laisse pour en prendre soin et la montrer aux étrangers.

Je quittai avec peine ce mélancolique séjour que j'ai l'espoir de revoir avec toi.

Burgos m'a paru triste, il y a peu de circulation dans les rues.

Les femmes, comme je te l'ai dit, sont invariablement enveloppées de la mantille, ce qui faisait fort remarquer mon chapeau. Quant au reste de leur toilette, il est absolument français. Les hommes du peuple et une bonne partie de ceux de la bourgeoisie portent le petit chapeau *calañés* et la veste andalouse. Cette veste, qu'on appelle *chaqueta*, est telle que nous la voyons sur nos théâtres; elle est ornée sur le dos et les manches de découpures de drap de couleurs claires, cousues de manière à former des dessins. Ce chapeau, dont le large bord est relevé en s'arrondissant autour comme en forme de turban, est certainement un souvenir des Maures; il est orné de deux pompons de soie noire posés sur le côté, ce qui le rend fort gracieux.

En parcourant les rues, on voit de très-vieux hôtels qui attestent la splendeur passée de cette capitale. Une chose me fait peine, c'est sa malpropreté. Ainsi, autour de cette adorable cathédrale, il y a tant d'abominables choses qu'on ne peut circuler sans avoir l'odorat désagréablement affecté. On a eu soin d'écrire sur les murs : *Il est défendu de jouer ici au palet.* Il y aurait eu une autre défense à faire qui serait à mon avis plus opportune encore.

Cependant il faut oublier les vulgarités, les trivialités actuelles, en faveur de tant de hauts faits qui illustrent l'histoire de cette héroïque nation. N'oublions pas que son sol a été foulé par des millions de héros, qu'il ne présente pas un coin qui n'ait été le témoin des plus glorieux actes. Tu sais que Burgos est la patrie du Cid; il y naquit vers l'an 1010. Il fut armé chevalier à l'âge de vingt ans par le roi Ferdinand Ier. Son nom était don Rodrigue Dias de Rivar. Il fut surnommé le Cid par les ambassadeurs des rois maures qu'il avait vaincus et chassés de la Castille. Banni ensuite de son pays par des intrigues de cour, il se mit à la tête de ses braves chevaliers pour continuer à faire la guerre aux Maures, auxquels il prit Valence; il s'y établit avec les compagnons de sa gloire, et mourut en 1099.

Voilà, mon cher ami, ma journée à Burgos bien employée. Ma protectrice vient de me reprocher de m'en aller si vite; elle a raison, mais je ne m'éloigne pas sans espoir de revenir.

Demain, à 5 heures du matin, je pars pour Valladolid.

LETTRE III.

Valladolid, 29 octobre.

Je désire, mon cher Hugues, que tu sois aussi content de la Russie et des Russes que je le suis jusqu'à présent de l'Espagne et des Espagnols. Je viens de passer deux jours à Valladolid, et je suis très-satisfaite de ma seconde station sous le beau ciel des Espagnes. Je pars pour Ségovie demain matin à quatre heures, avec un muletier.

Ici j'ai trouvé, non pas une protectrice comme à Burgos, mais un aimable et bon protecteur, comme tu le verras; il me dit que dans cette province la campagne est très-sûre, et que je puis sans danger chevaucher avec mon muletier qu'il connaît, et dont la figure, que j'examine tout en faisant mon prix, ne me présage en effet rien de mauvais. Cette province peut être habitée par d'excellentes gens, mais assurément elle offre peu de ressources aux voyageurs. Il n'y a aucune espèce de diligence pour aller à Ségovie, il y aura peut-être une galère qui partira dans quelques jours, me dit-on. Pour rien au monde je ne monterais dans une galère, j'en ai vu arriver une à Burgos qui ne m'a pas donné le goût de me servir de ce véhicule : c'est un long chariot recouvert d'une toile comme ceux des blanchisseurs des environs de Paris; mais il n'y a pas de plancher, il est remplacé par des cordes très-près les unes des autres, posées en travers et assez peu tendues pour former un creux profond au-dessous des parois de la voiture. C'est dans cette espèce de creux qu'on met les malles et tous les paquets des voyageurs; les infortunés se placent ensuite comme ils veulent, ou plutôt comme ils peuvent, au-dessus de tout cela. Quand je vis ce mélange de gens de toute espèce, d'enfants, d'animaux, de malles, de tonnes, je jurai qu'on ne m'y prendrait pas.

On me montra ensuite dans la cour de la *fonda* une abominable chose ressemblant en laid aux voiturins d'Italie, et pour laquelle on me demandait une once (84 fr.), pour me conduire en deux jours à Ségovie. Rien de tout cela ne pouvait me convenir, je m'arrange donc avec José le muletier pour aller à Ségovie par la traverse en un jour, pour la somme encore assez peu modeste de 10 douros (52 fr. 50 c.). Je pars donc demain matin.

Mais revenons à Valladolid. Tu sais que je quittai Burgos le 27 au matin, j'arrivais ici le même jour à quatre heures. Tu ne saurais rien t'imaginer de plus triste que cette partie de la vieille Castille. Quelle campagne nue, souvent aride! je n'ai pas vu vingt arbres de Burgos ici; quelquefois de grandes étendues de vignes, les caves sont en plein champ.

J'avais pour compagnons deux señores, assez convenables; celui qui était à côté de moi chercha à échanger quelques paroles et commença la conversation par me témoigner son étonnement de me voir voyager seule. Il me prit d'abord pour une Anglaise, ce dont je ne manquai pas de lui témoigner mon mécontentement; il comprit si bien le droit que j'avais d'être offusquée de cette erreur, qu'il m'en fit ses excuses. Il me nommait avec complaisance les noms des villages que nous traversions, et quelle fut ma surprise lorsqu'il me dit d'un air tragique en entrant dans une affreuse petite ville appelée *Torquemada* :

— Cette ville, señora, a été, comme bien d'autres, ruinée, brûlée en grande partie par vos compatriotes, lorsqu'ils vinrent, au mépris de toutes les lois de la justice, apporter la guerre chez une nation amie.

Je comprenais son ressentiment d'autant mieux que je partageais son opinion à l'égard de cette erreur d'un grand homme. Cependant je voulais être le défenseur de mon pays à l'étranger.

— Le temps, lui dis-je, doit effacer les erreurs des hommes et amener les jours de réconciliation. Et parmi toutes les nations du monde, en est-il une seule qui n'ait à se reprocher d'injustes agressions guerrières? N'êtes-vous pas venus jusqu'au cœur de la France? En dépit des lois divines et humaines, n'avez-vous pas porté en Amérique la plus injuste des guerres?

Il s'apaisa, car il trouvait que j'avais raison, quoiqu'il n'en convînt qu'à regret.

Nous nous arrêtâmes à Torquemada pour déjeûner. Quel déjeûner! il y avait quinze plats pour cinq voyageurs, dont neuf plats de volaille. Il y en avait de bouillie, de rôtie, de grillée, de sautée, et toujours plus maigres les unes que les autres. C'est un contraste, ce me semble, avec les femmes; jusqu'à présent, toutes celles que j'ai vues ont des proportions orientales.

Tu aimes qu'on te parle beaux-arts, mon cher ami, mais je sais que tu aimes également qu'on t'instruise des progrès ou de la décadence de l'art culinaire, dans les pays surtout que tu as le projet de parcourir. J'avoue en toute humilité que j'ignore s'il a jamais occupé une place importante dans la civilisation espagnole, je ne le pense pas; dans tous les cas, il serait dans un état complet de décadence. En passant la frontière, il faut s'imaginer lire sur un écriteau cloué à un poteau : Ici laissez toutes jouissances de palais. Mais aussi, mon cher, comme elles sont remplacées par celles de l'imagination! Cela ne vaut-il pas mieux?

De Torquemada à Valladolid nous ne traversons plus que la petite ville de Dueñas, dont le territoire produit une grande quantité de vins, un canal la traverse. Nous sommes tout à fait en plaines, et enfin, comme Burgos, la ville se fait pressentir par quelques arbres de chaque côté de la route et même quelques jardins.

Valladolid a tout l'aspect d'une grande ville quand on arrive; quatre belles portes lui donnent entrée. Elle est située au milieu d'une vaste plaine au bord de la petite rivière de Pisuerga.

Mes compagnons de voyage m'engagèrent à descendre à la *fonda* où s'arrête la diligence, m'assurant qu'en Espagne c'est toujours le meilleur parti à prendre. En effet, je n'ai eu qu'à me louer de leur conseil.

Il va sans dire que j'ai un balcon ; j'aime infiniment cet usage espagnol, mon balcon me servira d'observatoire partout où je vais aller. Celui-ci donne sur la rue qui conduit à une promenade ; j'ai un plaisir inouï dans mes moments de repos à examiner cette population féminine jouant de l'éventail avec la main et de la prunelle à travers la mantille. Quelle charmante coiffure que la mantille, que c'est préférable à cette abominable importation d'Albion qu'on appelle chapeau !

Le hasard n'est pas un mot vide de sens, mon cher Hugues, c'est un esprit invisible qui protège les êtres qu'il en croit dignes. Au fait pourquoi ne mériterais-je pas ses faveurs tout comme un autre ?

Une femme qui voyage seule sur cette terre hospitalière d'Espagne est, au premier abord, un objet de curiosité, puis un objet d'intérêt, quelquefois même un objet de sympathie. Les Espagnols n'ignorent pas le fâcheux renom de leurs routes ; ils croient qu'il faut un certain courage pour s'y lancer ainsi seule, et cette qualité ne peut manquer d'exciter l'intérêt dans un pays où elle est générale. Le hasard me servit donc au-delà de tout ce que je pouvais espérer.

A ma première sortie dans la ville, et pendant que j'étais arrêtée prenant quelques notes devant le portail de San-Pablo, je vis un señor à l'air distingué, parlant à voix basse à mon guide, qui lui répondait d'un air approbatif. Alors, le señor s'approche de moi et me dit en très-bon français qu'il serait charmé d'être mon cicerone dans Valladolid ; qu'ayant été réfugié en France, il y avait trouvé une cordiale hospitalité et qu'il serait heureux de la reconnaître en moi. Ce petit discours, qui ne faisait pas moins honneur à mes compatriotes qu'au caractère chevaleresque des Espagnols, me plut infiniment, et, malgré ce qu'il y avait d'original à accepter, ou peut-être à cause de cela, je m'empressai de le faire. Un homme qui paraissait bien élevé et pouvant me renseigner sur tout ce que je désirais savoir, ne pouvait être pour moi qu'un compagnon de promenade fort agréable. Il me dit tout de suite s'appeler don

Cypriano Sauz, avocat, établi à Valladolid. Le soir, mon hôtesse me dit que c'était une des familles les plus recommandables de la ville. Je ne perdrai jamais le souvenir de son inépuisable complaisance pendant mon séjour, c'est à lui seul que je dois d'avoir bien vu et apprécié tout ce qu'il est possible de voir ici.

Valladolid ne compte que 20 mille âmes et pourrait en contenir le double. Son aspect est mélancolique, il n'y a d'animation dans aucun quartier; mais don Cypriano me dit que, pour voir du mouvement dans cette saison, il faut être ici le dimanche; c'est ce jour-là principalement que se promènent les señoras. Effectivement, j'ai vu aujourd'hui un peu plus de monde dehors, mais c'était bien insuffisant pour enlever à cette ville son air de tristesse. Dans l'été, pendant les chaleurs, tout le monde est dehors, on se promène toute la nuit.

— Au reste, ajouta don Cypriano, vous ferez souvent la même remarque en Espagne, mon malheureux pays paraît dépeuplé. En proie pendant tant d'années à la guerre étrangère d'abord, à la guerre civile ensuite, il a perdu la moitié de sa population.

Il y a aussi à Valladolid une place de la Constitution; il paraît que c'est une chose appropriée à toutes les villes de la Péninsule. Ils sont donc bien contents de leur constitution, ces braves Espagnols; je les en félicite, cela prouve qu'ils ne sont pas difficiles à contenter, et je ne crois pas que la nôtre nous donne les mêmes satisfactions.

Cette place est aussi entourée de portiques, ses colonnes de granit gris sont plus élancées et plus gracieuses que celles de Burgos et lui donnent un meilleur aspect, quoiqu'elle soit très-irrégulière.

Je voulais commencer nos excursions par la visite des églises. On a, en Espagne comme en Italie, la désagréable coutume de fermer les églises dans la journée depuis une heure jusqu'à quatre, ce qui dérange tout à fait l'économie du temps. Jusqu'à présent, j'ai lieu de croire, comme on me l'avait dit, que les églises d'Espagne sont toutes curieuses à voir; il y a presque toujours ou quelque bon tableau ou quelque bonne sculpture, en bois surtout, qui sont intéressantes. Ou bien s'il n'y a rien de très-remarquable au point de vue de l'art, il y a toujours des bizarreries qui sans doute ne devraient pas appeler l'attention de gens sérieux; mais les mœurs, les habitudes d'un peuple ne se révèlent-elles pas en toute chose, et pour les connaître, ne faut-il pas voir de tout?

Mon début dans les églises de Valladolid me fit une singulière impression; ce fut dans la petite chapelle Santa-Rosalia, qui se trouvait là près de nous, que nous entrâmes d'abord. Le premier objet qui frappa mes yeux était un grand Christ en croix, vêtu d'une jupe de satin vert garnie de deux volants de dentelle blanche. Je n'avais rien vu de si ridicule, et je ne pus m'empêcher de dire à Cypriano :

— Combien est peu méritée la réputation de légèreté de mœurs qu'on se plaît à faire à vos compatriotes! Voilà un Christ vêtu, il est vrai que c'est en costume de bal et en costume de Parisienne, mais enfin c'est pousser bien loin l'horreur du nu.

Le señor prit bien ma mauvaise réflexion et ajouta :

— Il y a en Espagne plus qu'ailleurs de ces choses qu'il faut savoir tolérer, malgré tout ce qu'elles peuvent avoir de choquant au point de vue de l'art et du goût. Il y a des concessions qu'il faut faire aux préjugés populaires. Notre peuple est essentiellement religieux, il l'est avec passion, il l'est avec les sens plus qu'avec la raison; il aime tout ce qui parle aux yeux, il aime le culte extérieur, il se croit bien mieux écouté de la divinité en chamarrant ainsi ses emblèmes qu'en priant modestement dans le coin obscur d'une église peu ornée. Vous en verrez bien d'autres, et quelquefois aussi la contre-partie de cet excès de décence qui vous étonne.

Effectivement, en continuant mes observations dans cette chapelle, où je perdais vraiment mon temps, je vis des anges en bois aussi peu vêtus que notre premier père avant le péché.

— Sortant de la chapelle, il faut examiner en passant, me dit mon compagnon, l'ancien fameux couvent de San-Benito, qui était le plus riche et le plus beau des trente couvents existant alors à Valladolid. Nous ne pûmes y entrer, puisqu'il est aujourd'hui transformé en caserne. C'est extérieurement une belle et grande construction se ressentant du style mauresque. L'église de San-Miguel, qu'on me dit être une des meilleures, est dans le style de la renaissance et ne contient rien de remarquable, si ce n'est la sacristie, où on trouve un excellent tableau. L'église de *Nuestra-Señora de las Angustias* doit être vue pour le rétable de sa *capilla mayor* et pour un magnifique morceau de sculpture de bois représentant l'annonciation, dans l'une des chapelles.

C'est à juste titre que l'Espagne revendique celui de trèscatholique. Le gouvernement a institué à Valladolid un collége destiné aux études théologiques des jeunes Anglais, Écossais et Irlandais qui se vouent au culte catholique et aux missions pour l'Amérique. Chaque année, il en part un certain nombre pour les Philippines, d'où ils se dirigent vers la Chine. Ce collége est un vaste et bel établissement; son église est ronde et entourée de petites chapelles, elle me rappelait beaucoup Saint-Charles de Naples, quoiqu'elle n'ait pas sa richesse.

Le jeune abbé écossais qui me montra son couvent, et qui parlait très-bien français, me dit que les études y sont bonnes et très-fortes, et, chose étonnante, beaucoup plus que dans les séminaires.

Après la cathédrale de Burgos, celle de Valladolid doit passer presque inaperçue, il y a peu de chose à en dire. C'est une œuvre à moitié ruinée sans avoir jamais été achevée. Le plan en est dû au fameux Juan de Herrera, qui la fit commencer, mais malheureusement elle fut continuée par le fatal Churriguera. La façade de cette église est belle, elle est comme formée de deux étages. Le premier présente quatre hautes colonnes d'ordre dorique entre lesquelles il y a de belles statues de saint Pierre et de saint Paul, audessus il y a une espèce de balustrade qui supporte celles de quatre pères de l'Église. Sur le fronton de la grande porte d'entrée, tu verras un charmant bas-relief représentant l'Assomption. A droite de la façade, il y avait une tour de 27 pieds de haut qui s'écroula en 1841 et endommagea toute l'église. L'intérieur est un mauvais mélange de toute espèce de styles. Ce qui est digne d'attention est la *silleria* (1) du chœur qui appartenait au couvent de San-Pablo.

Imagine-toi que pendant que j'étais dans une chapelle à examiner une résurrection de Luc Jourdan, l'heure de la fermeture était arrivée, et le sacristain, fidèle à sa consigne et qui ne nous avait pas vus, nous avait enfermés. Te figures-tu mon désappointement, j'allais de porte en porte appelant douloureusement; nous cherchions dans la sacristie, dans des corridors autour de l'église, rien, silence absolu. Enfin, après une demi-heure de patience et d'appels à haute voix à la porte de l'église, un jeune garçon nous entendit et alla chercher le sacristain, qui me fit l'effet d'un sauveur, tant j'avais eu peur d'être prisonnière jusqu'à quatre heures. Après la délivrance, le brave homme me montra dans sa sacristie un tabernacle d'argent pesant 147 livres et qu'on sort pour les processions de la Fête-Dieu seulement. Il est d'un style et d'un travail charmants, et fut fait par un habile argentier nommé Juan de Arfe, en 1590.

Je te recommande de ne pas oublier une merveille en son genre que tu trouveras sur la place du *Real-Palacio*. C'est le portail de l'église de l'ancien couvent de *San-Pablo*, c'est le plus charmant spécimen du style gothique du quinzième siècle. On le doit à la munificence du cardinal Torquemada, confesseur du roi. Tu ne peux te faire une idée de ces innombrables détails où le génie et la patience se révèlent à un haut degré. L'église est abandonnée et ne sert plus que de loin en loin à enfermer les condamnés au bagne jusqu'à ce qu'on les y conduise. La hardiesse et l'élévation de sa voûte sont dignes de son portail. Tout près de *San-Pablo* on trouve le couvent de *San-Gregorio*, fort digne

---

(1) C'est l'ensemble de toutes les stalles du chœur que l'on appelle ainsi.

aussi d'être vu quoique inférieur à son voisin. A peu près en face, on me montra le palais de l'Infantado.

— Ah! cela s'appelle un palais, dis-je au señor; vraiment, si je ne craignais de blesser votre amour-propre national, je l'aurais pris plutôt pour une prison.

— Dites avec moi tout ce que vous pensez, me répondit don Cypriano; ce n'est pas en ces choses que je place mon amour-propre, qui a d'ailleurs assez de sujets de satisfactions pour être très-philosophe à l'endroit de la critique des choses de détail. Cette espèce de palais-prison a un bien plus grand mérite que celui d'appartenir à la famille de l'Infantado; c'est dans ses murs qu'est né le sombre Philippe II, qui jeta pourtant un bel éclat sur l'Espagne. Beaux jours de ma patrie, reviendrez-vous?

— N'en doutez pas, le peuple espagnol est un grand peuple, il a l'intelligence et la force. Il y a, dans la vie des nations comme dans celle des êtres, un mouvement incessant, tantôt ascendant, tantôt descendant. L'Espagne, fatiguée de longues et cruelles guerres, a un immense besoin de repos, et s'abandonne à la nonchalance. Mais laissez à la paix le temps de faire son œuvre, à l'homme illustre, dont la vaillante épée la protège, celui de faire un appel à tous ses nobles instincts, et vous la reverrez se placer près de la France à la tête des nations civilisées. Hélas! mon pays aussi a baissé; il est en république, mais c'est un passage; et ces deux nobles filles de l'Eglise catholique, ces deux flambeaux créés pour illuminer le monde, jetteront de nouveau de ces lueurs splendides qui en font deux théâtres d'éternelle gloire.

Je fus approuvée et comprise.

— Venez maintenant voir notre musée, me dit don Cypriano; vous y verrez quelques-uns de ces chefs-d'œuvre qui vous rappelleront les beaux jours où notre domination s'étendait au loin. Vous y verrez des œuvres de toutes les écoles; car, en ce temps, nous n'avions qu'à commander, peintres et sculpteurs étaient à nos ordres dans les Flandres, en Belgique, en Italie. Notre musée de Valladolid est une digne préface de celui de Madrid. Il a été formé dans le collège de *Santa-Cruz*, fondé en 1492 par le cardinal don Pedro de Mendoza.

Je vis que malheureusement on a entassé là tout ce que contenaient les trente couvents de Valladolid de richesses artistiques en tout genre. Il est à regretter avec quel peu de goût et de connaissance de l'art sont pêle-mêle les chefs-d'œuvre et les croûtes, les choses médiocres et les choses burlesques. Le señor me dit que le classement définitif n'est pas fait : je le désire.

Ainsi, pour que tu ne perdes pas ton temps à chercher, je vais te citer ce qui doit le plus appeler ton attention : au premier, dans les première et deuxième salles, un Saint-Augustin, auteur inconnu; une Ascension de la Vierge, de Michel-Ange; la Vierge et l'Enfant Jésus, de Berruguete, qui fut encore plus grand sculpteur que grand peintre; une Sainte-Famille, de J. Romain; un Christ, de L. Jordan; une Adoration des Mages, de Rubens; une Sainte-Famille, de Diego Frutos; un Saint-Luc, de Ribeira; une Vierge, de Vandyc. Toute une chambre de la bonne école espagnole. Puis, une Sainte-Marie et un Saint-Pierre, de Ribeira; un Saint-Jérôme, de Giacomo Palma. Dans l'angle de la troisième ou quatrième salle du premier étage, un Consistoire à Rome, en 1723, de Diego Frutos; un Saint-Joachim, une des premières œuvres de Murillo. Au deuxième étage, il n'y a de très-remarquable qu'une Ascension de Frutos et un Saint-Jérôme, de Ribeira. Tant au premier qu'au deuxième, je ne te cite que ce qui est tout à fait hors ligne, les chefs-d'œuvre enfin qui m'ont le plus frappée. Tu trouveras ensuite une quantité d'excellentes choses, de l'école espagnole surtout, mais il faut chercher.

Nous descendîmes ensuite voir les salles du rez-de-chaussée; en entrant dans la première, je t'assure que je restai en extase; j'avais en face de moi, au fond de la salle, une véritable merveille, une immense toile de Rubens. Je n'ai jamais rien vu de si idéalement beau que cette Ascension; j'aurais voulu passer des heures à la regarder.

Quel charme puissant, pensais-je, naît du prestige des arts! Ils allègent véritablement le poids de la vie, ils n'amènent pas l'oubli de nos douleurs, mais ils en enlèvent l'amertume. Dans la peinture comme dans l'architecture, dans la musique c'est toujours le souffle divin qui paraît. Dis-moi si jamais les scènes mythologiques, même reproduites par les plus habiles pinceaux, ou même celles des grands et hauts faits de l'histoire, ont en elles cette poésie sublime des sujets religieux. Quelle plus magnifique épopée que la passion, la mort et la résurrection de Jésus-Christ! Ces scènes émouvantes, reproduites par ces hommes de génie, laissent bien en arrière les conceptions qui ne parlent qu'aux sens. Qui pourrait voir sans émotion la Transfiguration de Raphaël au Vatican? ou le Christ mort dans les bras de sa Mère, du Titien, dans la galerie Borghèse, et tant d'autres chefs-d'œuvre qui ont conduit leurs auteurs à l'immortalité? Ah! mon ami, je crois que le stoïcisme est d'un faible secours contre les peines de la vie en comparaison de ces sublimités qui vous conduisent à l'espérance.

Mais je vois que mes impressions me font faire des digressions dont tu te passerais bien, n'est-ce pas? Revenons donc au plus vite dans cette salle où, après être restée en contemplation devant l'œuvre divine de Rubens, j'eus encore à voir des Ribeira et des Jurbaran. Puis, voici une merveille d'un autre genre: c'est la *Silleria* de l'ancien couvent de *San-Benito*. Elle se compose de 100 stalles dues au génie de Berruguete. Rien de plus parfait que ces bas-reliefs taillés dans le chêne. Quel admirable travail! Il semblerait que cette Silleria doit être l'ouvrage de toute une vie d'homme; chaque stalle est un tableau différent; on y voit, entre autres personnages historiques, le Cid, Ferdinand et Isabelle la Catholique, Fernand Cortez. Au centre de la salle sont de bonnes statues en cuivre doré du duc et de la duchesse de Lerma. J'étais émerveillée dans cette salle où l'œil ne peut se reposer que sur des choses vraiment belles. Nous passâmes ensuite dans un monde de bizarreries dont quelques-unes ne manquent pas de mérite: c'est une collection considérable de statues de bois de grandeur naturelle; elles sont coloriées de manière à en faire des personnages d'une vérité frappante. Ces personnages forment des groupes, où chacun d'eux a l'attitude de l'acte qu'il va commettre. C'est encore la Passion et la Crucification de Jésus-Christ. Le corps du Christ est sanglant; tous les visages sont si expressifs que ces scènes muettes vous font une impression réelle.

Enfin je sortis pleinement satisfaite du musée de Valladolid.

Le *Real-Palacio*, construit par ordre de Philippe III, est aujourd'hui habité par l'infant don François de Paule, oncle de la reine. Comme la plupart des palais ou des maisons espagnoles, il se compose de quatre corps de bâtiments très-réguliers ayant une cour à portiques dans le centre. Les colonnes byzantines sont gracieuses et élégantes.

L'Université de Valladolid est une des plus célèbres d'Espagne avec celles de Salamanque et de Séville.

J'étais désireuse de voir danser des Espagnoles; je m'imaginais que je verrais des danses furieuses, des mouvements passionnés, des figures animées en exécutant le boléro ou le fandango; pas du tout. Je fus conduite pour voir cela dans une espèce de champ, appelé le *Prado de la Madalena*; c'est là que les gens du peuple se réunissent le dimanche. Je n'ai jamais rien vu de si monotone : le cavalier et sa danseuse, l'un devant l'autre, remuent un peu les jambes et beaucoup les bras sans jamais se donner la main; ils se regardent fixement; la femme reste éternellement à sa place, et chaque quatre mesures le cavalier change, allant à sa droite de danseuse en danseuse. La chose durait ainsi depuis une demi-heure; comme je ne voyais pas de raison pour que cela finit, je m'en allai. La musique était aussi peu animée que ce ballet dont je n'ai pu retenir le nom. Ce n'est pas là, je t'assure, la lasciveté espagnole dont on parle tant en France, et les braves gens qui dansaient là auraient certainement le droit de crier au scandale en voyant valser et polker nos *timides* jeunes personnes du monde.

Comme je te l'ai dit, Valladolid est une ville triste, fort sale; il n'y a de pavées que les rues qui occupent le centre; les autres sont de véritables cloaques où l'on croirait que toutes les femmes font leur toilette, car il est impossible de faire un pas sans mettre le pied sur un tapis de cheveux. Il y a là de quoi faire des toupets à toutes les têtes chauves de Paris et de Normandie, et ce n'est pas peu dire. Est-il possible que des villes comme les deux grandes cités, les deux anciennes et importantes capitales que j'ai déjà vues, soient si mal tenues?

— Nous ne pouvons que gémir, dit don Cypriano en entendant mes réflexions. Dans notre pays on ne voyage pas et on ne peut comparer. Je voudrais qu'on ne nommât jamais alcaide un homme qui n'aurait pas vu la France.

Il y a deux *paseos* (promenades), un seul est joli : c'est celui de *los Moreros*; ce sont de belles allées au bord de la rivière, d'où on a une vue charmante : à droite la place et les beaux bâtiments de *San-Benito* sur une éminence; à gauche, des fortifications qui paraissent modernes. Elles furent élevées en 1834, alors qu'on craignait l'arrivée des bandes carlistes, et ne servirent pas.

Voilà accomplie, mon cher ami, ma deuxième station en Espagne, toujours avec le même contentement. Je pense souvent à toi. A-t-il, me dis-je à moi-même, autant de satisfactions au milieu des neiges de Saint-Pétersbourg? Je le désire si fort qu'il me semble que j'entends : oui.

———

LETTRE IV.

Ségovie, 3 novembre 1819.

En quittant Valladolid le 30 par un matin bien noir, puisque je le commençais à quatre heures, je me disais, mon cher ami : Allons je me confie à Dieu, me voilà lancée en la compagnie d'un muletier qui a l'air tout à fait brave homme; mais, en cas d'attaque de plusieurs bandits, que ferais-je? Et je me faisais une réponse trop connue pour la répéter, mais peu consolante.

La lune se mourait et éclairait bien peu mes pas pour sortir de la cité endormie. Un silence absolu régnait et n'était interrompu que par ces malheureux cris des *serenos* qui ne me laissent aucun repos depuis que je suis en Espagne. Cette institution me paraît être d'un aussi faible secours contre les voleurs qu'elle doit être antipathique aux sommeils légers. Les *serenos* sont des hommes armés jusqu'aux dents, qui, pendant la nuit, parcourent la ville en criant chaque quart d'heure l'heure et le temps qu'il fait. En cas d'attaque nocturne, ce qui est bien plus rare que dans nos rues de Paris, ils viennent là où leur secours est appelé. Il me semble que ces cris, qui indiquent le lieu où ils se trouvent, en éloignent les malfaiteurs, qui alors peuvent aller exercer leur industrie ailleurs. Comme le temps est ordinairement beau, ce qu'ils crient le plus souvent est : *sereno*, de là vient le nom qui leur a été donné.

Bientôt je n'entendis plus que leur écho ; une nuit obscure et froide précédait l'arrivée du jour. Nous rencontrions d'autres convois de mules portant les produits de la campagne à la ville, même quelques charrettes attelées de bœufs, car nous étions encore sur un chemin. Je n'avais d'autre crainte que celle de laisser mon cheval se heurter à quelques têtes de ces animaux tant la nuit était noire.

Tu aurais été bien surpris de voir et l'équipement et la cavalière. D'abord ma mule était un cheval bais brun, que son maître appelait Moreno du son de voix le plus paternel. Le pauvre animal marchait *l'œil morne et la tête baissée*; il paraissait pourtant étonné de ne pas porter de ces poids immenses sous lesquels il me semble que ses jambes ont dû fléchir plus d'une fois. J'étais assise sur une espèce de je ne sais quoi qu'on appelle des *hamugas*; cela se compose d'une sorte de bât que l'on pose sur le dos de l'animal, mais sur une couverture; on met par-dessus de la paille, une autre couverture, puis une peau de mouton, et enfin un oreiller. Le tout est entouré de trois côtés d'une véritable barrière de bois qui m'arrivait plus haut que les épaules; j'étais comme dans une cage dont un côté est ouvert; et, malgré cette barrière, j'étais infiniment moins solide que sur nos selles; il me semblait toujours que j'allais tomber en avant. Heureusement Moreno est d'un caractère paisible : excepté quelques génuflexions qui sont dans ses habitudes, je n'ai pas eu à m'en plaindre.

Quand le jour commença, j'étais dans une forêt de sapins de chétive apparence, traversée par le Douro que nous passâmes sur un bac; puis, pour abréger, José, mon guide, se lança à travers la campagne, quittant toute espèce de chemin ou sentier. Je traversai un immense désert de sable qui aurait pu me faire croire que j'étais dans celui de Sahara; sur les confins de ce désert nous trouvâmes le petit village de Naros où gens et bêtes ne furent pas fâchés de s'arrêter pour déjeûner. L'aspect de ces villages loin des villes et des chemins, est celui de la pauvreté, quoique José me dise qu'il n'en est rien. Il dit même que si ces gens n'étaient pas écrasés d'impôts, ils seraient plus heureux que le peuple des villes. Les maisons sont bâties en pisé; et, comme celles de nos petits villages de France, elles sont très-basses, n'ont qu'un rez-de-chaussée au niveau du sol et un grenier au-dessus. Je ferai, pour les villages, la même remarque que pour les villes que j'ai déjà vues : ils ont l'air triste et sont peu peuplés. Quelques femmes filent devant leur porte; les enfants, très-peu vêtus quoiqu'il fasse froid, sont dans un état repoussant de malpropreté. On me regardait avec une curiosité et un étonnement extrêmes; on n'avait jamais vu de señora ainsi vêtue, et je me plais à reconnaître que toutes les réflexions que j'entendais faire, comme toutes les questions qui m'étaient adressées, étaient empreintes de la plus grande bienveillance.

Encore un peu de temps, me disais-je, et je ne croirai pas plus aux bandits espagnols qu'aux républicains de France qui, au reste, ne diffèrent des premiers que par le nom. Je m'arrêtai dans la petite *posada* (auberge) de Naros pour tâcher de déjeûner. J'avais entendu dire que dans les auberges d'Espagne on trouvait tout au plus du pain; voyons, pensais-je, s'il en sera de la nourriture comme des brigands.

On entre dans la *posada* par l'écurie qu'on traverse pour aller à la cuisine, pièce bien intéressante quand on meurt de faim. Grand Dieu! j'appelai tous les saints du Paradis à mon secours pour supporter avec résignation la vue de cette cuisine où la malpropreté avait atteint son plus haut degré, comme mon appétit. Deux femmes, la mère et la fille, étaient assises sur des escabeaux sous le manteau de la cheminée, si on peut appeler cela cheminée. Figure-toi une élévation formée au centre de la cuisine et en occupant la plus grande partie. Le feu brûlant dans le centre, et au-dessus une espèce de parasol chinois, ouvert au milieu pour laisser passer la fumée, si elle veut, ce dont on pourrait douter en regardant la pauvre vieille dont la couleur est sans nom. On s'empressa autour de moi pour m'offrir toute la maison.

— Qu'avez-vous à me donner à manger? répondis-je à toutes leurs questions.

— Tout ce que voudra votre grâce.

— Mais, encore une fois, qu'avez-vous? Pouvez-vous me donner une volaille?

— Si, Señora, je vais la tuer, et elle sera vite cuite.

Mes dents claquaient d'horreur à cette réponse qui voulait les mettre à l'épreuve.

— Non, dis-je, ce serait un peu dur; avez-vous de la viande?

— Ah! señora, on n'en mange jamais dans notre pays; mais nous avons de la morue, c'est excellent en friture; nous avons aussi des œufs, du chocolat, du raisin; oh! votre grâce ne manquera ici de rien.

Je pensais néanmoins que ma grâce allait manquer de beaucoup de choses, car la carte de la bonne femme laissait fort à désirer. Enfin je me résignai; je lui dis de me donner œufs, chocolat et raisins, et je me sauvai au plus vite pour me reposer dans le seul *cuarto* (chambre) de la *casa* (maison) qui allait être aussi ma salle à manger. Elle était moins sale que je ne m'y attendais, et je fis honneur à mon modeste repas. Quelle fut ma surprise en trouvant dans ce village si reculé les murs de la chambre de la *posada* ornés d'images coloriées représentant les phases principales de la vie de Napoléon!

Déjà, dans de petits villages de la Sicile, j'avais vu la même chose; c'était avec plus d'orgueil encore que je remarquais ici combien est populaire le nom de notre héros, de ce génie tutélaire qui nous avait tirés de si bas pour nous élever si haut.

— Mais vous avez là, dis-je à la bonne femme pendant qu'elle me servait à déjeûner, des souvenirs d'un homme qui vous fit la guerre; vous pratiquez l'oubli du mal, c'est la plus noble des vertus.

— Ah! dit-elle, c'est vrai; mais c'était un si grand homme, et il est mort si malheureux! Mon défunt mari, qui était soldat et qui a été blessé à Vitoria, disait toujours: Le grand empereur est mal conseillé; il est trompé par ses généraux qui font tout le mal. Puis il y avait ces Anglais qui avaient l'air de venir comme des amis, et c'était pour tout brouiller. Français et Espagnols sont faits pour s'entendre, mais l'Anglais soufflait le feu.

J'avais grand plaisir à causer avec ces bonnes gens dont

le langage peu fleuri respirait cet admirable bon sens qu'on trouve rarement au milieu de ces océans de paroles de nos avocats législateurs ou de nos journalistes faiseurs de constitutions. Je passai deux heures à me promener dans une prairie au milieu de quelques villageois que la curiosité avait attirés autour de moi. Je rencontrais le même jugement dans tous en les questionnant sur leur pays. Ils sont peu au courant des choses de ce monde, et, selon moi, n'en sont que plus heureux. Ils savaient cependant que nous avions le *bonheur* d'être en république, et la croyaient présidée par le fils du grand empereur qui devait épouser une fille de Louis-Philippe pour devenir roi.

Les habitants de ce pays, qui paraissent si pauvres, ne se plaignent que d'une chose : l'énormité des impôts; ils m'assuraient qu'ils paient 15 pour 100. Cependant l'intérieur des maisons ne me paraît pas plus dénué que dans nos petits villages de France.

Je remontai sur mon tranquille Moreno, emportant les bénédictions de ma *posadera* (aubergiste) pour le magnifique cadeau de 50 c. que j'avais fait à son enfant.

— Allons, dis-je à mon *arriero* (1) une fois en route par le plus beau soleil du monde, égayez un peu notre marche, chantez-moi une chanson du pays.

— Señora, *quiero bien* (je veux bien), s'empressa-t-il de répondre. J'ai dans l'idée qu'une chanson guerrière plaira à votre grâce.

— Parfaitement, va pour la chanson guerrière.

Et il commença une espèce de chant célébrant les exploits du Cid. L'air et la voix étaient si monotones qu'on aurait pu prendre tout cela pour les psaumes de la pénitence.

Nous continuions à errer à travers de grandes plaines sablonneuses et des forêts de sapins inhabitées d'hommes, mais habitées par toute espèce de gibier à réjouir la vue d'un chasseur comme toi; le pauvre Moreno avait du sable jusqu'à mi-jambe et remplaçait, par un pas bien lent, le

---

(1) Conducteur de mules; ce nom est beaucoup plus usité que celui de muletier.

petit trot de curé dont il me secouait depuis quatre heures du matin. Nous rencontrions de loin en loin de longs convois de mules portant aux villes le charbon qui se fait dans ces forêts.

Le jour baissait, la nature s'enveloppait, par ce soleil couchant, d'un manteau plus mélancolique encore. Je laissais à ma droite les ruines d'Isca, vieux château-fort bâti sur un mamelon. De temps en temps, José me disait : Señora, n'ayez pas peur, il ne vous arrivera rien. La nuit venue, Moreno ne voulait plus avancer, et nous étions encore loin de Ségovie.

— Mais, dis-je à José, qu'a donc Moreno; il ne peut plus aller et bute à chaque pas?

— Ah! señora, ayez un peu de patience; l'animal se meurt de faim, nous approchons d'un village où il faudrait que je pusse lui mettre un peu d'orge dans l'estomac pour lui rendre ses jambes.

— Volontiers, cela me reposera un peu aussi, et vous ne serez pas fâché non plus de faire comme vos animaux.

— Señora, *me muero de hambre* (je me meurs de faim), exclama le pauvre José d'un ton à fendre le cœur.

Nous descendîmes dans la *posada* pour nous reposer une heure. Dans celle-ci encore nous entrâmes par l'écurie; au reste, on m'a assuré qu'excepté dans les grandes villes, c'est comme cela partout en Espagne. La *posadera* vint avec une physionomie toute souriante m'offrir d'entrer me chauffer, ce dont j'avais bien besoin.

La cuisine pouvait offrir à un pinceau flamand le plus excellent sujet de tableau : un grand feu brillait d'un éclat réjouissant dans une vaste cheminée; comme dans nos campagnes, un haut dressoir était garni d'une infinité de plats et de *cantaros* (1). Au milieu de la cuisine, il y avait une espèce de table sans pied, ou plutôt un énorme tronc d'arbre sur lequel reposait une grande terrine remplie de

---

(1) Espèce de cruche à deux anses avec lesquelles les femmes vont puiser de l'eau.

soupe faite avec du pain, des *garbansos* (1) et de l'huile. Six personnes, les unes assises sur des escabeaux très-bas, les autres à genoux, les autres accroupies, toutes tenant la cuillère à la main, mangeaient à même de la terrine, les hommes vêtus de peaux de mouton, les femmes de laine jaune. La société était présidée par la vieille qui m'avait fait entrer. Je n'ai jamais rien vu de si parcheminé que la bonne femme, et pourtant elle avait à ses côtés son mari, grand gaillard qui aurait pu facilement être son petit-fils. Je fus conviée au festin que je n'eus pas le courage d'accepter malgré la faim qui me dévorait.

Moreno reposé, ainsi que sa compagne et José, et tous trois l'estomac plus satisfait que le mien, nous nous remîmes en marche. Il était neuf heures, la nuit était magnifique quoiqu'un peu fraîche, la lune commençait à paraître et donnait un tout autre aspect à cette nature qui m'avait paru si triste le matin. Nous traversâmes encore une forêt de sapins dont heureusement José connaissait bien les détours. Cet homme possède parfaitement sa province, car nous nous trouvions tantôt dans des chemins, tantôt dans des sentiers peu visibles, et enfin souvent à travers champ. Dans le silence de la nuit et la solitude de la forêt, je confesse que les histoires de brigands me revenaient à l'esprit; cependant je me sentais très-forte et très-disposée à la résistance, et, quoique n'ajoutant aucune espèce de foi à tous les récits des voyageurs, je me mettais sur la défensive. Mes deux bons pistolets de Lepage étaient prêts à faire leur devoir; José avait sa carabine bien chargée et sa *naraja* était d'une longueur à traverser le plus épais bandit. Je marchais donc avec quiétude, mais tout en observant la campagne autour de moi. José me disait souvent : Señora, n'ayez pas peur, il n'y a pas de mauvaises gens dans notre vieille Castille, et d'ailleurs vous êtes confiée à un Espagnol, c'est vous dire que je vous défendrais jusqu'à la mort.

Ces paroles chevaleresques dans la bouche de cet homme

---

(1) Pois chiches.

du peuple me plurent beaucoup, et je faisais des comparaisons qui n'étaient pas en faveur de mes compatriotes. Une autre chose me frappe : c'est que tous ces braves gens de la campagne, comme ceux du peuple dans les villes, la plupart ne sachant pas même lire, ont un choix d'expressions qui m'étonne; il me semble qu'ils parlent avec une pureté que je voudrais bien avoir.

Au sortir de la forêt, nous trouvâmes une pauvre *venta* dans une prairie; des chariots dételés, des bœufs, des mules, des chiens étaient épars et couchés là tout autour. Les hommes, par cette nuit froide, étaient aussi couchés à terre sous les chariots et enveloppés dans leur couverture. C'était un tableau vraiment fantastique que ce pêle-mêle de choses et d'êtres si différents, éclairé par une lune resplendissante. José ne disait mot, j'imitais son silence, pensant qu'il aimait peut-être autant ne pas réveiller tout ce monde-là.

Nous approchions de Ségovie, et nous nous trouvions parmi des masses de rochers qui bordent la route de chaque côté. Je l'avoue encore que je fis de sérieuses réflexions en voyant José descendre de sa mule, décrocher sa carabine qui était à la selle et l'armer, toujours sans dire mot; j'écoutais, je regardais de tous côtés, et je ne voyais rien, je n'entendais rien, pourtant je pensais que José avait dû avoir ses raisons pour se mettre sur la défensive. Nous étions au bas de la côte qu'il fallait gravir pour arriver à Ségovie qui est perchée dans les airs comme un nid d'aigles. A la question que je lui fis quand je pensai qu'il n'y avait plus rien à craindre, José me répondit que c'était par précaution, parce que, s'il y avait eu quelques vagabonds, quelques malfaiteurs, ils se seraient cachés dans des creux de rochers.

Grand Dieu, quelle côte! Je croyais ne jamais finir de la monter; mais enfin la porte de la ville s'ouvrit à la voix de mon *arriero*, puis celle de la *fonda*, et ce ne fut pas sans peine que les *mozos* (valets) se réveillèrent. Il était minuit, et le *mozo* qui vint ouvrir sa grande porte croyait continuer à rêver en nous apercevant à cette heure tranquille où toute la cité était endormie. Il ne pouvait comprendre cette apparition d'une voyageuse escortée d'un *arriero* à pareille heure, et disait à José d'un air stupéfait : *Es una loca?* (est-ce une folle?) J'étais transie de froid et morte de faim ; je cherchais à l'exprimer d'une manière qui ne me donnât pas trop l'air d'une *loca*. Je suppliais pour avoir un poulet et pour avoir le meilleur lit de la *fonda*, et Dieu sait ce que furent mon souper et mon lit! Mais il y a des grâces d'état ; je dormis sur ma maigre couche à faire envie au sommeil lui-même. Le lendemain, José vint me féliciter de ce qu'il appelait mon courage et recevoir le paiement et le petit cadeau que le brave homme avait bien mérités par sa complaisance et ses égards.

La *fonda*, qui jadis était un couvent, est un beau bâtiment : vastes escaliers, vastes corridors, grande cour ; mais, assurément, le luxe n'y règne pas. L'ameublement de la chambre, qu'on me donne pour une des meilleures de l'établissement, se compose d'un lit de fer avec une paillasse et un matelas, quatre chaises et une petite table. Il n'y a pas non plus un grand luxe de propreté, mais ce n'est pas plus sale que dans nos hôtels en France.

La première chose que je fis le matin fut de passer l'inspection du temps depuis mon balcon ; il était superbe, un vrai soleil d'Espagne allait me faire oublier le froid de la nuit précédente. Ce beau soleil éclairait en ce moment un singulier tableau : des femmes à leur balcon secouaient le premier vêtement, celui qui touche le corps, avec un tel acharnement, que je pensais que le contact de l'air et du soleil était seul destiné au nettoyage de ce vêtement nécessaire. Mais ces dames étaient vraiment trop peu vêtues pendant cette opération.

Ce détail, mon cher ami, est bien vulgaire, n'est-ce pas? bien prosaïque, bien trivial ; mais que veux-tu, il faut que je te fasse connaître la couleur locale, et, si le tableau que j'avais devant les yeux est loin d'appartenir au genre sérieux, il était, je t'assure, fort original.

J'avais pris pour guide un *mozo* de la *fonda*, qui me conseilla de commencer par entendre la messe militaire en musique, celle de l'artillerie. Tu conçois que la proposition me convint. On exécuta, pendant la messe qui ne dura qu'une petite demi-heure, les airs d'Hernani. Tout ce que je puis dire de la musique de ce régiment, c'est qu'elle n'est pas plus mauvaise que celle de l'artillerie française qui a toujours joui de *l'avantage* d'être parfaitement désagréable au sens de l'ouïe. Je pensais comme toujours à notre pauvre France, et je regrettais de tout mon cœur que le *progrès moderne* eût aboli cet usage. C'est un noble coup d'œil qui élève l'âme, que celui de cet appareil guerrier, image de la force, venant s'agenouiller devant le pouvoir divin pour lui rendre hommage. Mais la superbe philosophie de l'école libérale française, qui croit élever la société en détruisant ses bases fondamentales, s'était révoltée; c'était pour elle un attentat à la liberté individuelle que de dire à ces braves enfants : Allez dans le temple porter au Créateur vos remercîments et vos prières, allez chanter sa gloire. C'était là une tyrannie, et le gouvernement de 1830 supprima les messes militaires et les aumôniers de régiments.

C'était dans l'église Saint-Etienne, qui n'a rien de remarquable, sauf qu'elle est excessivement chargée d'ornements et de dorures de mauvais goût.

Quant à la partie militaire de la cérémonie, je remarquais un grand contraste entre la belle et élégante tenue des officiers et celle de leurs soldats. Ces derniers sont vêtus de grandes capotes bleues faites comme des sacs et presque toutes de diverses nuances de bleu, ce qui fait un mauvais effet; puis une large bufleterie blanche se croisant sur le dos, le leur arrondit, de manière à leur donner une très-mauvaise tournure. Cela est fâcheux, car, en Espagne comme en France, on ne met dans l'artillerie que des hommes choisis, et c'est un très-beau corps.

La cathédrale est gothique, excessivement mélangée d'arabe; elle a de belles proportions, ses piliers sont énormes et ont de l'élégance malgré cela, surtout à la partie supérieure où ils soutiennent la voûte. L'autel, dans le goût de la renaissance, ne m'a pas plu; mais tu examineras avec plaisir cette chaire de marbre rouge et blanc qui est vraiment belle; les vitraux sont aussi dignes d'attention.

Ne manque pas de monter au clocher qui a assez de hauteur pour offrir une vue plus curieuse que belle. On embrasse la ville tout entière. Ségovie est bâtie sur le sommet d'une masse de rochers et ceinte d'une muraille fortifiée en mauvais état. Comme la plupart des villes d'Espagne, elle se ressent, dans ses modernes comme dans ses anciennes constructions, de l'art arabe, dont l'influence s'exerça si longtemps dans ce pays, soit contemporainement, soit postérieurement à l'expulsion des Maures.

Le tableau qu'offre la vue de cette ville, qui n'a pas non plus une grande animation, est excessivement mélancolique. De l'autre côté de la vallée qui est à mes pieds, j'aperçois de grandes masses de rochers ayant des ouvertures faites comme des portes. Ce sont des grottes creusées par la populace maure qui les habitait. A l'extrémité de la ville se trouve un magnifique aqueduc qui paraît être une œuvre gigantesque. Et puis, tout autour, quelle campagne triste! Excepté les arbres de deux promenades qui sont, l'une à mi-côte, l'autre tout à fait en bas, je ne vois pas apparence de verdure. Je dis verdure, parce que, malgré le mois de novembre, les arbres ne sont pas encore dépouillés de leur parure; ce beau vert émeraude, qu'un luxuriant soleil fait valoir, me ravit. C'est la plus belle des couleurs, puisque nous en avons fait le symbole de l'espérance; aussi mes regards s'y attachaient de toute leur force.

Voici en bas de moi, près de la cathédrale, le palais épiscopal qui fut bâti par les Maures. Il est d'une belle apparence, mais le sacristain me dit qu'il ne mérite pas d'être vu à l'intérieur.

De la cathédrale j'allai immédiatement voir l'aqueduc, je n'en ai jamais vu d'aussi véritablement beau tant par ses proportions que par sa construction. Il se compose de trois rangs d'arches dont les piliers sont à la fois si robustes et si élevés, que c'est le plus majestueux coup d'œil que tu puisses penser. Il est construit tout en belles pierres de granit gris qui en font un admirable monument. Le gardien me dit qu'il a au centre 72 *varas* (1) de hauteur; certainement il se trompe, et son élévation est bien plus considérable. En me mettant tout à fait au centre, les gens qui passaient sur la place qu'il traverse me paraissaient des pygmées. Le gardien m'assure qu'aucune espèce de matière n'a été employée pour la jonction de ces énormes pierres, circonstance qui fait la grande renommée de son monument. Cela me paraît incroyable, j'ai regardé de tous mes yeux dans toute sa longueur que j'ai parcourue, et, en effet, je n'ai vu aucune trace de chaux ou de ciment. Néanmoins j'ai peine à croire au témoignage de mes yeux. On entend couler l'eau au-dessous de ses pieds avec une grande rapidité, car, pour les rendre plus abondantes, on donna à cet aqueduc une déclinaison d'un pied par 100 pieds, depuis les sources du Rio-Frio jusqu'à lui; c'est un parcours d'environ deux lieues. Cette eau de cristal est excellente, ses sources ne tarissent jamais. Ce monument a une très-haute antiquité, et on n'est pas d'accord sur l'époque de sa construction généralement attribuée aux Maures.

L'intérieur de la ville est rempli de précieuses vieilleries. Je te citerai d'abord l'église romane de San-Martin et celle de San-Millan, toutes deux du onzième siècle. Elles offrent une particularité peu commune, celle d'avoir des galeries extérieures en saillie sur les côtés latéraux de l'église. Dans San-Martin j'eus l'occasion d'échanger quelques mots avec un prêtre dont la curiosité fut excitée par l'apparition d'une étrangère; il me dit qu'on rencontrait assez fréquemment dans les provinces de Ségovie et de Guadalajara des églises de cette architecture. Ce prêtre paraissait assez instruit; il me fit les honneurs de son église en déplorant avec moi la barbarie et l'ignorance qui ont présidé à la restauration du vieil édifice dont on a badigeonné les murs en carreaux noirs sur fond jaune. Il y a de très-anciens tombeaux fort curieux, entre autres celui de F. de Herrera. Le rétable est riche de bonnes sculptures de bois;

---

(1) La vara espagnole a 3 pieds.

le groupe qui représente Jésus-Christ et sa Mère, a un très-grand mérite. Je crois San-Martin une église fort recommandable aux archéologues, aux amateurs de ces bonnes reliques qui regardent paisiblement passer les siècles.

San-Miguel vaut encore la peine d'être vue; il faut aller dans la sacristie visiter un très-bon tableau : un Christ sortant du linceul. Il y a, dans cette église, quelques vieilles tombes ayant de bons bas-reliefs. Il faut voir aussi l'église des Templiers.

Le musée n'offre pas grand intérêt; cependant je t'engage à y aller : il y a, à droite en entrant, deux tableaux assez bons.

L'église de l'ancien couvent de Santa-Cruz, édifiée en 1208, est d'une espèce de gothico-mauresque qui est charmant. Les quatre piliers qui soutiennent la coupole s'élancent hardiment comme des palmiers dont les rameaux formeraient la voûte. Les ornements du portail sont délicieux.

L'Alcazar est bâti sur la pointe la plus avancée du rocher de Ségovie et me paraît être d'une bonne défense pour cette ville. Il est excessivement fort, et ses fortifications furent taillées à vif dans le roc. On a mis l'école d'artillerie dans l'Alcazar. Les Espagnols n'ont pas comme nous une école polytechnique, cette source de lumières dont il jaillit pourtant quelquefois des aveugles. Chacune des branches des connaissances humaines en a une spéciale. C'est à Ségovie qu'est celle d'artillerie, c'est à Madrid que sont celles du génie militaire et du génie civil.

Le jeune capitaine qui voulut bien me montrer les salles du rez-de-chaussée de l'Alcazar me dit qu'en général le corps de l'artillerie est bien composé en Espagne; il y a peu d'introductions de sous-officiers; et, pour que ces derniers arrivent à être officiers, il leur faut acquérir autant d'instruction que s'ils sortaient de l'école. Ce jeune homme parlait très-bien français, et me dit qu'on leur fait un cours de notre langue que tous les élèves sont obligés de suivre.

Je ne puis savoir si ces jeunes gens font d'aussi fortes

études qu'en France; c'est une question que je n'aurais pas osé faire, mais ils sortent fort jeunes de l'école, me dit-on; il y a dans les régiments des sous-lieutenants de dix-huit ans.

L'Alcazar a deux belles cours intérieures garnies de portiques. Puis tu verras au rez-de-chaussée la grande salle de réception et de concours qui est magnifique; elle est décorée avec un grand luxe dans le goût arabe. Le plafond à caissons est peint et doré d'une manière charmante; il est posé sur de délicieux lambris en stuc qui règnent autour de la salle et qui sont formés d'arabesques. La salle du trône, plusieurs galeries, la bibliothèque, tout cela est vaste et riche. Je t'engage à voir tout l'établissement, qui est fort beau et admirablement tenu.

L'intérieur de la ville de Ségovie offre un aspect un peu sombre; les rues sont étroites, mal pavées, très-sales; mais tu verras avec plaisir de ces vieilles et bizarres habitations seigneuriales qui me paraissent remonter au moyen-âge; entre autres celle appelée vulgairement *la casa de los picos* (maison des clous), parce que toute sa façade est bâtie en pierres taillées en forme de gros clous à têtes pointues. On voit que cette maison a dû subir des altérations, des mutilations de la part de ses restaurateurs. Cependant on juge parfaitement ce qu'était l'état primitif de ces constructions d'un aspect tout militaire, car la plupart ont encore des tours crénelées, même des restes de murailles qui le sont aussi. A peu près au centre de la ville, tu verras une ancienne tour à créneaux, à machicoulis, fort curieuse; elle est revêtue d'espèces de moulures taillées dans la pierre. Cette ornementation, qui paraît empruntée aux Arabes, est d'un goût exquis.

Ne manque pas d'aller voir l'*Alameda*, promenade d'été située au bas de la ville; elle est fraîche et charmante.

Je viens d'avoir pour compagnon de table à mon dernier dîner à Ségovie un jeune Américain qui doit voyager en Espagne d'une manière *bien agréable*; il ne sait pas un mot ni d'espagnol ni de français. Nous fîmes une conversation pleine d'intérêt; lui, parlant en anglais que je ne sais pas, moi répondant en français qu'il ne sait pas plus. Je suis certaine qu'il aura parlé politique, et, comme je dois le supposer républicain, puisqu'il vient des États-Unis, j'ai toujours répondu avec cette puissance de conviction que tu me connais, *non*. Cet Américain est accompagné d'un guide qui est Français, et ne paraît pas le comprendre plus que moi. Les étrangers trouvent à Madrid des guides connaissant assez bien la Péninsule : ils sont ordinairement Français. Cela coûte 10 fr. par jour, et il faut encore les défrayer de tout.

Je vais partir demain pour San-Hildefonse, ce n'est qu'à trois lieues d'ici; et, comme j'arriverai de bonne heure, la journée me suffira pour cette visite. Je retiens ma place à la diligence de Madrid qui passe par ce *sitio real*, et m'y prendra après-demain. J'ai loué deux chevaux et un arriero; ma monture ne me paraît pas supérieure au pauvre Moreno, et son équipement est au moins aussi curieux; les *hamugas* sont remplacées par une espèce de chose sans nom, ressemblant à une selle d'homme, et c'est là-dessus que je dois m'asseoir; l'innocent animal me fera plaisir s'il ne s'emporte pas.

Je vais quitter Ségovie fort contente encore du séjour que j'y ai fait, la position pittoresque de cette ville me plait. Je vais confier à sa poste cette longue épître avec un peu de doute sur son arrivée à l'autre extrémité de notre vieux continent.

LETTRE V.

Madrid, 10 novembre 1849.

C'était le 3, mon cher Hugues, que je t'écrivais de Ségovie; si je voulais t'initier à toutes mes impressions depuis ce peu de temps, mon Dieu comme il faudrait faire grincer ma plume! Mais sois tranquille.

Le 4, à huit heures du matin, je montais l'espèce de quadrupède qu'on m'avait amené dans la cour de la *fonda*. Certes, si j'aimais à produire de l'effet, j'aurais été satisfaite; tous les gens de la maison étaient là pour regarder cette originale arrivée au milieu de la nuit deux jours avant; on avait vraiment l'air étonné de ne voir en moi qu'un être fort ordinaire.

En général, les Espagnols voyagent peu, et la mauvaise réputation faite à leurs routes et à leurs auberges n'y attire pas les touristes, de sorte que la présence d'un étranger excite toujours la curiosité, à plus forte raison si c'est une étrangère. Je ne crois pas qu'il y ait une Espagnole qui osât s'aventurer seule pour aller de Burgos à Bayonne.

Enfin je descendis la longue côte de Ségovie au grand frémissement des jambes de mon pauvre animal, et je me trouvai bientôt sur la grande route à travers une campagne toujours triste jusqu'à l'approche de San-Hildefonse. Une lieue environ avant d'y arriver, le terrain devient accidenté et boisé; nous sommes au pied du Guadarrama, et de belles avenues précèdent la résidence royale.

Mon *arriero* me conduisit à la *fonda* de la Biscayna comme étant la meilleure.

Ces grandes avenues, cette grande rue par laquelle j'arrive, tout cela est d'une tristesse solennelle; je ne rencontre pas une âme, et la solitude continue dans la *fonda* où je suis le seul voyageur. Aussi quel empressement m'entoura! tout l'établissement se mit à mon service; mon hôte était un véritable *caballero*, un jeune homme de très-bonne façon qui se mit immédiatement à ma disposition pour me guider dans le château et ses jardins.

J'avais d'abord grand besoin de déjeûner, et je te dirai, une fois pour toutes, qu'excepté dans les auberges sur les routes où passent les diligences, et il y a fort peu de routes en Espagne, tu ne trouveras jamais autre chose que du chocolat et des œufs, à moins que tu ne veuilles attendre qu'on torde le cou à un *pollo* (poulet). Quant à moi, je me contentai du modeste déjeûner pris sous le manteau de la cheminée dans la cuisine.

Ma première impression à la vue du *Real Palacio* ne lui fut pas favorable. Depuis les cours je cherchais en vain sa véritable façade, car elle se trouve sur les jardins, ce qui me paraît être un défaut. Vu des cours, ce palais n'a rien de véritablement grandiose. Tu sais que San-Hildefonse fut bâti par Philippe V, qui voulait imiter Versailles et qui resta bien au-dessous du modèle. Tous ces corps de bâtiment manquent de caractère et de grandeur; ils ont quelque chose de lourd, d'écrasé.

Les appartements sont tous d'une extrême somptuosité: tableaux, statues, objets d'art, riches tentures y sont prodigués avec un luxe vraiment royal; mais je leur reproche de n'avoir pas cette vasteté qu'on s'attend à rencontrer dans une demeure de rois. Ainsi les appartements du rez-de-chaussée sont bas, petits, et pourtant c'est là que se donnent les fêtes. Ils ouvrent sur les jardins. Pendant les trois mois que la reine passe à *San-Hildefonso*, dont elle aime le séjour, les voûtes de ces salons retentissent tous les soirs des sons d'un orchestre qui fait tourbillonner la brillante jeunesse de la cour. On m'assura que dans les intervalles des valses ou polkas, les ombrages des bosquets qui, même la nuit, ne sont pas toujours discrets, sont souvent témoins de bien des soupirs de joie ou de peine, de bien des serments qui seront plus ou moins tenus.

Les appartements du roi et de la reine sont au premier ; tu y verras de belles fresques de Bayeu.

Les jardins rappellent Versailles infiniment plus que le palais. Il est bâti sur une pente douce du côté occidental des monts *Carpetanos* (1). Sa façade est lourde, basse, sans caractère, quoique l'intention de l'architecte ait été de faire du grec. Les jardins doivent être délicieux l'été, alors que les feux du brillant soleil d'Espagne viennent se mêler à ces eaux de cristal que le Guadarrama envoie avec tant d'abondance aux bassins et aux cascades. Les allées sont belles, larges et rappellent complétement le caractère majestueux de celles de Versailles. Cependant les jardins de San-Hildefonso ont un avantage sur ceux de Louis XIV ; la nature les a favorisés par des accidents de terrains dont on a habilement tiré parti, et, comme je te le disais, par les plus belles eaux du monde. On conçoit que l'art venant ajouter son prestige à ces heureuses dispositions naturelles, San-Hildefonso soit un séjour attrayant. Mais ne regardons pas trop les détails dans ce qu'on a mis sur le compte de l'art ; car, parmi les statues, nous pourrions en trouver qui ne devraient avoir accès que dans le jardin d'un honnête abonné du *Constitutionnel*. Je voyais avec peine des groupes dont les personnages d'étain sont revêtus d'une épaisse couche de peinture blanche pour imiter le marbre, ou verte, pour imiter le bronze. Cela est impardonnable dans un pays privilégié comme l'Espagne, où les marbres les plus beaux sont en si grande abondance. Le jet d'eau de la *fuente de la Fama* (fontaine de la Renommée) est le plus beau, il s'élève à 200 pieds de hauteur. Combien je regrettais de ne pas me trouver là un jour où les eaux jouent, ce qui a lieu chaque premier du mois ; ce doit être un admirable coup d'œil !

C'est dans ce palais que fut accordée à l'Espagne, après la révolution de 1836, une de ces énormités modernes, connue sous le nom de : Constitution de 1812.

Sortant des jardins, je rentrai dans les cours pour aller voir l'église ; ce qu'il y a de plus remarquable, est sa cou-

---

(1) Petites chaînes qui font partie du Guadarrama.

pole peinte à fresque par Bayeu; puis, l'autel et son rétable tout de marbres précieux et de jaspes. On me montra ensuite le tabernacle de lapis lazzuli, une magnifique croix enrichie de diamants pour une valeur, dit-on, d'un million de réaux, et qui ne paraît que dans les grandes solennités. Le cloître, servant autrefois aux religieux de San-Geronimo du couvent de San-Hildefonso, n'a rien de remarquable.

Si nous étions dans la belle saison, je serais volontiers restée quelques jours; ces jardins me plaisent, j'aimerais à m'y promener seule et à les peupler suivant les caprices de mon imagination qui s'inspirerait plus du passé que du présent.

Je ne rentrai à la fonda que quand le jour m'abandonna. Mon couvert était mis dans le salon près d'un bon *brasero* dont la chaleur m'était fort agréable; on m'avait aussi préparé la meilleure chambre à côté du salon, et l'inspection que je passai me satisfit. Les draps étaient d'une entière blancheur et brodés; la couverture, en damas rouge, était propre, sinon d'une entière fraîcheur. Enfin mes appartements offraient un singulier contraste de luxe et d'indigence, car, à côté de la soie et des broderies, il manquait des choses essentielles, et le lit était d'une dureté inconnue dans le beau royaume de France.

On m'avait promis un bon souper, on me tint parole autant que possible. Le potage était bon, le *puchero* (1) excellent; mais quelle exclamation n'aurais-tu pas faite à l'apparition d'une belle perdrix cuite à l'estoufade avec de l'huile rance et de l'ail! Cependant mes hôtes mettaient tant d'empressement à me plaire, que j'eus l'indignité de leur dire que c'était excellent. Ces braves gens me convièrent le soir à leur *tertulia* (réunion du soir), à laquelle ils attendaient un *sacerdote* (prêtre) de leurs amis pour jouer au loto! J'acceptai volontiers cette occasion de parler leur

---

(1) On appelle ainsi le contenu du pot-au-feu; outre la viande on met dans la marmite de la saucisse, du jambon, des choux et des garbanzos; c'est le meilleur plat de la cuisine espagnole.

idiome en pratiquant ces grands principes d'égalité dont nos modernes Spartiates parlent plus qu'ils ne les observent.

Le lendemain matin à huit heures j'acquittais une *cuenta* (note, mémoire) fort raisonnable, et mon hôte, toujours *caballero*, m'accompagnait à la diligence où je me retrouvai dans le coupé avec l'Américain et son guide.

Malheureusement le temps était mauvais; il pleuvait et neigeait, cela obscurcissait la vue ravissante de ces contrées si pittoresques. Nous étions en plein Guadarrama, et nous montâmes pendant plus de huit heures à partir de San-Hildefonso pour arriver au *port* (1). Ces montagnes me rappelèrent les Pyrénées: partout des torrents, des cascades dont l'harmonie, mêlée à celle du vent, était si en rapport avec les tableaux gigantesques que j'avais devant les yeux. Ces énormes masses de granit, ces arbres séculaires aux rameaux couverts de neige qui paraissaient les vieillards de la montagne, tout était d'une solennelle grandeur. Ajoute à cela que le guide de l'Américain ne faisait autre chose que raconter des histoires de brigands et celles de ses exploits contre ces messieurs, comme s'il s'attendait à en voir sortir de quelque creux de rocher. Il ne parvint pas à m'effrayer, j'avais la tête bien trop occupée de ce que voyaient mes yeux pour qu'elle s'occupât de ce qu'on ne voyait pas. Arrivés au port, nous trouvâmes une *venta* et à déjeûner. Peu d'heures après, nous quittions ce Guadarrama qui m'avait tant plu pour redescendre dans les tristes plaines qui s'étendent entre lui et Madrid. En réfléchissant davantage, alors que la vue devenait trop monotone pour m'occuper, deux choses m'étonnaient : la première était l'abominable état de cette route qui conduit de la capitale à un séjour royal; puis son singulier tracé; on l'a fait traverser le point culminant de la chaîne au lieu de le tourner, ce qui n'eût pas allongé beaucoup le travail. Elle remonte au temps de Philippe V, et fait peu d'honneur aux ingénieurs qui l'exécutèrent.

Le jour baissait; nous approchions de Madrid et nous

(1) On appelle port le point culminant d'une montagne.

nous trouvions précisément dans cet endroit où, selon les histoires du guide, les bandits font leurs exploits; cependant nous le traversâmes sans faire la moindre fâcheuse rencontre, et, à cinq heures, nous entrions dans Madrid par la porte de la Vega.

Garde-toi, mon cher ami, de descendre à la *fonda de las Peninsulares*, c'est une abominable chose. Quelle odeur! quelle cuisine! quelles chambres! quelle malpropreté! Suis-je bien, me disais-je, dans la capitale des Espagnes? Aussi je n'y restai pas longtemps. Je me mis en quête d'un appartement garni, ce qui me donna lieu d'observer combien est grande la défiance des Madrilènes dans l'intérieur de leurs maisons. A chaque étage, il y a aux portes d'entrée donnant sur l'escalier une petite fenêtre grillée d'environ 50 cent. carrés; du côté de l'appartement se trouve une petite planche à coulisse devant la grille. Lorsque quelqu'un sonne, on vient pousser la planche, on regarde à travers la grille; si la personne est inconnue, on lui demande ce qu'elle veut, qui elle est, et alors on n'ouvre que si la réponse est satisfaisante. On me dit que c'est pour se mettre à l'abri de la filouterie.

Il y a à Madrid une ressource pour les étrangers qui veulent y faire un séjour : ce sont les *casas de huespedes*. A raison de tant par jour, on y est défrayé de tout; cela n'est pas très-cher: pour 10 à 12 fr., on peut être bien. On y est plus tranquille et plus proprement que dans les hôtels. J'ai un petit appartement situé au coin de la calle San-Jeronimo et donnant sur la *puerta del Sol*, le quartier le plus vivant de Madrid. Mon hôtesse et sa fille me soignent avec une sollicitude toute particulière.

C'est une industrie dans toute l'Espagne que de tenir *casas de huespedes*; ce sont en général de pauvres veuves ou de vieilles filles qui s'y livrent. Elles louent tout un étage d'une maison, quelquefois deux, le meublent et louent ainsi par chambres ou par petits appartements. Chaque personne est servie chez elle, ou mange à table avec les autres *huespedes*.

Tu crois peut-être que la *puerta del Sol* est une porte,

pas du tout. C'est une place située au centre de Madrid et ainsi nommée parce qu'anciennement il y avait en cet endroit un château-fort dont la façade était décorée d'une vaste peinture représentant le soleil. C'est le quartier le plus animé de Madrid et le spectacle le plus curieux pour l'observateur. Dès le premier jour de mon installation, je fus frappée de cette foule oisive qui couvre la place du matin au soir. Ces hommes semblent appartenir par leur extérieur, les uns à la petite bourgeoisie, et les autres plus nombreux à la classe ouvrière.

— Mais que font là tous ces hommes? disais-je à mon hôtesse. Je conçois le goût de la flânerie, mais je ne conçois guère celui de l'oisiveté et de la presque immobilité de ces hommes dans leurs manteaux si bien drapés, le joli chapeau calanés sur le coin de l'oreille, et restant des heures entières à la même place.

— Cette population, me dit-elle, est la plus mauvaise que vous puissiez imaginer, et gardez-vous bien de jamais traverser la place sans faire une scrupuleuse attention à vos poches. Elle se compose en grande partie de paresseux qui se lèvent sans savoir comment ils mangeront; ils passent leur temps là à parler sans doute de leur industrie, des étrangers qui arrivent et qu'on peut exploiter. Au reste, là-dedans il y a de tout : des bourgeois, des ouvriers, des avocats sans cause, des médecins sans malades, des gens de toute classe qui ont à se rencontrer et s'y donnent rendez-vous pour parler de leurs affaires. Les gens comme il faut ont grand tort de venir s'y exposer à être coudoyés et volés par cette race qui ne quitte la place que les jours où quelque cérémonie publique attire la foule dans un autre endroit de la ville, alors elle s'y rend pour en tirer parti.

Je t'assure que, vu d'en haut, l'aspect de cette place est vraiment singulier; j'ai un grand plaisir à examiner chaque matin l'impassibilité de quelques groupes qui semblent enracinés, tandis que d'autres êtres se livrent à un mouvement perpétuel en tous sens à travers cette foule.

Je voulus voir aussi la place *Mayor*, peu éloignée de la *puerta del Sol*, pour les comparer. Là, c'est une population flottante, pendant une partie de la journée seulement, d'oisifs malgré eux. Ce sont des musiciens qui y attendent qu'on vienne requérir leur talent pour quelque bal et qui s'enquièrent des arrivées d'étrangers pour leur donner des sérénades.

En effet, je ne tardai pas à pouvoir juger de leur habileté, car le soir six artistes de la *plaça Mayor* vinrent s'installer dans mon corridor avec l'intention de charmer mes oreilles. Leurs prétentions sont modestes; ils n'avaient pas de paroles pour exprimer leur reconnaissance à la vue du douro que je leur envoyai, et mon hôtesse me trouva d'une générosité folle.

Aussitôt que je fus installée, je voulus profiter des recommandations qu'on m'avait données, et en fort peu de jours j'avais déjà des relations charmantes. Ma première visite fut pour M. de Mora, député, membre de l'Académie et de plusieurs sociétés savantes. Combien je voudrais que tu pusses connaître cet homme si distingué par l'intelligence et le savoir comme par le cœur! M. de Mora est l'homme le plus aimable que j'aie jamais connu. Il a longtemps vécu en France, mais d'une triste manière : il y était prisonnier de guerre, et pourtant nous pardonne ces mauvaises années de sa vie et tout le mal que nous sommes venus faire à son pays. Madame est Française; elle a deux filles charmantes remplies d'instruction et de talents. C'est à cette aimable famille que je dois tous les agréments de mon séjour à Madrid. Le salon de M. de Mora, où je suis conviée à passer mes soirées, est le rendez-vous de tout ce que contient la capitale de gens remarquables dans les sciences, les arts, les lettres, et de tous les étrangers de distinction qui viennent visiter Madrid. Il va sans dire que toute la famille parle français parfaitement bien, ce qui m'est on ne peut plus agréable à mon début dans la Péninsule.

En général, tous les Espagnols bien élevés savent un peu notre idiome, mais ne veulent pas le parler avec des Français dans la crainte de commettre des énormités; la conversation, dans les salons comme ailleurs, est toujours en espagnol.

Notre ami Buloz, comme je l'ai dit, m'avait également donné une lettre pour le maréchal Narvaez, duc de Valence; j'en parlai à M. de Mora, son ami, qui m'engagea très-fort à aller faire la connaissance de ce personnage dont le caractère énergique et l'incontestable talent ont su rendre la paix à son pays, et, avec ce bienfait, lui rendront la prospérité qui en découle. Malgré ses nombreuses occupations, le duc de Valence me fit demander mon heure pour me recevoir quand je voudrais; je répondis par de l'empressement à cette aimable invitation de la part d'un homme dont tous les instants sont comptés. Je fus charmée de cette visite au-delà de mes espérances, car c'était la première fois que je voyais un homme d'Etat étranger. Jugeant d'après ceux de notre beau pays de France, je m'étais demandé à moi-même si j'allais voir un pédant insolent comme celui qui, après avoir laissé éclater l'effroyable orage de 1848, veut encore, du fond de son obscurité actuelle, lancer des théories et des leçons gouvernementales. Ou bien comme ce gros personnage à l'air protecteur et dédaigneux qui croyait assurer la grandeur de son pays en plaçant jusqu'aux plus arrière-cousins de ses maîtresses. Ou bien encore comme certain avocat boursouflé qui, sous cette malheureuse république, parvint enfin à être ministre. Il est vrai qu'il pose avec plus de majesté que jamais sa main droite dans son habit à la hauteur du cœur, sans doute pour chercher s'il en a, et je ne sais pas ce qu'il y trouve. Eh bien, mon cher, depuis Madrid je te vois sourire en lisant ma lettre à Saint-Pétersbourg, et je crois t'entendre dire : Elle est folle d'appeler homme d'Etat cette espèce de saltimbanque politique qui débitait ses mauvaises paroles de banquet en banquet, comme le charlatan va de foire en foire arracher des dents, ce qui est moins dangereux que d'arracher des principes. Mais tous ces êtres candides croyaient aux libéraux !

Revenons à Narvaez; je ne trouvai rien en lui qui eût le moindre rapport avec les comédiens que nous avons eus, que nous avons encore, hélas! mais un homme simple, bienveillant, recevant avec cette politesse exquise qui tient au caractère espagnol. Il est de petite taille, ses traits accusent un caractère fortement trempé, et son regard révèle une vaste intelligence et une grande vivacité. Il me demanda si j'étais satisfaite de mon séjour en Espagne, puis notre conversation devint sérieuse : elle roula quelques instants sur les malheurs de la France, sur les événements cruels dont j'avais été le témoin. Nous parlâmes ensuite de Madrid; il me raconta ses projets de travaux pour faire venir une plus grande quantité d'eau du Guadarrama, afin de parer à cette sécheresse terrible qui désole la capitale pendant l'été. Enfin il me dit d'avoir recours à lui pour tout ce dont je pourrais avoir besoin pendant mon séjour, non seulement à Madrid, mais encore dans toute l'Espagne. Je quittai le maréchal très-satisfaite d'un si aimable accueil.

J'avais aussi une lettre pour une dame française mariée à un étranger appartenant au corps diplomatique. Tout ce que je puis te dire de cette visite, c'est que je désire que nous ne soyons pas jugées d'après ce type-là. Les Madrilènes ont le bon sens de juger d'après la duchesse de Valence qui est distinguée, aimable et spirituelle, qui a enfin tout ce qui manque à la singulière princesse sa compatriote.

Il y a à Madrid une véritable providence pour les Français : c'est le libraire Monnier. Sa complaisance est inépuisable, et j'y ai souvent recours. Souffrant dans le monde de mon inhabileté dans la langue de Cervantes, et obligée de me condamner souvent au silence, ce qui est toujours désagréable à mon sexe, je résolus d'étudier un peu. M. Monnier m'a procuré un bon vieux prêtre appelé don Francisco. Je crois qu'un des meilleurs moyens pour apprendre une langue est de converser le plus possible; j'y trouve le double avantage d'apprendre à bien parler et à comprendre les autres; en même temps je m'instruis sur tout ce qui concerne ce pays, car don Francisco est homme de tact et de beaucoup d'instruction, chose rare dans le clergé espagnol.

Tu vois que je me suis installée dans la capitale sous d'heureux auspices, et après t'avoir trop longuement parlé de moi, c'est d'elle que je vais t'entretenir.

Le nom de Madrid vient du mot arabe *Magerit*; sa fondation se perd dans la nuit des temps, tout est doute et conjecture à cet égard. Il y a tout lieu de croire que c'était une petite ville sans aucune importance jusqu'à l'invasion des Arabes, qui l'avaient entourée d'une bonne muraille pour en faire un point avancé de défense de Tolède, où il y avait une cour musulmane, contre les attaques des Léonais et des Castillans. C'est en 939 que Madrid apparait véritablement, alors que don Ramire II, roi de Léon, vint l'attaquer, démantela ses murailles et causa les plus grands dommages à ses possesseurs. C'était à don Alphonse VI qu'était réservée la gloire d'en faire la conquête définitive vers 1083, à peu près à la même époque que celle de Tolède. C'est à partir de ce temps que Madrid prit un certain développement; les rois y convoquèrent plusieurs fois les Cortès, et enfin Philippe II la déclara cour et capitale du royaume en 1560, s'appuyant sur les avantages de sa position. Quant à moi, je trouve contestables les avantages de cette position, ne lui en reconnaissant qu'un seul : celui d'être au centre de l'Espagne. Cette ville, qui contient aujourd'hui 200,700 âmes, est située au milieu d'une grande plaine aride traversée par ce pauvre Manzanarès, dont le nom sonore promet bien plus qu'il ne donne; il est à sec une bonne partie de l'année. Cette plaine est très-élevée, c'est un plateau à 2,450 pieds au-dessus du niveau de la mer; il reçoit constamment les vents du Guadarrama et du Somosierra, qui, passant dans cette saison sur des hauteurs couvertes de neige, sont ordinairement très-froids. Cependant jusqu'à présent je n'ai point à me plaindre, un merveilleux soleil éclaire mon séjour; mais on m'assure que Madrid est une ville très-nuisible aux constitutions délicates, que ces courants d'air glacé engendrent chaque année des maladies de poitrine.

Ainsi tu vois que Madrid est une ville toute moderne qui offre peu d'attraits à l'amateur de reliques, qui n'a même rien de très-remarquable dans ses œuvres modernes au point de vue de l'art. Mais Madrid est ce qu'on peut appeler une jolie ville. On y entre par de belles portes d'un aspect tout monumental ; elle est bien bâtie, ses rues sont larges, ses promenades sont charmantes et partout ornées de belles fontaines qui les arrosent sans cesse. La promenade la plus fréquentée est le *Prado*. Il peut rappeler, quoique en bien plus petit, nos Champs-Elysées. Ce sont des allées parallèles où les Madrilènes vont chaque jour jouer de l'éventail avec cette grâce qui n'appartient qu'aux filles d'Espagne. La chaussée est parcourue aux heures de la promenade par un grand nombre d'équipages et de cavaliers; mais quand je dis parcourue, c'est une manière de parler; les voitures forment une file et vont au pas; les élégantes étalées dans leur calèche se promènent ainsi des heures, se procurant le double plaisir de voir et d'être vues. Cela ressemble à ce que sont nos Champs-Elysées les jours de Long-Champs, il y a même jusqu'aux gendarmes pour y faire la police. Je ne comprends pas ce singulier et nonchalant plaisir. Si j'habitais Madrid, assurément je ne serais visible au Prado qu'aux heures où une voiture pourrait fendre l'espace. Mais enfin c'est un usage; on va au Prado pour y avoir été, pour avoir un sujet de conversation tout fait pour le soir, les uns sur les chevaux, les unes sur les toilettes, et beaucoup sur une foule de petites remarques plus ou moins malignes.

Les Espagnoles, qui nous imitent en beaucoup de choses, ne nous imitent pas dans notre simplicité de bon goût. Pour la promenade, elles font des toilettes de soirées, s'habillent avec luxe et se chargent d'ornements. Sauf le chapeau, elles prennent toutes nos modes en les exagérant. Ainsi elles portent leurs robes tellement longues, que celles qui sont à pied balaient le pavé avec le velours et le satin, et le fameux petit pied espagnol n'est plus visible; j'attendrai donc encore pour t'en parler avec connaissance de cause.

Une autre jolie promenade est la *fuente Castellana*, faisant à peu près suite au Prado, après avoir passé la porte des *Recoletos*. Etant fort longue, elle n'est fréquentée que par les équipages et les cavaliers. Ce sont de jolies allées parallèles, un peu moins larges que celles du Prado et bien ombragées; entre les arbres on a planté des massifs de rosiers qui font un joli effet. De distance en distance on trouve des ronds-points avec une fontaine au milieu, puis la *fuente Castellana*, qui termine la promenade à laquelle elle a donné son nom, est vraiment monumentale. Ce *paseo* (promenade) m'a plu infiniment pour la promenade à cheval; il n'est pas encombré comme le Prado et a quelque chose de plus champêtre à cause des jardins qu'on voit de chaque côté.

J'admire avec quel soin la sécheresse de Madrid est combattue : on a établi de petites rigoles allant d'un arbre à un autre, et autour de chaque arbre une espèce de petit bassin ; la terre est soutenue par des tuiles sur champs, afin que rien ne s'oppose à un arrosement presque continuel.

La troisième promenade très-fréquentée par les gens à pied est le jardin du *Buen retiro*: il est situé près du Prado. Cette promenade, dessinée à la française, doit être charmante l'été, alors que ses épais massifs d'arbustes sont en fleurs et que ses beaux arbres protègent contre le soleil. La grande allée principale dans laquelle les personnes royales seulement peuvent entrer en voiture est ornée d'une rangée de médiocres statues de chaque côté. L'allée la plus fréquentée est celle qui longe une grande pièce d'eau fort bourbeuse où barbotent des canards.

Le *Buen retiro* est un jardin mal tenu, il y a un air de désordre qui lui nuit.

La partie réservée, qui n'est point ouverte au public, et dans laquelle on n'entre qu'une fois par semaine avec des billets, est soignée et charmante, c'est un jardin pittoresque.

Il y a encore une foule de petits *paseos* assez jolis, mais qui n'ont pas la même vogue que ceux que je viens de te signaler. Ce sont : *el Campo del Moro*, la place de *Oriente* aux pieds du palais de la reine, et la *Floride*, au bord de ce pauvre Manzanarès. C'est une singulière rivière, son lit est énormément large; elle n'en n'occupe pas la dixième partie. Nous sommes en novembre, il a plu et pourtant il n'y a pas deux pouces d'eau; cette eau coule sur un fond de gros cailloux qui ride sa surface comme peut être le visage d'un républicain en mal d'une idée qui n'arrive pas.

En examinant ce matin les trop médiocres statues dont est décorée la place d'*Oriente*, je remarquais une chose qui m'étonne : les Espagnols ont eu le génie de la peinture développé au plus haut degré; rien de plus magnifique que l'histoire de cet art depuis le commencement du quinzième siècle jusqu'au milieu du seizième. La sculpture et la statuaire marchaient au même niveau après l'avoir un peu précédée. Puis, par une de ces lois fatales qui gouvernent le monde, les gloires de l'Espagne s'éclipsèrent quand le pouvoir s'affaiblit et s'énerva, et avec ses gloires disparurent les lettres, les arts.

La peinture s'est régénérée après un long sommeil, mais la sculpture semble morte. Il y a des peintres d'un grand talent, il n'y a pas un sculpteur, tout ce qui est moderne fait pitié. Je ferai la même remarque au sujet de la musique. Les Espagnols aiment la musique : depuis le mendiant jusqu'au gentilhomme, depuis la grisette jusqu'à la grande dame, tout le monde sait ses notes et gratte plus ou moins de la guitare pour s'accompagner. Cependant on entend peu de véritables musiciens; ils n'ont pas un compositeur : je n'appelle pas ainsi un faiseur de boleros ou de romances. Il n'y a pas un théâtre lyrique national, mais seulement des troupes italiennes. Ils cherchent à imiter nos opéras-comiques dans de petites pièces appelées *sarzuelas;* ce genre est une espèce de milieu entre le vaudeville et l'opéra-comique. Ce que j'en ai vu est tout à fait médiocre au point de vue musical. Ce qu'ils font de réellement joli, ce sont leurs boleros, leurs seguidillas; la musique en est ou vive et gracieuse, vous conviant à la gaîté, au plaisir; ou tendre, mélancolique, et dans ce cas toujours écrite en mineur. Quant aux paroles, ils nous sont supérieurs; ils n'abusent pas comme nous de la barque ou de l'hirondelle; leur poésie passionnée s'inspire des sentiments du cœur, ou sera héroïque pour célébrer quelque action d'éclat, ou bien encore renfermera quelque idée originale et gaie. Hors donc les boleros, on ne compose pas de musique espagnole en Espagne. Comme je viens de te le dire, les théâtres lyriques sont italiens, et dans les salons, si on chante, c'est en italien; si on fait de la musique instrumentale, elle est française, quelquefois allemande.

Les voix de femme n'ont aucun charme ; au contraire, il y a toujours quelque chose de rauque qui résonne mal à l'oreille. Je pensais que cela pouvait tenir au climat inégal de Madrid, et un señor auquel je faisais cette remarque, me dit que je retrouverais la même chose dans toute l'Espagne.

— J'attribue cela, me dit mon interlocuteur, à l'habitude que nous avons de parler excessivement haut ; les enfants, par conséquent, la prennent dès leur plus tendre enfance ; les jeunes filles, n'ayant pas la même force que nous, sont obligées de faire des efforts dont le résultat certain est de leur érailler la voix.

Je ne puis te dire combien je fus étonnée de ce son de voix la première fois que j'allai dans le monde ; jusque-là je pensais que c'était une habitude des femmes du peuple seulement, et j'eus une véritable déception lorsque j'entendis sortir de bouches qui charment le regard, cet organe qui choque tant l'oreille. Il me semble que si j'étais homme, les plus douces paroles du monde ne sauraient m'émouvoir avec un pareil accompagnement. Mais l'habitude est, dit-on, une seconde nature.

T'ayant parlé musique, je ne terminerai pas cette lettre sans te parler des théâtres, du moins des trois principaux.

A notre imitation, on a voulu avoir un Théâtre Espagnol, destiné, comme notre Théâtre-Français, à la représentation des œuvres classiques, à la haute et sérieuse littérature ; il s'appelle : *Theatro del Principe*, ou *Teatro Español*. Quoiqu'il soit sérieux, la représentation est presque toujours suivie d'un ballet. Une représentation sans ballet serait, pour un Espagnol, comme un corps sans âme. Je ne suis pas assez versée dans la langue pour te parler du mérite littéraire de ce que j'ai vu, mais je fus peu satisfaite du jeu des acteurs. Excepté une tragédienne, qui ne manque pas de talent, tout le reste est médiocre, souvent mauvais, et il faut un certain temps pour s'accoutumer à ce déplorable organe des femmes. Les ballets sont charmants, ce sont toujours des danses nationales. Rien n'égale la grâce et la souplesse des danseuses; elles sont peut-être moins légères que les nôtres, mais bien plus attrayantes, et quoique on ait beaucoup parlé et écrit sur la lasciveté des danseuses espagnoles, je proteste contre cette erreur, du moins pour ce qui se passe au théâtre. Il y a certainement de la passion dans leur danse, mais la passion n'exclut pas la pudeur, et je soutiens que les danseuses espagnoles n'ont pas ce dévergondage de mouvements qu'on leur croit et qui est souvent le partage des nôtres. J'ajouterai même qu'elles sont bien moins décolletées que les danseuses françaises, et par en haut et par en bas.

La salle *del Teatro Español* est fort jolie, bien décorée, bien éclairée. La toilette des femmes qui garnissent les loges m'étonne; ces dames ont des intentions d'élégance qui ne sont pas toujours d'accord avec le goût. La partie la plus soignée est la tête, leur beaux cheveux sont arrangés avec art et ornés de fleurs naturelles; cette recherche n'est pas en harmonie avec leurs robes montantes et de couleurs foncées.

Les salles des théâtres *del Drama* et de *las Variedades*, sont pitoyables, longues et étroites, laides, sales, mal éclairées. On y représente tous les genres, même des traductions. Les acteurs sont très-mauvais; de plus, ils sont, hommes et femmes, vêtus avec une extrême malpropreté.

Ainsi, mon cher ami, je désire que tu puisses trouver à Saint-Pétersbourg un plus agréable aliment à ton goût pour ces distractions-là que celui que j'ai à Madrid, mais je remplace avantageusement le théâtre par les *tertulias*.

LETTRE VI.

Madrid, 20 novembre.

Tu connais, mon cher ami, mon goût pour la flânerie, et si cela n'avait pas l'air trop prétentieux, je dirais pour l'observation; c'est te dire que je vois beaucoup de choses, que je les vois lentement, du moins celles qui le méritent. Aussi je commence à savoir Madrid par cœur, je le connais comme je connais ton délicieux ermitage.

Je te disais donc dans ma précédente lettre que Madrid, ville toute moderne, est une jolie ville, mais ne renfermant rien de bien remarquable au point de vue monumental. Les rues les plus fréquentées sont celles d'Alcala et San-Jeronimo, qui vont de la *puerta del Sol* au *Prado*, puis la Calle-Mayor, qui part de la *puerta del Sol* et traverse toute la ville. Il y a dans ces rues une concurrence énorme toute la journée, mais c'est surtout vers les trois heures dans cette saison-ci quand on va au Prado, et vers cinq heures quand on en revient. Je me mets alors à mon balcon, et je passe ma revue avec plus de sécurité que ne le faisaient nos rois. Vraiment j'admire cette population de Madrid, et je me prends quelquefois à l'envier. Ce peuple a l'air heureux d'être : femmes, hommes, enfants de toutes classes semblent n'avoir autre chose à faire que se promener, on dirait que les Madrilènes ne doivent vivre que d'air et d'eau. Tu ne saurais croire à quel point Madrid est altérée. Il y a des hommes dont le seul métier est de vendre des verres d'eau : on les appelle *aguadores*. Ils se posent de place en place sur les promenades et dans les rues en criant : *agua*, et pour la modeste somme d'un *ochavo* (environ 2 centimes) on peut se désaltérer avec deux verres de cette excellente eau du Guadarrama, que les Espagnols prétendent être la meilleure et la plus salutaire du monde. Les aristocrates, les friands y ajoutent un *azucarillo*, c'est du sucre battu avec du blanc d'œuf, parfumé à l'orange ou au citron; fondu dans l'eau, cela fait une excellente boisson, mais le verre d'eau ainsi accompagné coûte 2 cuartos (un peu moins de 2 sous). Les *aguadores* tiennent leur eau dans ces grandes cruches qu'on appelle *alcarazas*; elles sont fabriquées avec une terre poreuse qui a la propriété de maintenir l'eau toujours fraîche.

Tu sais que j'ai pour principe qu'il faut voir de tout en voyage, afin de ne parler ensuite qu'avec connaissance de cause. Il faut voir la société sous tous ses aspects : graves ou burlesques, terribles ou joyeux; ainsi, t'ayant parlé de cette grande concurrence de gens qui anime le centre de Madrid, je te dirai que la foule la plus compacte que j'aie jamais vue est celle qui était accourue pour assister à une exécution. Tu t'étonnes, n'est-ce pas? Eh bien, oui, je le confesse, j'ai voulu voir cela, que pour rien au monde je n'irais voir en France. Ici, j'ai voulu mettre le pied sur ce terrain émouvant sur lequel, au nom sacré de la justice, une vie humaine allait cesser, et, en te l'écrivant, je ressens encore les mêmes impressions qui m'ont assaillie en ce moment. C'était le 12, que le matin, en me mettant à mon observatoire habituel, au-dessus de la *puerta del Sol*, je vis une agitation bien plus grande que de coutume. Mon hôtesse prévint mes questions en venant me demander si je ne serais pas curieuse de voir l'exécution d'un *reo* (criminel), qui devait avoir lieu à onze heures. Je résolus aussitôt que j'assisterais à ce tant pénible spectacle.

Je n'ai jamais vu de population si animée, tu n'as pas idée de cela; depuis la prison, qui est au centre de la ville, jusqu'au lieu du supplice, situé en dehors de la porte de Tolède, ce qui fait un très-long trajet à parcourir, une foule immense s'agitait pour voir sortir le *reo*; les troupes étaient sur pied pour maintenir l'ordre, ce qu'elles ne faisaient qu'avec peine; toute circulation de voitures était interdite.

Avant de te parler de l'exécution, je dois dire ce qui la précède : le criminel connaît l'arrêt de la justice quarante-huit heures avant qu'elle ne soit satisfaite. Deux membres du tribunal et deux prêtres viennent lui lire sa sentence et lui signifier qu'il va être mis en chapelle, c'est-à-dire transféré dans un autre cachot, où il doit être assisté par les deux prêtres qui ne le quitteront plus jusqu'à ce qu'il ait cessé de vivre. Ils doivent jusque-là le préparer à racheter son crime par le repentir, puis l'accompagner de la prison à la potence.

Le champ du supplice est un vaste terrain entouré d'arbres, sur lequel était déployée une sorte d'appareil militaire pour contenir la foule. L'infanterie, comme une véritable muraille vivante, forme une place carrée d'une certaine étendue. La cavalerie, par derrière, protège encore l'infanterie, de sorte qu'il devient impossible à la foule de pénétrer. J'étais parvenue à me placer sur un talus d'où je pouvais voir un peu au-dessus de cet océan de têtes, et plonger mes regards sur la lugubre place. L'instrument du supplice s'élève vers le centre, c'est une espèce d'estrade de la hauteur d'environ deux mètres au milieu de laquelle s'élève un poteau; un petit banc y est adossé, c'est pour asseoir le condamné qui doit y subir la strangulation. Comment exprimer l'émotion qui s'était emparée de moi : mon cœur battait à me rompre les côtes, mes jambes fléchissaient sous le poids de mon corps, et pourtant je voulais voir. Cette foule agitée et impatiente du retard apporté à l'horrible représentation me paraissait hideuse. Enfin un roulement de tambour annonce l'approche du triste cortége, il paraît. En tête se trouve un peloton d'infanterie, puis viennent les juges qui ont prononcé la sentence, les deux prêtres qui ont assisté le condamné, ensuite le condamné lui-même, à cheval, allant au très-petit pas; derrière lui sont des employés des prisons, puis encore de l'infanterie pour fermer le cortége. Le condamné est vêtu d'une espèce de large tunique noire; il tient un crucifix entre les mains et l'embrasse avec effusion en versant d'abondantes larmes. C'est un jeune homme de vingt-quatre ans, dont la physionomie douce est loin de révéler des instincts cruels; il paraît éveiller la pitié des assistants. Arrivé au pied de l'estrade, les deux prêtres le soutiennent pour en monter les degrés et l'asseient sur le banc fatal. Ils lui donnent les dernières consolations de la religion et font espérer le pardon divin au pécheur repentant. Le bourreau vient lui demander pardon d'être l'exécuteur des arrêts de la justice; le criminel le lui accorde et l'embrasse. Aussitôt après le bourreau l'appuie au poteau auquel est attaché un large collier de fer qu'il ouvre pour y faire entrer le cou du patient, puis il le serre au moyen d'un écrou avec une telle rapidité que la suffocation doit être instantannée. La bouche fit une légère contorsion, mais le corps ne bougea pas.

L'appareil religieux et celui de la justice abandonnent aussitôt le cadavre, les troupes s'ébranlent, mais la foule ne se dissipe pas, car elle veut voir de près le corps du criminel, qui doit rester jusqu'à quatre heures. Je ne fus nullement tentée d'observer si la curiosité de la foule attendrait la levée du corps, qui doit être faite par une confrérie religieuse.

Je dois dire, à l'avantage du peuple espagnol, qu'à côté de cette curiosité un sentiment d'extrême commisération pour ce malheureux était peint sur tous les visages, ceux des femmes surtout. C'est que son crime n'était pas une de ces infamies inspirées par la bassesse et la cupidité : il était le résultat d'un moment de désespoir d'amour plus fort que la raison. Cet homme aimait passionnément une jeune fille qui l'aimait aussi et au mariage de laquelle la mère ne voulait pas consentir. Pendant une explication violente où cette femme persistait dans son refus, le malheureux, fou de désespoir, se jeta sur elle armé de sa *navaja* et l'en frappa mortellement. A peine le crime était-il commis, qu'il en comprit l'énormité et ne fit aucune opposition à la justice lorsqu'elle vint s'emparer de lui.

Tu conçois que lorsque j'appris cette lamentable histoire, l'horreur que j'avais éprouvée se changea bientôt en pitié, surtout lorsque j'entendis raconter dans la foule que la malheureuse qui était cause innocente du meurtre de sa mère assistait à l'exécution de son amant, se tordant les membres dans des accès de désespoir, déchirée qu'elle était par toutes les douleurs qui puissent accabler.

Quant à moi, quoique admettant dans toute sa rigueur l'application de la peine de mort à l'homicide, je crois que j'aurais dans ce cas-là trouvé une circonstance atténuante, en songeant aux passions fougueuses qui, sous ce ciel ardent, doivent être excitées au plus haut degré chez un homme de vingt-quatre ans qui y rencontre un invincible obstacle. Je l'aurais plutôt condamné comme fou à un hôpital perpétuel.

Enfin, en proie aux plus vives émotions, je quittai ce triste spectacle, jurant bien qu'on ne m'y prendrait plus.

Hier, je devais en voir un d'un genre bien différent. Décidément il y a des badauds dans tous les pays, et quoique Paris ait la réputation d'en contenir beaucoup, je crois que Madrid l'emporte encore sur lui. C'était le *besa mano* de la reine. J'avoue en toute humilité que je n'en vis que ce qui se voit sur la place du palais.

Le *besa mano* est une cérémonie de cour qui a lieu deux fois par an, le jour de la fête de la reine et le jour anniversaire de sa naissance. Elle consiste à aller faire une révérence devant la gracieuse Isabelle II, qui, assise sur son trône, tend sa royale main à baiser à chaque personne qui passe. La main est gantée. Elle reçoit d'abord les hommes, les dames ensuite.

Que cet usage chevaleresque, qui est encore en vigueur aussi dans le monde, se conserve parmi les hommes, rien de mieux; c'est un hommage offert par la force à la grâce et à la beauté, n'ayant rien qui porte atteinte à la fierté de celui qui l'offre. Mais je pense le contraire pour ce qui nous concerne; une femme baisant, en marque de déférence, la main d'une autre femme, lors même que cette dernière est reine, s'annihile à mes yeux.

J'étais donc sur la place du palais au milieu d'une foule immense, pour voir d'abord les équipages des grands d'Espagne dans toute leur magnificence. Ce n'est que dans les deux jours de *besa mano* qu'ils se servent de ces richesses. Il y a des berlines qui, par leurs ornements, leurs peintures, leurs dorures, sont de véritables objets d'art.

L'Espagne est un pays où l'on professe le culte des traditions, et si les aïeux du duc tel ou tel ont eu de riches carrosses, leur descendant ne doit pas déroger. Il y en avait là qui devaient avoir vu trois ou quatre générations, à en juger par leur style, c'étaient les plus riches. Le plus remarquable était celui du duc de Médina-Cœli. Ce nom, qui est un des plus illustres d'Espagne, appartient au sang royal, il descend de Henry de Transtamare.

Les harnachements des chevaux sont en harmonie avec le luxe des voitures; ce que je n'aime pas, est la couronne de plumes qui orne leur tête, cela les fait ressembler à des chevaux de corbillard. Si des attelages et des carrosses nous passons aux personnes, par lesquelles nous aurions peut-être dû commencer, nous trouverons la même magnificence. Ce qui t'étonnera, c'est que j'aie pu voir ces derniers depuis la place; voici pourquoi : les voitures n'entrent pas sous le vestibule auquel aboutit le grand escalier du palais; elles s'arrêtent sur la place en face de ce vestibule, de sorte que c'est en vue du public que tous les visiteurs montent en voiture ou en descendent. On n'est reçu à la cour qu'en uniforme ou en costume; ceux des grands d'Espagne sont très-riches. Leurs habits à la française en drap ou en velours sont chargés de broderies d'or, la culotte courte est de casimir blanc, une riche épée pend à leur côté. La toilette des dames est toute française; les robes sont en satin ou en velours, aussi brodées d'or ou d'argent; elles ajoutent le manteau de cour attaché par derrière à la ceinture et qui est de rigueur à la cour d'Espagne. Les toilettes de ces dames ne brillaient pas toutes par la fraîcheur, et étaient sous ce rapport inférieures à celles des hommes.

Le *besa mano* se termina fâcheusement pour moi : un industriel d'une grande habileté me vola dans ma poche ma bourse qui contenait quelques pièces d'or. Grande fut ma surprise quand je m'aperçus du larcin; mon cavalier était désespéré.

— Qu'allez-vous penser des Espagnols ? me disait-il douloureusement.

— Les Espagnols n'ont pas le monopole de la filouterie,

m'empressai-je de lui répondre, c'est une industrie de tous les pays, et qui, à Paris, s'exerce jusque dans les églises; ainsi, consolez-vous comme moi.

À présent, faut-il te raconter une course de taureaux?

À cette question que je me fais à moi-même, je me réponds que cela est bien présomptueux, vraiment, après tant de couleurs charmants. Mais enfin, puisque tu veux que je te parle de tout, tu sauras que dimanche, par le plus bel été de la Saint-Martin que le protecteur de l'humanité ait pu jamais lui envoyer, j'ai vu la dernière *corrida* (course) de la saison. Grand Dieu, quelle foule! Il y avait là des êtres de toute race, de tout âge, de toute couleur, de toute odeur.

Figure-toi un cirque au moins quatre fois grand comme celui des Champs-Elysées, contenant de 16 à 17,000 personnes, se livrant à tous les éclats d'une joie enthousiaste, ou à toute l'exaspération de la fureur. Tu comprendras alors qu'il faut avoir un timpan assez solide pour qu'il en sorte sain.

À l'heure annoncée, l'orchestre se fait entendre; la salle résonne au bruit des fanfares, tous les regards sont fixés sur la porte de la solide barrière qui entoure le cirque; elle s'ouvre. Voici venir le cortège : il a en tête un alguazil qui vient recevoir des mains de l'*alcaide* (maire) la clef de l'écurie où sont renfermés les quadupèdes destinés aux combats. Cet alguazil porte l'ancien uniforme de ce corps; il est coiffé d'une petite toque en velours noir ornée de plumes, et vêtu d'une veste collante en soie noire sur laquelle est jeté un petit manteau de velours de même couleur; sa culotte courte est de soie noire aussi; il porte de longues bottes à l'écuyère. Derrière lui viennent 12 *torreros* vêtus du costume national, si joli sur un homme bien fait. Il consiste en une petite veste ronde en satin de couleur, brodée en soie ou en or sur les coutures et au milieu du dos; culotte courte aussi en satin, brodée sur les coutures, bas blancs, souliers à boucles. Puis viennent deux *picadores* à cheval. Ils portent une veste semblable à celles des *torreros*, mais la culotte est de peau et collante; ils ont, comme l'alguazil, la botte à l'écuyère et de formidables éperons.

Les *picadores* vont se placer de chaque côté de la porte qui va s'ouvrir pour laisser passage au taureau; les *torreros* et les *banderilleros* se dispersent çà et là dans l'arène.

Le programme nous promet l'extermination de six taureaux. On sonne une fanfare, c'est l'entrée du premier. L'animal se promène quelques secondes d'un air étonné de se trouver en si nombreuse société. Le public ne paraît pas satisfait des dispositions de l'animal; il commence à murmurer qu'il sera un *cobarde* (poltron). Mais voilà son attention excitée; l'agression commence du côté des *torreros* contre le pauvre taureau qui paraît regretter la liberté de ses bois. Chaque *torrero* est muni d'un grand morceau d'étoffe rouge appelée *capa*; ils viennent sautiller autour de l'animal en agitant la *capa* devant sa tête; cette couleur, qui n'est pas de son goût, commence à l'animer, et l'animation des *torreros* croît en raison de celle du taureau; il y a lutte de courage et d'adresse. L'animal commence à rugir, il baisse la tête en l'agitant de droite et de gauche pour tâcher de se débarrasser de ses persécuteurs, mais ses efforts sont vains. Il faut voir ce spectacle pour comprendre l'extrême adresse de ces hommes à éviter les coups de cornes qui les tueraient sur place. Quand ils se voient serrés de près par l'animal en colère, c'est avec la rapidité de l'éclair qu'ils sautent par-dessus la barrière d'enceinte qui peut avoir environ deux mètres de haut. Cette adresse est telle, que j'en vis mettre leur pied entre les deux cornes du taureau au moment où il baissait la tête, y prendre un point d'appui pour s'élancer de l'autre côté de la barrière; on peut dire que ces hommes en ce moment ont la vie en suspens. Alors combien d'exclamations de la part de la foule! *Bravo, torrero! bravo!* crient à la fois des milliers de voix.

Quand le pauvre animal est bien impatienté, commence l'office du *picador* qui se présente en face de lui la lance à la main comme pour lui offrir le combat. Alors on voit une abominable et dégoûtante tuerie : le *picador* donne des coups de lance à son adversaire qui y riposte par des coups de corne dans le ventre du cheval. C'est en ce moment que se déploie toute l'adresse du cavalier; du côté où le taureau attaque le cheval, il lève la jambe et rejette presque tout son corps de l'autre côté de l'animal pour éviter les coups qu'il ne veut pas partager avec lui. Je ne puis t'exprimer quelles impressions terribles j'éprouvais, lorsque le taureau venant en rugissant se défendre à grands coups de cornes était si près d'atteindre le malheureux *picador*; je ne comprenais pas qu'il y échappât, son adresse est vraiment miraculeuse. Mes émotions étaient telles, que je ne pouvais les contenir, au grand étonnement de mes voisins, et je ne conçois pas quels attraits peuvent avoir pour cette foule des jeux dont les conséquences peuvent être si terribles. Mon cavalier paraissait stupéfait de mon état; il m'assurait que les accidents sont très-rares, et que ces hommes portent sous leurs vêtements une armure complète qui les préserve de tout danger. D'ailleurs, aussitôt que le *picador* assaillant se trouve un peu dans l'embarras, un autre arrive immédiatement pour détourner l'attention du taureau.

Ma pitié était partagée, j'en conviens, entre l'homme et le cheval.

On réserve, pour être vendus à la direction de la *plaza de Toros*, tous les chevaux âgés ou infirmes ne pouvant plus faire un bon service; par conséquent on les nourrit fort peu, juste pour qu'ils aient assez de force pour soutenir le cavalier. De sorte que, même la première vue de ce pauvre animal, excite la compassion; c'est comme une étude d'anatomie; on pourrait compter ses côtes, ses nerfs, voir la lumière à travers son cuir à moitié usé et aux trois quarts dépouillé de son crin. Ses jambes sont tremblantes sous le poids qu'il porte, son œil est terne; il faut toute la violence des coups d'éperons pour mettre en mouvement cette espèce de machine. Mais combien cette pitié s'augmente en voyant les cornes du taureau entrer dans les flancs de la malheureuse bête! La force que ce premier a dans la tête est telle, que j'en ai vus soulever le cheval, qui avait ainsi les deux cornes dans le ventre; elles n'en ressortaient qu'avec des lambeaux de chair. Dans ce cas, le *picador* se dégage lestement et saute par-dessus la barrière; le cheval s'affaisse et tombe mort dans une mare de son sang.

La plupart du temps le cheval résiste quelques instants aux premiers coups de cornes et court encore dans l'arène, arrosant le sol de son sang, traînant ses entrailles qui pendent de ses flancs entr'ouverts; il va ainsi tant qu'il a de forces, et quand il tombe on en amène un autre au *picador*. Quelquefois, si le cheval en vaut la peine, on le fait rentrer dans l'écurie avant qu'il ne soit épuisé, on fait rentrer ses entrailles dans sa peau; puis on la recoud pour qu'il puisse servir à une autre course. Plus le taureau met de chevaux hors de combat, plus le public applaudit et crie: *Bravo, toro!*

C'est l'autorité qui règle toutes les phases de la représentation; lorsqu'elle juge que l'animal est suffisamment excité, elle fait un signe; alors on entend un roulement de tambour qui annonce l'attaque avec les *banderilleras*.

La *banderillera* est une flèche d'acier tout enjolivée de rubans de couleur et dont la pointe est très-aiguë. Les *toreros*, devenus *banderilleros*, armés de cet instrument de supplice, viennent faire toute espèce d'évolutions autour du taureau en lui lançant ces flèches dans le cou. Si elles sont bien lancées, elles doivent rester plantées dans la chair, quels que soient les mouvements du malheureux animal. Alors recommencent les cris, les trépignements, les sifflets ou les applaudissements, suivant que les *banderilleras* sont bien ou mal lancées et que le taureau se défend plus ou moins vigoureusement. Quand la victime oppose trop de sang-froid à ces perfides attaques, il n'est pas rare qu'on fasse rougir la flèche pour exciter une douleur plus vive encore. Figure-toi cette pauvre bête inondée de son sang, se retournant en tous sens, faisant des mouvements désordonnés pour se débarrasser de cet abominable arsenal planté dans ses chairs, cela sous les yeux d'une foule immense se livrant aux plus bruyantes démonstrations. Si tu te mets sous les yeux ce tableau si peu dans nos mœurs, tu auras une idée de mon étonnement que tu partageras.

Enfin quand le taureau devient presque furieux, le dernier signal est donné, et le *matador* parait. Il est armé d'une longue et forte épée avec laquelle le taureau doit être frappé mortellement du premier coup, si le *matador* est adroit.

L'épée doit être dirigée au milieu du cou, un peu au-dessus des épaules. C'est alors qu'on est en proie aux émotions les plus vives, en voyant ce terrible combat d'un homme à pied et d'un animal furieux; il paraît impossible que l'homme ne succombe pas dans une lutte si inégale, et pourtant les accidents sont très-rares. Si le *matador* a bien frappé et que le taureau succombe au premier coup d'épée, l'enthousiasme est à son comble, c'est un vacarme à faire écrouler les murs et dont aucune parole ne peut donner l'idée.

Lorsque le taureau se défend si vaillamment et si adroitement que le *matador* ne peut parvenir à frapper juste et que le public s'exaspère contre l'homme en applaudissant l'animal, un autre signal est donné : c'est l'autorisation de le tuer *por traicion* avec un long poignard en montant sur la barrière pour le frapper par derrière.

Chaque fois qu'un taureau tombe mort, on fait entrer dans l'arène trois joyeuses mules brillamment harnachées et attelées de front à un long et fort morceau de bois peint, posé horizontalement; on y attache la victime, et les mules l'emportent au grand galop et au son des fanfares. Ensuite les chevaux morts sont emportés de la même manière; puis on remue le sable pour faire disparaître le sang avant l'entrée d'un autre taureau.

Le premier éventra quatre chevaux et fut adroitement frappé par le *matador* Casas; il tomba mort au premier coup. Le deuxième en éventra trois. Le troisième fut terrible; il se précipitait avec rage sur ses adversaires, et laissa huit chevaux sur le sol; le dernier cheval fut soulevé avec une force incroyable sur les cornes de l'animal furieux, comme s'il voulait jouer avec; c'est de cette position aérienne que le *picador* jugea à propos de se lancer de l'autre côté de la barrière. Après ces hauts faits, les autres ne furent plus que des *cobardes* : ils ne laissèrent sur le sable que chacun un ou deux chevaux.

Après la mort du troisième, je vis une espèce d'intermède : ce fut l'arrivée d'un taureau dont tout le corps était orné de guirlandes de fleurs et de rubans. L'animal entra gaillardement dans l'arène, toisa les spectateurs comme des êtres qui lui seraient parfaitement connus, puis une nuée de *torreros* vinrent gambader autour de lui en agitant leurs *capas* et lui ravir un à un tous ses ornements. Quand l'animal en fut tout à fait dépouillé, trois autres taureaux paraissant fort civilisés entrèrent le chercher, et tous les quatre ressortirent ensemble.

Cette scène me parut une diversion agréable, c'était un tableau gracieux que la vue du terrible animal se jouant au milieu des fleurs et luttant d'adresse avec une douzaine d'hommes qui folâtraient autour de lui. Mon cavalier me dit que c'était un taureau si vaillant, qu'on lui avait fait grâce de la vie, et qu'il allait retourner dans ses bois. A l'une des dernières courses, aucun *matador* n'était parvenu à le frapper, même après un long combat, et la beauté de sa défense lui avait valu la faveur d'être épargné, de ne pas être frappé *por traicion*. Les trois taureaux qui étaient venus le prendre sont de ceux qu'on appelle *manzos*.

Les taureaux qui doivent servir aux courses sont élevés en liberté; ils naissent et vivent dans les bois jusqu'au moment fatal qui les appelle dans l'arène. Il est donc extrêmement difficile de pouvoir s'en emparer. On a pour cela des taureaux domestiques dressés à aller dans les bois avec leur maître, et au commandement duquel ils obéissent comme les chevaux d'un manège obéissent à l'écuyer. Ils entourent l'un des libres, le captivent sans doute par quelque *mirada* trompeuse, et l'amènent ainsi jusqu'à la lisière du bois, où alors, au moyen de cordes, les hommes s'en emparent. Ce sont ces taureaux privés qu'on appelle *manzos*.

Il ne faut pas croire que l'on devienne *torrero, matador, etc.*, sans de longs exercices et même une certaine étude. Il y a à Madrid un collége de *toromachia*. La *toromachia* est une carrière que l'on embrasse avec passion et dans laquelle on ne se lance qu'après plusieurs années d'exercice au collége placé sous la surveillance active du gouvernement. Je ne sais s'il y a, pour être admis dans la carrière, d'autres conditions physiques que celles de posséder une certaine force musculaire, mais je serais tentée de le croire en remarquant que ces hommes sont en général beaux et bien faits. On ne sort donc du collége qu'après avoir passé bien des examens d'adresse, pour venir affronter un public très-difficile, qui ne permet pas le moindre manquement à l'art de bien *matar al toro*. Il y a des matadors dont la réputation équivaut à celle qu'on a faite en France à Rachel. Ceux-là, les villes se les arrachent, on les couvre d'or pour les avoir.

Je ne sais pas si j'aurai le désir de voir une course dans quelque autre ville, j'en doute. Je ne me sens aucun goût pour ce genre de représentation; cependant à Dieu ne plaise que je critique les goûts que je ne partage pas, laissons à chacun ses inclinations.

Je comprends même qu'on puisse s'enthousiasmer en voyant ces combats où le courage et l'adresse des combattants contre un animal furieux se surexcitent au plus haut degré. Je ne serai pas non plus de l'avis de ceux qui en concluent que le caractère espagnol est cruel au fond. Je dirai non, cent fois non. Ils sont élevés à voir ces spectacles-là; un enfant marche à peine qu'on le conduit à la *plaza de Toros*, et la course du dimanche est toujours la récompense promise pendant la semaine; cela devient une habitude, presque un besoin. J'ai, avec bien d'autres, la conviction que nos immorales représentations théâtrales, où les principes les plus sacrés sont présentés sous une forme ridicule, où la famille est raillée, où l'adultère est glorifié, où la pudeur est niée, où enfin tout ce que le vice et la débauche ont de plus repoussant se couronne de fleurs; eh bien, je dis que ces fâcheuses productions de l'esprit ont sur les masses une action mille fois plus corruptrice que ces courses où se déploie tout le courage de l'homme, au lieu de faire un appel à ses plus mauvaises passions.

Crois-le bien, mon cher Hugues, on ne pourrait faire en Espagne les hideuses saturnales de février 1848, encore moins on ferait cette atroce guerre de cannibales du mois de juin suivant, qui nous coûta de si cruelles douleurs. Non, l'histoire d'Espagne n'a pas de ces pages dégouttantes de sang que les derniers soixante ans ont, hélas! mises dans la nôtre. Elle ne nous montre pas de ces bras assassins incessamment levés contre les vies royales. Y trouverais-tu un règne de dix-sept ans durant lequel la vie du roi échappa sept fois à ces exécrables tentatives homicides? Non.

Heureuse Espagne! tu n'as pas encore été tout à fait empoisonnée par la peste philosophique; c'est bien trop déjà d'avoir dans tes artères le venin du libéralisme.

Enfin je comprends très-bien qu'on aime les courses de taureaux; chez les Espagnols, c'est une passion, et je ne crois pas qu'on puisse jamais ôter au peuple cette diversion-là.

Tu t'étonnes sans doute de ce que, connaissant ton goût pour la peinture, je ne t'ai pas encore parlé du musée; mais, patience, cela viendra; c'est en décrivant sa merveille que je finirai Madrid. Beaucoup de gens commencent par ce qu'il y a de mieux; moi qui tient à justifier ma réputation d'originalité, je ferai le contraire.

Une chose va t'étonner : la capitale des Espagnes, n'a pas de cathédrale, et son archevêque réside à Tolède. Madrid n'a pas même une seule belle église.

Mon hôtesse m'avait conseillé d'aller voir celle de la *Virgen de la Paloma*, non pour sa beauté, me disait-elle; mais cette vierge, qui habite l'église, *tiene mucha fama, es muy milagrosa* (a beaucoup de renommée, fait beaucoup de miracles). Si la señora a quelque faveur à demander, elle est sûre de l'obtenir. La chose me tenta. Qui est-ce qui n'a pas toujours quelque faveur à demander? et ne serions-nous pas malheureux s'il en était autrement? Enfin, après bien des pas dans un quartier très-reculé de la capitale, je trouvai ladite église, et je conviens que je ne m'attendais pas à voir quelque chose d'aussi laid.

Figure-toi que sa principale ornementation consiste en pyramides de pieds, de jambes, de bras, d'épines dorsales en cire. Ce sont les témoignages de reconnaissance offerts par les malades guéris. Vraiment je ne crois pas que la Vierge soit bien flattée d'avoir dans son sanctuaire cette abominable collection, cette espèce de charnier. Si elle m'exauce, j'espère lui offrir quelque chose de plus digne d'elle : je veux lui rapporter une bonne toile représentant son image, et la lui offrir dans une modeste chapelle de village.

Cette course me servit à voir un quartier tout différent du centre. Là, je me serais crue à Naples; toute la population grouille dans la rue; on s'y peigne, on s'y épouille, on y mange, on y travaille un peu; mais ce qu'on n'y fait certainement pas, c'est de se laver. Je ne crois pas que cette population ait jamais eu aucun contact avec l'eau depuis le jour de son baptême.

Les principales églises sont : San-Isidro, qui a, à droite en entrant, une chapelle de marbre dont l'autel est de mosaïque; mais une indigne malpropreté en ôte tout l'effet. San-Francisco et San-Andrès dans le style de la renaissance; cette dernière ne serait pas mal si elle était achevée. Parmi toutes les autres, et il y en a beaucoup, pas une ne mérite d'être vue, à moins qu'on ne soit curieux de voir des christs vêtus de jupes de satin, de velours, brodées en or, ou de grandes redingotes faites comme des robes de chambre, également en velours brodé; puis des vierges richement habillées aussi, ayant des faisceaux de poignards plantés dans le cœur et un mouchoir garni de dentelle à la main; enfin tout ce que tu peux imaginer de bizarre et de mauvais goût.

Ce qui peut faire plaisir dans les églises, c'est la musique, j'en entendis d'assez bonne. Chaque profession en Espagne a son patron dont on célèbre la fête par une cérémonie religieuse. Celui des notaires a pu, d'en haut, être satisfait de la messe exécutée en son honneur, du moins quant à la musique instrumentale. La musique vocale était tout à fait mauvaise. Je dirai de même pour la messe de Sainte-Cécile, car l'orchestre de l'Opéra ne pourrait mieux exécuter l'ouverture de Guillaume-Tell.

Un des plus beaux palais du monde serait le *Real-Palacio* s'il était achevé. Situé à l'occident de Madrid sur une éminence, il domine majestueusement la ville et la campagne. Son style est celui de la renaissance et dans de grandes et belles proportions. Le plan en est dû à Sacheti, qui, par ordre de Philippe V, le commença en 1737 sur l'emplacement même de celui qui fut brûlé en 1734.

Il faut que les guerres aient bien appauvri l'Espagne, pour qu'elle ne puisse consacrer quelques millions à l'achèvement d'un palais qui serait la gloire de sa capitale.

Dans tout ce qui entoure le palais, il n'y a rien qui soit en harmonie avec cet édifice. D'un côté, nous voyons la place d'Orient, petit jardin grand comme le huitième du Luxembourg; d'un autre côté, au pied de la principale façade, se trouve le *Campo del Moro*, autre petite promenade non achevée et dans laquelle sont les serres de la reine, qui n'ont rien non plus de très-remarquable.

Ces entourages mesquins font un grand contraste avec ce bel édifice.

La *Armeria* est une collection ou musée très-digne d'être vue; on y a réuni des armes, des armures de toutes les époques et de tous les pays. Le plus grand nombre vient des conquérants et des conquis d'Amérique; c'est une collection fort curieuse; tu seras charmé de la *Armeria*.

Le musée naval placé à côté est bien inférieur au nôtre; il y a pourtant une quantité de modèles qui me paraissent faits avec une grande perfection. Les plans en reliefs des principaux ports de mer et des arsenaux de construction du royaume sont également remarquables.

Le musée d'artillerie me paraît aussi être inférieur à celui de Paris, du moins je le crois, car ceci est peu de ma compétence. Cependant j'ai examiné avec plaisir cette collection de modèles et de plans en reliefs des principales villes fortes d'Espagne. Dans une grande et belle salle on a rangé autour du plafond les nombreuses bannières conquises par les Espagnols. Les noms des pays où ils avaient étendu avec éclat leur domination sont inscrits au-dessous.

C'était un garde d'artillerie qui me montrait le musée ; c'est un homme fort causant. Pendant que j'examinais ces témoignages de la valeur espagnole, il se mit à me dire :

— Hélas ! señora, de tout cela que nous reste-t-il aujourd'hui ?

— L'espérance, m'empressai-je de lui répondre ; après les revers reviendront les gloires d'autrefois ; sous ce rapport, vous n'avez rien à envier à personne.

— Il est vrai, poursuivit-il, que vous êtes bien aussi malheureux que nous, même plus, puisque vous êtes en république. Et puis vous avez reperdu toutes les conquêtes de Napoléon ; vous n'avez même plus la France de Louis XIV. Nous sommes malheureux les uns et les autres ; mais l'avenir apportera avec lui ses dédommagements.

Je me hâtai de changer la conversation ; car ce brave homme faisait là de l'histoire si vraie que je ne pouvais y rien objecter.

— Avez-vous adopté, lui dis-je, notre mortier monstre, l'invention du général Paixans ?

— Ah ! mon Dieu, que les Français, dit-il, sont orgueilleux ! Le général Paixans n'a pas du tout inventé votre mortier monstre dont les Espagnols se servaient il y a environ cent cinquante ans, et en abandonnèrent l'usage peu de temps après.

Je le donne ceci sous toute réserve comme me le donna mon garde, me déclarant juge absolument incompétent.

Chaque jour j'admire davantage le caractère élevé et chevaleresque des Espagnols, cette complaisance empressée pour une étrangère. Vraiment j'ai des absences de la réalité ; je suis quelquefois au moment de me croire une princesse non détrônée. Cela m'arriva ce matin à la bibliothèque où j'allai, quoique ce ne fût ni le jour ni l'heure d'y entrer. Je tenais beaucoup à voir de précieux manuscrits dont on m'avait parlé, et le bibliothécaire que je rencontrai eut l'obligeance de mettre immédiatement toutes ses richesses à ma disposition; il m'en couvrit une table de la longueur de la salle où nous étions, et ensuite il eut fort à faire pour répondre à toutes mes questions. Tu jouiras réellement en déchiffrant ces vieilles reliques dont je ne te citerai que les principales : un manuscrit en latin de la main de Charles VIII, roi de France, qui fut donné par François Ier à Charles-Quint. Un autre de Gonzalve de Cordoue. *Les Triomphes*, poëme de Pétrarque, écrit aussi de sa main. Une Bible complète, écrite par un moine au quinzième siècle; je n'ai jamais vu pareil chef-d'œuvre de patience : il semble qu'il faudrait la vie d'un homme pour écrire cela. *La Philosophie*, de la main d'Alonzo le Sage, de 1272. Le Testament d'Isabelle la Catholique, écrit aussi de sa main, et une quantité d'autres manuscrits des quatorzième, quinzième et seizième siècles, tous ayant des dessins coloriés charmants. Enfin une collection de cartes de géographie faites à la main en 1552; c'est extrêmement curieux.

J'allai ensuite visiter le cabinet des médailles, où je trouvai la même complaisance.

On me dit qu'avant le vol commis il y a quelques années à la Bibliothèque royale de Paris, notre médailler était le plus riche du monde; aujourd'hui c'est celui de Madrid.

En effet, pour voir attentivement et par ordre chronologique cette belle et nombreuse collection, il faudrait plusieurs jours, car elle contient 100,000 médailles. Celles qui attirèrent le plus mon attention sont les médailles arabes, n'en ayant jamais vu. Elles sont toutes d'argent, plus souvent carrées que rondes, et portent de chaque côté des paroles du Coran. Puis la collection grecque; la collection romaine depuis Tarquin jusqu'à nos jours : c'est un vrai cours d'histoire. Puis enfin les médailles d'Espagne avant et après la conquête des Arabes. Je remarquai une énorme pièce d'or valant 3,500 réaux; elle ne fut pas longtemps en usage, Philippe II la supprima. Toi qui aimes l'étude, je te recommande le cabinet des médailles comme à un véritable amateur de numismatique.

Par la raison que je t'ai dit qu'il faut voir de tout, j'ai vu aussi le grand hôpital. Mon cavalier m'assurait que je n'aurais jamais rien vu de si magnifique.

Les bâtiments sont très-beaux; la grande cour entourée de portiques, le grand escalier, tout cela ferait bien plutôt pressentir un palais qu'un hôpital. Les salles sont vastes, les malades paraissent bien soignés; mais je ne trouve pas cette bonne tenue et cette extrême propreté qui existent dans nos hôpitaux en France.

En Espagne, comme dans notre pays, il y a des établissements philantropiques de toute nature pour secourir les orphelins, les veuves, les vieillards, les infirmes. Cependant les Espagnols n'ont pas encore atteint notre degré de perfection : ils ne jouissent pas de cette aimable école de philantropes qui a pour but d'entourer de la plus touchante sollicitude les assassins et les voleurs, de leur faire de la prison un séjour presque agréable, sauf la liberté de pouvoir continuer leurs forfaits. J'ai même entendu des gens assez rétrogrades pour dire que, dans leur pays, ils veulent arriver à donner à la jeunesse de bons principes, un enseignement moral et de l'ouvrage à tous les bras non paresseux, plutôt qu'à donner à des criminels une vie plus douce dans la prison que celle qu'ils ont chez eux. Ces faux penseurs s'avisent de trouver plus rationnel de prévenir le crime que de remplir les prisons.

J'ai vu la fabrique royale de tapis où on fait de magnifiques choses aussi belles qu'en France, mais à un prix si exorbitant, que peu de gens peuvent y aborder; aussi y a-t-il peu de mouvement. Ce qui est vraiment digne d'attention, c'est la *plateria* (orfévrerie) de Martinez, située sur le *Prado*. On y fait des choses qui sont des objets d'art. J'y vis une épée que les habitants des Philippines veulent offrir au duc de Valence, c'est un chef-d'œuvre; la lame, qui est de Tolède (et tu sais ce que c'est qu'une bonne *lame de Tolède*), est damasquinée avec une rare perfection. La poignée est formée par une petite statuette d'or dont les bras étendus forment une espèce de croix. Le prix de cette épée dépassera 4,000 douros (20,000 fr.).

J'ai voulu voir aussi le grand établissement d'industrie

politique, ce grand tréteau où se représentent les parades constitutionnelles ; enfin j'ai voulu voir une séance des Cortès.

Leur salle est provisoire, et je les en félicite ; elle est longue et étroite comme sont en général les salles de spectacle en Espagne, puisqu'elle avait été construite dans ce but. Après l'achèvement du palais en construction, elle sera rendue à sa première destination.

Au reste, elle remplit à peu près le même but, seulement les comédiens qui y jouent en ce moment sont un peu plus ennuyeux que ceux qu'on a le droit de siffler.

Son arrangement et son ornementation ne sont pas de bon goût ; il y a peut-être 50 glaces autour ; elle ressemble plutôt à un salon de petite maîtresse qu'à un lieu qui doit être sérieux. Ici les comparaisons que je puis faire ne sont pas à notre avantage. Comme en France, l'orateur est peu écouté, mais il n'est pas interrompu à chaque instant par des éclats de rire ou par des vociférations ; l'assemblée est calme et digne, même la partie opposante ; la tenue est toujours convenable, mais ils n'ont pas comme nous l'avantage d'avoir une *montagne*.

Dans ma prochaine lettre je te parlerai du Pardo où je vais demain ; et, en attendant, je te souhaite sur la tête un aussi beau ciel que celui que je regarde en ce moment.

LETTRE VII.

Madrid, 28 novembre 1849.

Oui, c'est un beau ciel que celui d'Espagne! N'est-ce pas, mon cher Hugues, une chose délicieuse de pouvoir dans cette saison courir la campagne en calèche découverte, comme je le fis pour aller visiter le *sitio real* du *Pardo*, où j'ai passé une journée délicieuse!

Sortant de Madrid par la porte de Ségovie et ensuite celle de *Hierro*, je laisse à gauche le pont San-Fernando pour prendre la route en face de moi. Elle traverse une campagne triste; le terrain est inégal; j'ai à ma gauche des bois bien chétifs, bien clair-semés. En raisonnant au point de vue du beau, assurément personne ne peut appeler cela une belle campagne, et pourtant je crois qu'elle plaira généralement. Elle porte le sceau de la mélancolie, elle fait rêver; elle a enfin un je ne sais quoi qui parle à l'âme et qu'on ne trouve qu'en Espagne.

Le *Pardo* est un château bâti par Charles-Quint, et considérablement augmenté par Charles III. Sa construction est sans caractère, sans style; c'est un grand bâtiment comme jeté au milieu des champs et des bois de chênes verts, ressemblant plus à un couvent qu'à un *sitio real*. On a eu la singulière idée de badigeonner en vert la façade nord; c'est d'un mauvais effet. Mais combien je fus plus satisfaite en visitant l'intérieur où le luxe royal se retrouve! Tous les appartements sont tendus en tapisserie du temps de Charles III et venant de la manufacture royale de Madrid. C'est magnifique; ces tapisseries sont au moins aussi belles que celles de France de cette époque; elles ont à peu près un siècle, et les couleurs ont la même vivacité que si elles sortaient des mains de l'ouvrier. Le plafond du grand salon, peint à fresque par Bayeu, et portant la date de 1738, est une admirable chose. Celui d'une galerie, peint aussi à fresque dans le genre de Pompéia, est charmant. Tu verras partout de bons tableaux, des objets d'art, mille choses qui attirent et qui plaisent. Du château j'allai voir la *Casa del Infante*, près de là dans la même prairie. C'est un délicieux pavillon bâti pour Charles IV, enfant; il n'y a que cinq ou six pièces d'un luxe ravissant. Tu remarqueras entre autres un petit salon rond dont les murs sont de jaspe, de marbre et d'albâtre. Mais je ne conçois pas qu'on puisse laisser la nature si inculte, si négligée autour d'un palais de rois. Quoi! pas un jardin, pas d'arbustes, pas de fleurs sous les yeux, et pourtant le gardien me dit que le roi aime ce séjour et qu'il y vient souvent l'été.

Je voulus prendre un autre chemin pour revenir à Madrid et voir en passant la *Quinta*, autre petite maison royale située au milieu des bois pour servir de rendez-vous de chasse. Mais il n'y a rien à y voir; elle a été démeublée entièrement. Ses deux petits jardins en terrasse seraient jolis s'ils étaient soignés. J'engage beaucoup à revenir du *Pardo* à Madrid par ce chemin qui est charmant, sans avoir égard aux observations des cochers qui ne s'en soucient pas, comme étant un peu plus long. Les bois du *Pardo* ont quinze lieues de circonférence, environ vingt lieues de France. Il est à deux lieues de Madrid. — Quand je te parlerai de lieues, ce seront toujours des lieues d'Espagne, qui ont un grand tiers de plus que les nôtres.

Je ne puis te parler du musée de Madrid en artiste; je ne puis juger la peinture que par les impressions que j'en ressens; ainsi je m'abstiens de tout jugement au point de vue de l'art; et, pour en avoir une idée, sous ce rapport je te renvoie à des connaisseurs plus compétents, à Théophile Gauthier, par exemple. Cependant je me range de l'avis de ceux qui disent que le musée de Madrid est la plus belle et la plus riche collection du monde. Il a cela de remarquable que, sauf un très-petit salon du rez-de-chaussée où on a mis une demi-douzaine de toiles modernes assez médiocres, tu ne trouveras partout ailleurs que des chefs-d'œuvre. L'Espagne est si peu connue, si peu visitée, que, malgré ce que j'avais entendu dire ici, j'étais bien loin de m'attendre à rencontrer une pareille magnificence, et je t'avoue qu'aucun des musées d'Italie, où j'ai eu pourtant bien des jouissances, bien des enthousiasmes, ne m'a produit les impressions délicieuses du *Real-Museo* de Madrid. Jusqu'ici je n'avais qu'une fausse idée de l'école espagnole, et, au risque de passer pour une barbare, je te dirai que je la préfère à toutes les autres. Ne pouvant juger d'après les règles de l'art la peinture que j'aime passionnément, qu'ai-je à lui demander? Des sensations qui arrachent pour quelques instants aux vulgarités de la terre, et c'est à la poésie, à la composition d'un tableau que je m'adresse pour cela. Sous ce rapport, c'est Murillo qui a la préférence. Je ne trouve pas que nul autre ait représenté avec une vérité plus saisissante les délices de l'extase dans ses saints, et celles de l'amour maternel dans ses mères de l'enfant Jésus, ou cette douleur déchirante dans les mères du Christ mort, ou cette poésie divine qui vous fait tressaillir dans ses têtes de l'homme-Dieu mourant.

Depuis un mois que je suis à Madrid, je ne passe pas un jour sans donner au moins deux heures, quelquefois quatre au musée; la comparaison entre toutes les écoles peut s'y faire facilement, puisqu'elles y sont toutes représentées par un très-grand nombre de leurs meilleures œuvres. Si tu t'étonnais de cette richesse, rappelle-toi qu'à l'époque où les arts brillaient d'un si vif éclat, l'Espagne possédait les Flandres et presque toute l'Italie, c'est-à-dire depuis les premières années du seizième siècle jusque vers le milieu du dix-septème, et les hommes de génie qui illustrèrent cette époque étaient heureux de lui offrir le tribut de leurs travaux.

L'Espagne commandait, elle était obéie. Et c'était le temps des Raphaël, des Titien, des Rubens. Voilà comment tous les palais royaux et un grand nombre de couvents contenaient une si grande quantité de richesses.

Le *Real-Museo*, situé sur le Prado, est un palais fondé par Charles III dans la noble pensée d'y réunir toutes les admirables toiles dispersées dans les châteaux royaux, afin que le public pût en jouir. Ainsi commença cette riche collection ; plus tard, en 1835 et 36, on l'augmenta après l'extermination des religieux, de ce qu'on trouva de précieux dans les couvents de la province, principalement à l'Escorial. Cependant bien des vols ont été commis ; on m'assure que les libéraux se montraient très-amateurs de bonne peinture.

En me promenant dans ces belles galeries dont il est si peu parlé en France, je ne pouvais m'empêcher de déplorer qu'il y eût tant de gens riches et oisifs dépensant ou follement ou sottement leur vie sans penser aux jouissances si réelles que procure le saint amour des arts.

Ce qui me charme dans l'école espagnole, c'est qu'elle est vraie. Un artiste me disait : Mais les Italiens révèlent plus le ciel que la terre, ils sont supérieurs à la nature. A cela, je dirai d'abord qu'il ne faut pas appliquer cet idéalisme à tous les peintres italiens. Ensuite, je connais, hélas ! plus la terre que le ciel, et j'admire dans toutes les écoles les hommes de génie qui ont reproduit avec une si éclatante vérité tous les sentiments de la nature, la douleur ou l'espérance, le contentement ou le désespoir. D'ailleurs, si on désire voir quelque chose de supérieur à la nature, ne doit-on pas trouver dans toutes les têtes de Christ de Murillo cette expression sublime et surhumaine qui, pourtant, peut être comprise par les habitants de la terre ?

Qui mieux que Jurbaran a fait connaître dans tous ses tableaux, ses portraits de religieux hommes ou femmes, l'austérité de la vie monacale ? Qui plus que Ribeira nous fait connaître dans ses saints ce profond et sombre détachement des choses d'ici-bas ? Quel génie plus varié que celui de Velasquez qui traita tous les genres avec une égale vérité ? Sa *Reddition de Breda* (n. 319) est, suivant mon modeste avis, par sa composition et sa poésie, un chef-d'œuvre. Mais je ne veux pas te faire suivre pas à pas chacun de ces grands hommes qui ont concouru à la gloire de leur patrie, il faudrait pour cela un talent et des connaissances artistiques que je suis bien loin d'avoir. Tu jugeras par toi-même, et quand tu verras cet adorable musée, tu diras aussi que c'est la plus belle collection du monde. Il est à regretter qu'on n'ait pas suivi une sorte d'ordre chronologique en faisant le classement des tableaux, et que les œuvres de chaque maître ne soient pas réunies au lieu d'être dispersées; c'est un véritable travail pour l'amateur qui aimerait à comparer les différentes phases de la vie de chaque artiste, ou leurs différents genres de talents. Il faut donc chercher. Tu entreras d'abord dans une espèce de vestibule circulaire; à droite tu as les galeries espagnoles; à gauche les galeries italiennes, flamandes et françaises. Ensuite tu demanderas à voir les salles basses où il y a de tout; puis, si tu en es curieux, les portraits de famille, qui sont dans les salles du deuxième étage.

Quant au musée de sculpture, c'est bien peu de chose pour quiconque connaît ceux de Rome, Florence, Paris. Tu conçois qu'il faut un certain temps pour voir et jouir des deux mille toiles du *Real-Museo*; aussi je conseille à tout amateur d'y aller chaque jour un peu, s'il ne doit pas faire un long séjour à Madrid, et de se pénétrer d'abord de chacune des écoles avant de vouloir se livrer au charme des comparaisons.

Le *Réal-Museo* est, comme son nom l'indique, une propriété de la couronne; on créa donc un second musée dit national, qu'on appelle plus ordinairement *Museo de la Trinidad*, ayant été formé dans l'ancien couvent de ce nom. Cette collection est formée aussi des dépouilles des couvents et des galeries de l'infant don Sébastien, qui lui furent confisquées. Je ne dirai pas du musée de la *Trinidad* comme du premier, qu'il n'y a que des chefs-d'œuvre, mais je dirai qu'il y en a beaucoup et qu'il faut faire en sorte d'avoir plusieurs visites à lui consacrer. Il y a beaucoup de toiles de l'artiste moine Juan de Rizi, qui m'ont fait un grand plaisir par la facilité avec laquelle cet homme devait peindre. Mais ce qu'il y a de plus magnifique, ce sont les deux chefs-d'œuvre qu'on a placés dans la grande salle du conseil : l'un est celui connu généralement sous le nom de la *Porcioncule*, c'est une extase de saint François d'Assise. Les artistes espagnols regardent cette toile comme la plus belle œuvre de Murillo. L'autre est une copie de la Transfiguration, par Jules Romain, suivant quelques-uns; suivant d'autres, une copie de Raphaël lui-même, qui y aurait fait quelques légers changements. Quant à moi, j'aime mieux celle du Vatican.

Tu crois peut-être en avoir fini avec les musées, pas du tout, il y a encore l'académie de San-Fernando. C'est une école de dessin et de peinture qui renferme une toute petite collection, mais si précieuse que chaque tableau mériterait une mention particulière. Je te recommande par-dessus tout la Sainte-Elisabeth de Hongrie pansant des teigneux. Je préfère cette toile à la *Porcioncule*. Juge quel génie il a fallu pour enlever à un pareil sujet ce qu'il a de dégoûtant en attirant tout l'intérêt sur cette reine, que le génie de Murillo a su poétiser en lui faisant pratiquer la plus belle des vertus chrétiennes !

Sans sortir de l'édifice qui contient l'académie de San-Fernando, ne manque pas de voir le musée d'histoire naturelle; c'est une collection riche et importante, où tu verras ce qu'on ne trouve nulle part ailleurs : le squelette complet du plus grand des animaux antédiluviens; c'est un mégathérium, c'est ce qu'on peut voir de plus colossal. Ce musée est excessivement riche dans les trois règnes, et l'intéressera beaucoup.

N'oublie pas non plus de voir le jardin botanique avec ses délicieuses fleurs si odorantes et ses fruits des plus chaudes latitudes, c'est un jardin charmant.

A présent, mon cher ami, un mot sur la société de la capitale des Espagnes. Elle peut, sous quelque rapport, rappeler la société parisienne. Les Espagnols nous copient en beaucoup de choses, surtout pour ce qui concerne les usages de salon, les modes; mais il y aura toujours de ces nuances qui tiennent à la différence de caractère, à la vivacité de leur imagination. Il y a dans les manières, dans la conversation une sorte d'abandon et de sans-façon, qui, au premier abord, m'ont étonnée infiniment; mais, par une bizarrerie inexplicable, le sans-façon des hommes près des femmes n'exclut jamais le respect et les égards qui leur sont dus, ni même une galanterie toujours de bon goût, toujours empressée. En général, la conversation entre hommes et femmes n'est jamais sérieuse, elle ne roule que sur des futilités ou sur le sentiment; cela tient à ce que l'on ne donne à ces dernières que très-peu d'instruction; cependant le beau sexe a un tel attrait pour ces messieurs que sa société est recherchée quand même. Et s'il se trouve dans un salon une femme faisant exception, qui soit distinguée par son esprit et son instruction, elle produit beaucoup d'effet, ses succès sont certains. J'ai eu l'occasion de voir dans le monde une femme tout à fait supérieure, qui passe pour être l'un des meilleurs poètes de l'Espagne; elle a au théâtre des tragédies fort estimées, c'est la señora Avellaneda. Aussi est-elle fort recherchée, d'autant plus qu'elle joint à ses mérites celui d'être extrêmement modeste. Les hommes sont généralement instruits; la société des gens de lettres, comme celle de M. de Mora par exemple, est charmante. Leur conversation, où brille l'esprit de saillie, doucement familière et respectueuse à la fois, et toujours louangeuse, m'a plu infiniment. C'est peut-être parce que, dit-on, nous aimons la flatterie; c'est bien possible. Assurément je ne crois pas à ce langage, mais il chatouille agréablement l'ouïe et prouve que celui qui l'emploie a au moins l'intention de vous être agréable, fût-ce même aux dépens de la vérité. Combien je préfère cette manière d'être à la rudesse de notre jeune France! Ce qu'elle a de plus regrettable, c'est que ces messieurs l'appellent de la franchise, de l'indépendance. La société madrilène est distinguée, polie, a très-bon ton. Les hommes et les femmes s'entremêlent, au lieu d'être séparés en deux camps comme dans nos salons; les maîtres de maisons font plus de frais pour leurs invités qu'on n'en fait en général à Paris. Les *funciones*, c'est-à-dire les bals, les grandes fêtes, sont ordonnés absolument comme les nôtres. Les appartements des personnes aisées sont très-richement meublés, ornés de bonnes peintures, et pour les fêtes élégamment décorés de fleurs. L'aspect d'un grand bal est plus animé qu'à Paris; cela tient, comme je le disais, à la familiarité qui existe dans les rapports sociaux. Les jeunes personnes y ont une très-grande liberté d'action; entre les contredanses, au lieu de rester assises auprès de leur mère, elles vont et viennent de salon en salon au bras du cavalier qui vient de les faire danser, causant de tous côtés avec ceux qu'elles rencontrent, et cette manière d'être met dans un bal une très-grande animation. Je ne pense pas que cette liberté, qui entre dans l'éducation des jeunes personnes, soit plus nuisible à leur bonheur à venir et à la tranquillité conjugale que dans tout autre pays. Du reste elle n'existe que dans le monde, car jamais une demoiselle, eût-elle accompli ses huit lustres, ne sort seule. Il n'est même pas de bon ton qu'une femme sorte seule, elle doit être accompagnée d'une amie ou suivie d'un laquais.

La toilette de salon est absolument française, c'est la gravure du journal des modes dans toute sa rigueur, et pour les hommes de même. La toilette de ville est française jusqu'à la tête seulement, qui est si gracieusement, si coquettement enveloppée dans la mantille. Cependant ce déplorable penchant qu'ont les Espagnoles à nous imiter commence à introduire notre chapeau; on ne le voit encore qu'exceptionnellement, mais je crains bien qu'il n'arrive à détrôner la mantille. Les femmes de Madrid sont agréables, elles ont de la grâce et de la distinction, mais j'ai vu peu de très-jolies femmes, de ces types espagnols que les romanciers nous dépeignent. Ce qu'elles ont en général de charmant, ce sont leurs longs et épais cheveux noirs, leurs yeux noirs et pétillants et leurs dents d'albâtre, qui font un contraste séduisant avec les tons chauds de leur peau. C'est surtout la richesse de leur chevelure qui attire mon attention ! en me rappelant combien nous sommes, hommes et femmes, mal partagés sous ce rapport, je me surprends des mouvements de jalousie. Je crois bien que l'habitude pour les femmes d'avoir la tête constamment découverte, quelle que soit l'ardeur du soleil ou la rigueur du froid, doit contribuer à la conservation de leurs cheveux, mais cette raison n'existe pas pour les hommes, qui ne sortent pas la tête nue. De plus, une chose me frappe : je ne vois pas de cheveux gris. Dans les deux sexes, l'âge le plus respectable n'est pas trahi par ces abominables petits fils blancs qui causent tant de soupirs. A cela, j'entends dire que les procédés chimiques combattent le temps avec quelque succès.

J'emporterai de la société madrilène le plus agréable souvenir; je ne saurai trop répéter qu'elle est aimable, polie, qu'elle prodigue aux étrangers la plus cordiale bienveillance, la plus franche hospitalité. Je dirai à quiconque a des sentiments délicats et porte en soi le noble amour des arts et de tout ce qui est du domaine de l'intelligence, je dirai : Allez à Madrid.

Je dois très-prochainement quitter cette capitale, j'irai demain à l'Escorial, où je resterai deux jours seulement, car on m'assure qu'au bout de deux heures la tristesse va s'emparer de moi et me dévorer l'esprit pendant que le froid me glacera le corps; je pense qu'il y a en cela beaucoup d'exagération. A mon retour de l'Escorial, je ne resterai que quelques heures à Madrid, et je te parlerai de ce couvent royal.

Je crois bon le conseil qui m'a été donné de retenir en même temps ma place pour Tolède et pour Cordoue. La diligence qui va à Cordoue, de même que celle de Tolède, passe par Aranjuez, autre *sitio real* fort célèbre qu'il faut voir. Ainsi, après avoir passé trois ou quatre jours à Tolède, je reviendrai à Aranjuez prendre une place dans l'ennuyeux véhicule appelé diligence.

Aujourd'hui j'ai donc fait mes adieux à Madrid, à son musée, à son Prado, à ses rues animées. Une des choses qui m'ont étonnée, ç'a été de voir dans une ville capitale certaines petites boutiques surmontées de cette enseigne : X ou Y, barbier, professeur de chirurgie. Je me demandais si j'étais à une représentation du Barbier de Séville; mais, n'entendant pas les délicieux chants de Rossini, j'en conclus que j'étais bien dans les rues de Madrid. Voilà ce qu'on me dit sur ces exécuteurs de la barbe et des membres de la race humaine : Ces messieurs ne font que deux ans d'études, et le cercle des opérations qu'il leur est permis de pratiquer est très-restreint. Généralement ils ne font pas la barbe eux-mêmes et laissent ce soin à leurs *criados* (garçons). Ces garçons sont des aspirants aussi à la chirurgie et à l'art d'arracher les dents, toujours sans douleur, ou bien encore à celui de saigner. Ce sont des gens qui, n'ayant pas de moyens d'existence, vivent du rasoir, tandis que le professeur en boutique leur fait un cours de chirurgie comme il la comprend. Mais, avant d'être à leur tour barbiers-professeurs, ces hommes doivent passer leurs examens devant la faculté.

Tu remarqueras dans les rues une autre chose bizarre et triste : c'est la grande quantité d'aveugles qu'on rencontre ; ces infortunés sont accroupis à terre et chantent en s'accompagnant sur la guitare de la manière la plus lamentable. On attribue cette infirmité si commune à l'air pénétrant qui arrive du Guadarrama sur Madrid. La cécité est bien plus fréquente dans le peuple que dans la classe aisée.

Tu vas trouver que je me suis peut-être étendue un peu longuement sur Madrid ; mais, rassure-toi, je serai moins causeuse sur ce qui suivra, ne voulant ennuyer ni toi ni mes lecteurs, si par hasard j'en avais.

LETTRE VIII.

Madrid, l'Escorial, 2 décembre 1849.

J'arrive de l'Escorial, mon cher Hugues; j'arrive éblouie, charmée, l'esprit plein d'admiration, le cœur plein de tristesse. Combien d'impressions différentes m'ont assaillie en parcourant ces grands cloîtres déserts et silencieux, où le bruit de mes pas n'était interrompu que par la voix de mon guide ! Rien n'est plus triste que ce somptueux couvent, c'est vrai, mais de cette tristesse solennelle qui élève l'âme. Quant à moi, j'aimerais passionnément ce séjour, j'aimerais à vivre seule au milieu de cette immensité, sans autre société que les souvenirs qu'on peut y évoquer.

Tu sais que l'Escorial fut fondé par Philippe II. Charles-quint venait de se retirer au couvent de *San Geronimo de Yuste*, laissant à son fils le poids de sa couronne et la continuation de la guerre contre la France. Enivré par les avantages remportés sur le connétable de Montmorency, le 10 août 1557, et par la prise et la ruine de Saint-Quentin le 27 du même mois, le jeune et dévot monarque, convaincu que pour vaincre des Français il faut être bien favorisé de Dieu, résolut en son âme, et sur le champ de bataille même, de perpétuer la mémoire de cette célèbre journée par l'édification d'un monument. Il voulut qu'il fût digne d'être, par sa magnificence, consacré au Dieu des batailles et qu'il pût révéler aux siècles futurs et ses triomphes et sa puissance royale.

Pendant l'assaut de la place de Saint-Quentin, un couvent sous l'invocation de saint Laurent avait été détruit. Philippe pensa alors à en édifier un autre sous la protection de ce saint martyr espagnol. L'année suivante, la mort de son père l'obligea à retourner en Espagne; il s'occupa alors de la réalisation de son projet avec d'autant plus de ferveur qu'il voulait que les cendres impériales reposassent dans un Panthéon destiné aux rois d'Espagne et qui ferait partie de l'édifice qu'il allait construire.

Il nomma une commission composée de savants, d'architectes et de médecins pour parcourir les environs de Madrid, qu'il venait de faire capitale du royaume, afin de choisir un site à la fois beau, solitaire et salubre, pour l'exécution de ses desseins. La commission réussit à trouver un endroit réunissant toutes les conditions désirées, situé sur le penchant de la petite chaîne des Carpetanas, qui vient du Guadarrama, et arrosé par des eaux abondantes venant des montagnes.

Philippe s'y transporta en personne, il fut satisfait de la profonde solitude qui l'entourait et qui était si bien en harmonie avec son caractère méditatif et mélancolique. Il voulait que, dans le couvent qui existait déjà dans son imagination, il y eût une cellule royale, où il pût se reposer dans la prière des fatigues et des soucis de son gouvernement. Le lieu choisi, il fit offrir à l'ordre de Saint-Gérôme, nouvellement établi en Espagne dans le couvent de Lupiana, de venir dans le monastère qu'il voulait édifier à la gloire de Dieu et dédier à saint Laurent. La réponse n'était pas douteuse; les pères se transportèrent dans la pauvre bourgade de l'Escorial, située dans la vallée, non loin du lieu choisi pour le somptueux édifice auquel on allait donner le nom de *San-Lorenzo de l'Escorial*. Là les pères devaient faire les approvisionnements des matériaux nécessaires.

Te donner une idée de la magnificence et du grandiose de ce monastère est chose extrêmement difficile à faire avec une plume inhabile comme la mienne.

Pour cela, je vais essayer d'abord de te transporter au haut du dôme, qui est prodigieusement élevé; c'est le seul moyen de se former une idée de cette étrange construction, inspirée à un grand monarque par une foi peut-être plus vive que raisonnée, mais qui eut la noble pensée de vouloir, pour l'offrir à Dieu, frapper son œuvre du sceau de toutes les magnificences et faire de ces lieux oubliés et incultes des jardins enchantés.

Ce fut Jean de Tolède qui commença le monastère de San-Lorenzo, dont le roi avait approuvé les plans; plus tard le fameux Jean de Herrera y fit de nombreuses modifications et l'acheva. Ce fut le 23 avril 1563 que Philippe II posa la première pierre.

Tu sais sans doute que la bizarrerie religieuse de ce roi voulut qu'en mémoire de saint Laurent martyrisé sur un gril, le couvent qu'il lui dédiait eût cette singulière forme.

Montons donc au dôme pour nous en rendre compte. En effet, nous voyons que cet immense édifice a tout à fait la forme d'un gril à carreaux retourné; à chaque angle, une tour carrée forme chaque pied du gril. Au milieu de la façade de l'est, un bâtiment long sort de la forme quadrangulaire de l'édifice et représente le manche du gril; c'est le palais des rois. L'église en occupe le centre et représente le corps du saint. Tu conçois que pour donner cette forme étrange au monastère, il a fallu que les architectes se soumissent complétement à la ligne droite; aussi est-il impossible de rien voir de plus parfaitement régulier que cet ensemble, quoique les carreaux du gril ne soient pas tous d'égale grandeur. Chaque carreau représente une cour, ou plutôt un cloître ayant une fontaine au milieu, quelquefois plusieurs. Enfin, pour te donner tout de suite un aperçu de cette immensité, il me suffira de te dire que le monastère contient 16 cours, 9 dômes, 76 fontaines, 80 escaliers et 10,000 fenêtres. Rien de plus surprenant, de plus curieux que cet ensemble vu d'en haut, que ce grand édifice inanimé au milieu de cette campagne triste et pittoresque, et ayant à ses pieds des jardins délicieux, de belles eaux partout, dont le seul murmure interrompt ce silence solennel.

L'un des cloîtres me fait l'effet d'un bouquet charmant, c'est comme une fleur jetée sur une tombe. Ce cloître est le *patio de los evangelistas*; il est planté en jardin, divisé en parterres qui sont comme autant de corbeilles de fleurs. Au centre est un petit temple d'ordre dorique dont l'intérieur est tout de marbres et jaspes de différentes couleurs. Quatre grandes niches extérieures contiennent d'admirables statues des évangélistes, en marbre blanc, de sept pieds de hauteur, dues à l'habile ciseau de J. B. Montenegro. Les quatre figures symboliques, aussi de marbre blanc, couchées à leurs pieds jettent de l'eau dans les bassins qui s'étendent devant eux.

Combien de ravissantes choses nous voyons en parcourant tout le monastère !

Allons d'abord voir la façade de l'entrée principale qui présente huit belles colonnes de granit d'ordre dorique. Cet ordre est celui qui domine presque partout dans le monastère. Entre les colonnes se trouvent des statues des apôtres. Passons le seuil de la porte, et nous nous trouvons dans une vaste cour carrée : c'est le *patio de los reyes*. Nous aurons en face le beau portail de l'église, du même style que la façade, et orné de six statues de dix-huit pieds de hauteur, du même artiste Montenegro. Ce sont des rois de la tribu de Juda et de la famille de David, à savoir : Josaphat, Ezéchias, David, Salomon, Osias et Manassé.

Toute la partie qui s'étend à gauche en regardant l'église était occupée par un collége et un séminaire, le reste par les pères.

Après avoir franchi la grande porte, on se trouve dans un vestibule qui précède l'église, et, à peine entré dans cette église, on est frappé tout d'abord de la majesté et de l'harmonie des proportions. Elle est bâtie en forme de croix grecque ; quatre énormes piliers, qui s'élancent avec hardiesse, soutiennent une magnifique coupole peinte par Luc Jordan. Avant d'examiner la *capilla mayor* et la grande coupole, j'engage à voir toutes celles des côtés latéraux de l'église, ainsi que ses chapelles : pas une qui n'appelle un examen, pas une qui ne renferme des peintures d'artistes éminents. Puis on revient admirer la grande coupole avant de monter dans les galeries pour la voir de plus près. On finit alors par la capilla mayor. Son grand autel, tout de marbres et de jaspes rares, est très-beau ; ses statues, tout est à voir. A gauche, en regardant l'autel, se trouve l'oratoire royal qui communique avec le palais, et près duquel Philippe II avait sa chambre à coucher. Il mourut dans son oratoire. C'est toujours là que les personnes royales se rendent pour y entendre la messe.

De la *capella mayor* passons à la sacristie, où nous trouverons encore de bons tableaux : je te recommande celui de l'autel, de Claude Cœllo; c'est un chef-d'œuvre. Derrière la sacristie il y a une délicieuse petite chapelle toute de mosaïque de marbre du haut en bas. Hélas! j'ai la douleur de m'entendre dire souvent, pendant ma visite à San-Lorenzo, qu'une grande quantité de ses richesses en or, argent, pierreries et tableaux, lui ont été enlevées pendant la guerre par des Français; que le plus grand déprédateur du monastère fut un maréchal que, par considération pour l'uniforme militaire, je ne nommerai pas ici; son nom est resté justement haï en Espagne, car il ne craignit même pas de faire des lingots avec les objets d'or et d'argent qu'il s'appropriait, pour pouvoir les emporter plus facilement.

Allons maintenant dans l'anté-salle capitulaire qui est comme un musée, toutes les écoles y sont représentées. Les plafonds sont peints à fresque dans le genre de Pompéia : c'est charmant, mais je ne trouve pas cela assez sérieux. On me montre ensuite le *sagrario* (1), ses reliques, son tabernacle. Malgré les nombreux vols commis, c'est encore une richesse éblouissante : l'or, le diamant y étincellent de mille feux.

Montons à présent aux galeries intérieures de l'église et de ses coupoles; partout les merveilles de tous les arts viennent vous charmer. Ce sont les fresques, les toiles, les statues, les sculptures de tous genres; c'est prodigieux. Remarque surtout ce Christ en marbre de Benvenuto Cellini, comme cela est vraiment divin et quelle volupté céleste vous inonde en le contemplant! J'aurais voulu passer des jours entiers dans cette église.

Il faut descendre ensuite dans le grand cloître. Je me pose d'abord au pied de son escalier pour contempler à

(1) Lieu où sont enfermées les reliques.

loisir sa vasteté royale. Quelle noble architecture, comme tout cela est digne d'une grande et puissante nation! La coupole du grand escalier est, après celle de Saint-Pierre, l'un des plus admirables chefs-d'œuvre qu'on puisse voir; c'est le triomphe de Luc Jordan, c'est l'art divinisé. Les murs du grand cloître sont également peints à fresque par Pérégrin Tibaldi et ses élèves.

Je voulus monter le grand escalier pour voir de plus près sa coupole et continuer mes pérégrinations dans les nombreuses galeries des étages supérieurs pour aller ensuite voir le *paseo de los enfermos* (promenade des malades). C'est une galerie extérieure au premier étage, et contiguë à l'infirmerie; elle est en plein midi et jouit d'une adorable vue sur cette campagne si pittoresque et les jardins situés à ses pieds.

Je me rendis ensuite à la bibliothèque, qui jouit à juste titre d'une grande réputation, puisqu'une succession de rois et une infinité de grands se plurent à lui faire des largesses. Le bibliothécaire que j'y trouvai m'assure que, malgré les soustractions commises pendant la guerre, elle est encore en anciens manuscrits la plus riche du monde. Ainsi elle a entre autres soixante-douze manuscrits hébreux de l'antiquité la plus reculée, cent trente-cinq manuscrits grecs, une infinie quantité d'autres en arabe, en latin et dans toutes les langues. Un des plus bizarres est la généalogie de Charles-Quint avec dessins coloriés, que la courtisanerie fit descendre en droite ligne d'Adam, par Abel, bien entendu.

La bibliothèque principale est une belle et vaste galerie, enrichie aussi de peintures. Sa voûte est peinte à fresque par Bartholomé Carducho et Tibaldi. Je remarque avec chagrin combien ces belles choses souffrent de l'humidité et demanderaient de promptes et intelligentes réparations.

La visite du couvent terminée, je voulus aller voir le palais, où je retrouvai encore un luxe artistique éblouissant et un luxe de tentures et d'ameublements tout à fait royal. Les appartements les plus somptueux furent décorés par Charles IV; il contribua même de ses mains aux travaux de menuiserie dont il avait le goût. Les portes et les volets sont en marqueterie des bois les plus rares d'Amérique, avec des incrustations d'or et d'acier, c'est un merveilleux travail. La plupart des salons sont tendus en satin blanc brodé à la main. Comme chose curieuse et bizarre, tu dois voir la salle des Batailles, peinte, comme disent les Espagnols, *à lo grutesco*. Les appartements de Philippe II étaient d'une extrême simplicité : un petit lit de bois dans une alcove, un buffet de marbre, deux bancs de bois, deux chaises, formaient tout l'ameublement de la chambre de ce puissant monarque qui régnait dans les deux mondes.

Le moment était venu d'aller au Panthéon, car le jour fuyait, il n'était plus possible de rien voir. On alluma des flambeaux pour descendre à ce dernier séjour des rois d'Espagne. L'escalier, ses murs, sa voûte sont de marbre de toutes couleurs. Le lieu où reposent les cendres royales m'a étonnée, je ne le trouve pas, dans ses proportions, digne de l'édifice dont il fait partie. C'est une chapelle souterraine de forme octogone et de trente pieds de diamètre sur trente-huit de hauteur. Tout est marbre et jaspe, y compris la voûte, dont la clef est un anneau de jaspe d'un seul morceau de dix-huit pieds de circonférence. Les restes de chacun des rois sont déposés dans des urnes de marbre, symétriquement rangées dans des espèces de niches au-dessus les unes des autres. L'autel de marbre noir est d'une grande beauté ; il sert comme de base à deux hautes colonnes de serpentin.

J'avais consacré toute une grande journée à visiter ce monastère, et je trouvais que c'est bien peu ; je songeais avec peine que mes places étaient retenues à Madrid et que j'avais été une sotte de me laisser influencer par ce que j'avais lu et par ce qu'on m'avait dit de la tristesse dévorante qui enveloppe San-Lorenzo. J'avais encore la journée du lendemain pour voir le *Casino del Principe* et retourner au couvent, mais, mon Dieu, que c'est court !

Sans vouloir faire de l'excentricité, je te dirai que j'aime à voir une belle nature ou des monuments grandioses à tous les genres de lumières, et que, lorsque je les ai vus à la clarté du jour, j'aime infiniment les revoir par un beau clair de lune ; aussi j'attends toujours ce moment pour faire une pérégrination intéressante. Je ne pus obtenir d'entrer le soir dans les cloîtres, mais je ne sais rien de plus religieusement mélancolique qu'une promenade nocturne dans les jardins et sur les places tout autour du gigantesque monument, à travers ces grandes ombres qu'il projette et ce silence si absolu que rien ne troubla pendant une promenade de deux heures. Cependant non loin de là il y a des êtres vivants. Il se forma un bourg près de San-Lorenzo à l'époque où les rois y venaient très-fréquemment, afin que les grands qui les accompagnaient pussent s'y loger. Aujourd'hui, il n'y reste qu'un très-petit nombre de particuliers et une *fonda*, pour loger et écorcher le plus possible les voyageurs attirés par la curiosité de ces lieux si dignes d'être admirés. Le bourg se compose en grande partie de bâtiments qui sont propriété royale, où était logé tout le service de la cour. De sorte qu'on peut se promener des jours entiers sans rencontrer plus de deux ou trois êtres dans les rues de San-Lorenzo.

Mais revenons *al Casino del Principe*, plus communément appelé *Casa de abajo* (maison d'en bas). C'est un délicieux petit palais en miniature, bâti par Charles IV, alors prince des Asturies, en 1772. Il est situé à l'orient du monastère, au fond de la vallée, des jardins charmants y conduisent.

Ce palais est encore un musée qui me fait penser que l'Espagne possède en peintures des richesses incalculables, puisque, malgré tout ce qu'on a enlevé aux palais royaux pour les musées de Madrid, il en reste une si grande quantité. Tout le rez-de-chaussée, et particulièrement la salle à manger, contiennent les plus délicieuses choses. Les appartements du premier sont petits et bas ; on y monte par un escalier tout de marbre à peu près semblable à celui du Panthéon. Les plafonds sont peints à fresque dans le goût de Pompéia. Tu remarqueras dans la troisième pièce une collection de trente-sept tableaux en reliefs d'ivoire ; c'est assez curieux.

Enfin cette *casita* est un charmant écrin de joyaux précieux en tous genres. Malheureusement je ferai, comme dans le monastère, la désolante remarque du peu de soin apporté à l'entretien de ces merveilles, je suis même tentée de croire qu'on n'entretient pas du tout. Partout les fresques des coupoles ou des plafonds se ressentent cruellement de l'humidité des lieux inhabités; partout on voit des détériorations et des fissures. Assurément les personnes chargées de l'entretien des bâtiments royaux n'accomplissent pas leur mission. La reine est une femme d'intelligence, au cœur noble et élevé, qui aime son pays, qui aime ce qui fait sa gloire et son juste orgueil, qui aime les belles pages de son histoire; j'ai la conviction que si elle pouvait savoir dans quel état d'abandon et de négligence est ce grandiose édifice où reposent Charles-Quint et Philippe II, son fondateur, où repose aussi son père, les artistes les plus habiles seraient sous sa propre direction employés à la restauration des choses d'art; les ouvriers seraient partout pour réparer les ravages du temps.

Je n'avais consacré à la *casita* qu'une partie de ma seconde journée, je voulais retourner dans les cloîtres, y errer le plus longtemps possible dans la mauvaise compagnie de moi-même, comprenant très-bien cependant que beaucoup de gens ne puissent pas supporter cette tristesse si profonde, ce silence sépulcral. Ce monument, pensais-je, est vraiment le reflet du caractère de son sombre fondateur et même de son siècle. Il me semblait à chaque pas que j'allais rencontrer cette grande ombre avec laquelle je n'aurais pas craint de m'entretenir et de déplorer la destruction des croyances et de la foi qui faisaient faire de si grandes choses, qui, mieux que cela, nous aidaient et nous soulageaient au milieu de nos misères. Ces moines qu'on a spoliés, chassés, massacrés, quel était donc leur crime pour qu'une fausse philosophie et ce stupide libéralisme aient armé contre eux des bras assassins? Ils vivaient dans la retraite et la prière, ne s'occupant pas du monde extérieur; ils faisaient de nombreuses aumônes, soignaient les malades, consolaient les affligés par l'espérance d'un monde meilleur. Dans le silence du cloître ils cultivaient les sciences et élevaient la jeunesse qu'on leur confiait dans l'amour de Dieu, de la famille, et dans le respect des droits de chacun. Je voudrais bien savoir ce que la philosophie si fatale du dix-huitième siècle, le libéralisme et toutes les utopies modernes qui en découlent, créées en vues du bonheur, nous ont donné à la place de tout ce qu'elles ont détruit? Je dis avec bien d'autres : des ruines, des misères, des massacres, et, ce qui est pis encore, de la honte. Tu vas me traiter de rétrograde, j'en suis sûre; mes convictions à cet égard sont profondes, et le soleil mettrait la terre en fusion avant que je ne fusse dans ce que vous appelez le progrès, tant je suis convaincue que ce progrès-là doit infailliblement nous reconduire à la barbarie.

Enfin il fallut s'arracher aux délices de la contemplation pour reprendre le chemin de Madrid, que je quitte demain matin, le cœur plein de reconnaissance pour les sympathies que j'y ai rencontrées.

Bientôt je t'écrirai de Tolède qu'on m'a dépeinte comme une abominable ville.

LETTRE IX.

Tolède, 8 décembre 1849.

Pour beaucoup de gens, je conçois que Tolède soit une vilaine et triste ville; pour nous, mon cher ami, c'est une ville sympathique. Quiconque aime les souvenirs, aime l'histoire, aime oublier un peu le présent en faveur du passé, doit se plaire à Tolède. Quant à moi, cinq jours seulement que je viens d'y passer me paraissent bien peu de chose; c'est insuffisant pour jouir à son gré de la vieille cité; mais quand je songe combien je veux voir de choses en Espagne, je me dis que si je fais de longs séjours dans chaque ville, je cours risque d'être privée du bonheur de revoir la République française. Mon Dieu si je pouvais donc ne plus trouver que sa tombe! Mais laissons cette ridicule invention, et parlons de Tolède, ce qui est plus agréable.

D'abord sache bien que j'ai douté un instant de pouvoir y arriver entière; je ne sais quel nom donner à ce qu'on appelle ici des *caminos*, ce sont des chemins impossibles en tout autre pays. Figure-toi une diligence petite, peu chargée et lancée au grand galop de huit mules à travers tous les obstacles de pierres, de creux profonds, d'ornières, de buttes, et moi seule dans mon coupé, jetée en tous sens contre les parois de la voiture ou lancée à son plafond, et tu me diras s'il faut être solide pour arriver tout entière. Cependant la chose a eu lieu, je ne me suis pas cassée, malgré les huit grandes lieues faites ainsi depuis Aranjuez, car de Madrid à ce *sitio real* la route est passable, du moins pour l'Espagne.

Après Aranjuez, nous longeons quelques temps les rives

du Tage, et j'aperçois enfin Tolède au fond du tableau que j'ai devant moi. Elle est bâtie sur le sommet d'un rocher baigné en grande partie par le Tage et entouré d'une enceinte de fortifications arabes en très-mauvais état, ou plutôt en ruines. Son Alcazar d'un côté, sa cathédrale de l'autre, la dominent majestueusement. Le coup d'œil est triste, un nuage de poétique mélancolie semble envelopper cette ancienne cité; c'est le souvenir de sa grandeur passée révélé par tous les vestiges que j'aperçois. Le pont d'Alcantara, qu'il faut traverser, est pittoresque et admirable de hardiesse; il est d'une seule arche et fut construit par les Arabes. Après avoir monté un temps infini, on entre enfin dans la ville par la porte mauresque, aussi d'Alcantara, et je continuai toujours à monter jusqu'à la *fonda* située près de l'Alcazar.

Tolède est une ville très-ancienne, son origine se perd dans la nuit des temps. On la voit forte et prospère au temps de l'occupation romaine; puis Euric, prince goth, s'en empare vers la fin du cinquième siècle; plus tard, les Arabes la prirent, et enfin Alphonse VI, à la tête d'une armée qui comptait parmi ses chefs : le Cid, Raymond, comte de Toulouse, Raymond, comte de Bourgogne, et Henry de Bourgogne, mit le siège devant Tolède, place très-forte alors, et s'en empara le 25 mars 1085, le même jour où, 363 ans auparavant, elle était tombée au pouvoir des Arabes. La même glorieuse armée conquit rapidement tout le reste du royaume de Tolède. Pauvre ville, jadis cour brillante, sans les monuments en ruine, qui sont là pour attester ta puissance d'autrefois, qui pourrait le deviner? Quelle tristesse doit remplir le cœur d'Almenon, ton dernier roi, si, du haut du gracieux paradis du prophète, il t'aperçoit!

En effet, non seulement la ville, mais même encore la campagne autour d'elle, tout révèle sa prospérité passée par les nombreuses ruines de tous les âges dont le sol est couvert. Chaque domination qu'elle a subie y a laissé de grandes traces de son passage, et certes ses légitimes possesseurs l'ont bien richement dotée aussi par la plus admirable cathédrale qu'on puisse voir. Quant à la ville, elle est affreusement malpropre, mal pavée; ses rues sont tortueuses, sombres, très-étroites, et l'aspect général est triste comme dans toutes celles que j'ai déjà vues, excepté Madrid.

Je conseillerai toujours à tout voyageur de commencer à voir une ville à vol d'oiseau, comme a dit un grand poète, c'est-à-dire de monter sur le point le plus élevé, et, pour cela, c'est ordinairement le clocher de la cathédrale qu'il faut choisir. Nous allons donc nous y rendre pour prendre un ensemble de cette pittoresque cité.

L'œil est frappé de cette vue si originalement poétique et triste; c'est quelque chose d'indéfinissable, quelque chose qu'on ne peut voir nulle part ailleurs qu'à Tolède, qui vous remplit l'âme de mélancolie et dont on ne peut s'arracher. Qu'on est heureux d'être peintre! m'écriai-je; que peut faire la plume, avec sa vilaine couleur noire, pour représenter cet attachant tableau, cette petite ville lancée comme par des efforts de géants sur le point culminant d'un âpre rocher et, à son tour, lançant vers les cieux ses nombreux clochers et les tours majestueuses de son Alcazar?

De l'est à l'ouest, de l'autre côté de la vallée, on voit des montagnes rocheuses et arides à leur base, et depuis le penchant jusqu'au sommet vertes et charmantes, plantées d'oliviers, d'arbres à fruits et parsemées de petites maisons. Puis, du nord au midi, une campagne découverte et attristée par des ruines. Au bas du rocher qui sert de piédestal à Tolède, voici son Tage aux eaux de cristal, qui roule avec fracas entre les roches et semble vouloir étreindre convulsivement sa fille chérie. Voilà aussi de l'autre côté du fleuve, sur la montagne, l'ermitage de Notre-Dame de Bala, d'où, me dit-on, on a la meilleure vue de Tolède. Tu ne saurais te faire une idée du tableau qu'offre cette ville mélancolique, et, je le dirai avec peine, ce qui le rend si attachant, ce qui y jette ce parfum de poésie rêveuse, c'est cette grande variété de restes de tous les âges : ruines d'arènes, de temples, de châteaux, d'églises; c'est vraiment un cours d'histoire qui fait faire de tristes réflexions sur le néant des choses de ce monde.

Je vais maintenant te parler de cette belle cathédrale, que je préfère, et je crois avec raison, à celle de Burgos, du moins quant à l'intérieur, car il me semble qu'extérieurement la richesse de cette dernière n'a pas d'égale.

La cathédrale de Tolède est due à Ferdinand III, surnommé le Saint, qui la fit commencer, en 1227, par l'architecte Pedro Perez, sur l'emplacement de l'ancienne mosquée. Tout en entrant, l'esprit est tellement frappé par la majesté de cet édifice, qu'il reste en suspens; on ne peut avancer, tant on se sent sous l'empire de nobles impressions, et on se prend à penser que l'homme est quelque chose, puisque la bonté divine a pu mettre en lui de pareilles conceptions. Le style est gothique, toujours un peu mélangé d'arabe dans les détails. Cette basilique a cinq nefs, dont les belles voûtes sont soutenues par 84 piliers; la grande nef du milieu est d'une si sublime élévation, qu'elle semble vraiment vouloir s'élancer vers Dieu. Sur les deux côtés latéraux, les chapelles sont aussi grandes que des églises; l'une d'elles est paroisse; toutes renferment des merveilles en peinture et sculpture. Dans la chapelle Muzarabe tu verras une très-belle mosaïque, et dans celle de *los Reges nuevos* le tombeau de Henri de Transtamare.

Comme dans toutes les églises d'Espagne, le chœur est fermé, mais dans l'immensité de celle-ci, cela nuit moins au coup d'œil que dans celle de Burgos. Toute la *silleria* du chapitre est vraiment digne d'admiration; elle est encore d'Alonzo Berruguete; il faut regarder jusqu'aux pupitres, dont le travail est prodigieux. Puis, tout autour du chœur, extérieurement, on trouve les plus délicieux bas-reliefs. On me montra avec emphase l'autel extérieur de la *capilla mayor*; il est surmonté de statues et de groupes de marbre blanc et doré; il est dans le goût de la renaissance, je ne l'aime pas; il me paraît lourd et faisant un très-mauvais contraste avec ce qui l'entoure. Mais en rentrant dans la *capilla mayor*, il faut examiner attentivement son rétable, qui s'élance à perte de vue avec toute sa troupe de saints, d'anges; ses groupes, ses bas-reliefs en bois peints et dorés représentant les phases de la vie du Christ, tout cela du plus charmant travail. Tu sais que les Espagnols ont été tout à fait les maîtres en ce genre de sculpture ; ils ont d'adorables choses. Les vitraux sont dans un état parfait de conservation qui ne laisse passer à travers eux que ce demi-jour mystérieux, si bien en harmonie avec la sévérité de l'édifice.

La sacristie est digne de sa cathédrale ; c'est une riche et magnifique galerie où on voit encore des chefs-d'œuvre, des tableaux des plus grands maîtres et une admirable voûte peinte à fresque par Luc Jordan. Elle représente le paradis et donne vraiment bien envie de tâter du céleste séjour.

De la sacristie, il faut aller voir une petite chapelle toute de marbre où on te montrera la *custodia*. C'est un petit édifice gothique dans lequel on met le Saint-Sacrement les jours de grande solennité ; il peut avoir environ 3 mètres de hauteur ; il est d'or et d'argent massifs, incrustés de diamants et de pierres précieuses ; il y a un travail incroyable, c'est un délicieux objet d'art. Le même prêtre me montra ensuite les ornements de la vierge du Sagrario, vierge en grande vénération à Tolède, et qui n'est exposée aux regards des fidèles, dans l'église, que les jours de ses fêtes. Son vêtement est d'une magnificence peut-être digne de la reine des cieux. Il se divise en deux parties : d'abord un grand manteau de brocard d'or qui part du cou allant en s'élargissant jusqu'aux pieds et de manière à donner à la vierge une forme conique. Il est brodé en plein de bouquets de perles fines ; la guirlande qui l'entoure est également de perles fort grosses d'une inestimable valeur. Une espèce de tablier, aussi de brocard, part du cou et sert d'appui au manteau. Sa couronne royale est d'or massif enrichie de diamants et d'émeraudes. Les bracelets sont pareils à la couronne. Le prêtre qui me montra tous les trésors de sa chère cathédrale me dit aussi qui sa vierge avait un collier de diamants dont les chatons étaient si gros, si beaux, que sa valeur était incalculable, et il ajouta, le cœur gonflé de soupirs, que pendant les dernières guerres civiles, qui mirent les couvents en ruines et les églises au pillage, le fameux collier de sa vierge fut du goût de Mendizabal, qui en fit cadeau à sa maîtresse. Pauvre collier, quelle lamentable histoire est la tienne! Tu étais témoin de pieuses et pures adorations, et tu n'entends plus que le bruit du baiser vénal! Et c'est au nom de la liberté et des réformes que le vol, le meurtre et toutes les iniquités sont si souvent commises au dix-neuvième siècle! Espérons que bientôt il n'y aura plus que les êtres dégradés qui lui offriront de l'encens.

Mais revenons dans la sacristie, où on nous ouvre une immense armoire qui contient d'autres richesses : quatre statues d'argent, posées chacune sur un globe et représentant les quatre parties du monde. Ainsi que la custodia, elles servent, pendant la Semaine-Sainte, aux cérémonies religieuses, dont la magnificence attire à Tolède un grand concours d'étrangers. Nous allons de là à la chapelle du Sagrario, où réside la fameuse vierge. Elle est de marbre blanc, l'autel sur lequel elle est posée est d'argent. Derrière cet autel, il y a une autre petite chapelle octogone encore de marbre du haut en bas, et qui renferme aussi de très-grandes richesses en statues, vases et croix d'argent massif enrichies de pierreries. Malgré les déprédations des guerres étrangères et des guerres civiles, les richesses de cette cathédrale sont encore évaluées à plusieurs millions.

Enfin je te répète, mon cher ami, que la cathédrale de Tolède est un des plus admirables chefs-d'œuvre gothiques qu'on puisse voir, tant par ses détails que par la majesté de son ensemble, par la magnifique ampleur de son vaisseau. Pendant les cinq jours que je viens de passer ici, je lui ai consacré chaque jour au moins deux heures, en choisissant le moment des vêpres, qui sont toujours accompagnées par l'orgue. Cette musique religieuse retentissant sous les voûtes du temple, cette noble architecture gothique, si bien en harmonie avec la grandeur du culte catholique, tout cela vous met sous un charme indéfinissable qui vous soustrait quelques instants aux choses de la terre.

Tout le sol de l'église est de marbre blanc et gris. Sa longueur est de 404 pieds et sa largeur de 204.

Le cloître, qui tient à la cathédrale, est gothique aussi;

sur trois côtés les murs sont peints à fresque par Bayeu. C'est quelque chose d'admirable : poésie religieuse, perfection de dessin et de couleur, tout y est réuni pour procurer les plus douces sensations. L'artiste a représenté la vie et la mort de saint Eugénio et de sainte Léocadie. La mort de la sainte est le sublime de l'art, on la voit exhaler l'âme. Le quatrième côté, peint par Moella, ne peut pas être regardé après cela.

J'aurais dû ne te parler de la cathédrale qu'en dernier lieu, puisque c'est la merveille de Tolède, mais je suis toujours si fort sous son charme que je ne pouvais y résister.

Si on juge des sentiments religieux d'une ville par ses églises, assurément celle-ci doit être très-pieuse ; elle en renferme plus qu'il n'en faut pour contenir ses 15,000 habitants ; la plupart méritent d'être vues avec attention, entre autres, *San Juan de los Reges*, bâtie par Isabelle-la-Catholique ; elle est encore gothique, mais se ressentant du goût mauresque bien plus que la cathédrale, quoiqu'elle lui soit postérieure. Tu remarqueras un certain nombre de grosses chaînes de fer attachées extérieurement aux murs de l'église. Ce sont celles des prisonniers chrétiens rachetés aux Maures par Isabelle. Le cloître de cette église est délicieux dans ses détails, malheureusement il n'en reste que deux côtés, les deux autres furent brûlés par les Français, qui l'habitèrent quinze jours. Ce fatal incendie fut le résultat de l'imprudence des militaires qui y étaient casernés. Dans les nombreux et charmants détails de ce qui reste, je remarquais un bon nombre de statues parfaitement conservées si elles n'avaient été décapitées. Le sacristain me dit que ce cloître resta longtemps abandonné et ouvert, et que ces actes de vandalisme furent commis par des Anglais ; ils emportèrent pendant la nuit ces têtes, qui toutes étaient d'un grand mérite. J'en fus plus affligée qu'étonnée : ces Vandales modernes sont capables de toutes les brutalités barbares sur ce qui ne leur appartient pas.

Du cloître, je monte au musée, qu'on a installé avec peu

d'ordre dans l'ancien couvent de l'église. Au milieu de beaucoup de médiocrités, je vois aussi des chefs-d'œuvre de l'école espagnole, entre autres une Sacrée Famille de Ribeira, portant la date de 1639, c'est quelque chose de divin. L'une des salles du musée fut, sous Charles-Quint, la cellule du fameux cardinal Ximenès de Cisneros, deux fois régent du royaume pendant la minorité et l'absence de l'empereur. Aussi, pour faire honneur à l'ombre de ce grand homme d'État, on y a placé cinq Ribeira. Elle est en bonne compagnie.

L'église de Saint-Jean-Baptiste est l'ancienne église des jésuites. Comme toutes leurs constructions, elle est belle dans ses proportions; son style est renaissance, mais son ornementation est lourde et de mauvais goût. Il y a d'excellents tableaux dans la sacristie. Le portail de cette église est fort beau.

Il faut aller à l'église Saint-Thomas pour voir un chef-d'œuvre de Greco : l'Enterrement du comte de Orgaz.

Surtout n'oublie pas d'aller voir le *Christ de la Luz*. C'est une ancienne petite mosquée dont on a fait une église au moyen d'une chapelle construite au fond, c'est tout à fait curieux.

L'absence de l'archevêque permit que je pusse visiter ses appartements, où je trouvai une quantité de très-bonnes peintures. Puis d'un petit réduit communiquant avec les appartements de Son Eminence, et où elle va entendre la messe, je peux encore contempler sous un nouvel aspect ma chère cathédrale. Je suis à la hauteur de la grande rosace, qui se trouve à ma gauche, et j'admire les mille couleurs dont elle pare le soleil pour permettre à ses rayons d'éclairer la sainte voûte.

La bibliothèque de la cathédrale renferme de précieux manuscrits, que je te recommande; mais il faut la patience du bonhomme Job pour parvenir à les voir, car don Manuel Vasquez, le bibliothécaire, n'est pas facile à trouver et n'aime pas se déranger. Cependant, en vertu de ce vieil adage : Aide-toi, le ciel t'aidera, je parvins à voir un grand nombre de ces témoignages de la patience religieuse, avec leurs dessins coloriés si naïfs et si jolis. Puis le livre d'Heures de Jeanne-la-Folle, le livre d'Esther écrit sur une peau roulée autour d'un bâton : je ne comprends pas par quel miracle il a pu traverser tant de siècles; un Talmud, écrit sur des feuilles de palmier reliées comme celles d'un livre avec une couverture en bois. Don Manuel me dit qu'il est de plusieurs siècles antérieur à Jésus-Christ. Les caractères sont tellement semblables qu'on a peine à comprendre que cela puisse signifier quelque chose; puis un bréviaire d'Innocent III. Le plus curieux pour ses peintures est le livre d'Heures de Charles-Quint écrit en français.

J'avais oublié de te dire qu'il y a dans la sacristie de la cathédrale une Bible fort curieuse et ornée de vignettes, donnée à cette église par saint Louis, notre roi, contemporain de saint Ferdinand, roi d'Espagne.

Nous allons finir la visite de l'intérieur de la ville par l'Alcazar. Pour y entrer, il faut aller demander une permission au général commandant la province; il ne la refuse jamais.

L'Alcazar est bâti sur le point culminant de la ville, ses belles et tristes ruines la regardent encore d'un œil protecteur. A son origine il était la résidence des rois maures, qui l'avaient édifié; il fut en grande partie ruiné pendant les guerres de l'expulsion des Maures. Bien plus tard, il fut reconstruit par Charles III avec une grande magnificence. Sa façade, toute bâtie en granit, est du style de la renaissance.

Ce château était bien fortifié. Il se composait de quatre corps de bâtiments, formant ainsi une grande cour ayant à chaque angle une haute tour carrée à plates-formes. Elles sont toutes les quatre encore en assez bon état pour qu'on puisse y monter. Rien de plus grandiose que la principale entrée du château, que cette belle cour entourée de deux étages de portiques aux élégantes colonnes de granit comme celles de la façade. Vis-à-vis la porte principale, au fond de la cour, est le grand escalier, dont les belles proportions sont vraiment royales. Seule, au pied de l'escalier, j'étais plongée dans une triste extase dont je ne pouvais sortir.

Hélas, me disais-je, ce sont des Français qui ont détruit ce bel édifice, dont il ne reste que les masses granitiques contre lesquelles le canon a échoué! J'admirais une fois de plus la générosité du caractère espagnol, qui a pardonné sinon oublié, les maux que lui causèrent cette injuste guerre, et qui accorde son hospitalité toujours aux Français de préférence à tous autres. On lit sur les murs de ces sottes inscriptions revêtues de leurs obscures signatures; elles sont en espagnol et ne contiennent que de tristes pensées; pas un mot amer pour ceux qui ont mis en ruines ce beau palais. Une seule est écrite dans notre langue et signée par un M. de Namur, qui a voulu que personne n'ignorât le nom de celui qui lançait contre nous des anathèmes grossiers en très-mauvais français. La vue qu'on a des tours est à peu près la même que celle prise du clocher de la cathédrale. On a en bas de soi le collége militaire, qui occupe un ancien couvent.

En dehors de la ville, nous aurons à voir trois choses tout à fait intéressantes : la fabrique d'armes blanches, si célèbre dans toute l'Europe et dans notre littérature. Qui de nos romanciers ou poètes n'a plus ou moins parlé de sa *bonne lame de Tolède?*

Les lames que j'ai vues, soit d'épée ou de poignards, ont une flexibilité tout à fait extraordinaire; il y en a qu'on peut rouler sur elles-mêmes comme une feuille de papier. On me dit que ce sont les eaux du Tage qui ont la propriété de donner cette souplesse à l'acier, et que la souplesse d'une lame est en raison du temps qu'elle a passé dans l'eau. On en avait fait une pour l'offrir au duc de Montpensier, qui était roulée comme on pourrait le faire avec un ruban; elle était contenue dans une boîte de la dimension d'une tabatière. Tu penses bien que j'ai fait l'emplette de quelques bonnes lames de Tolède.

Il faut aller voir ensuite l'hôpital de Saint-Jean-Baptiste, non comme hôpital, ce qui est fort triste, mais comme édifice. Sa vaste cour, silencieuse et propre comme un salon, est entourée de beaux portiques aux colonnes de granit; elle est séparée en deux parties par une allée de colonnes qui conduit à l'église. Cette église, de style renaissance, est belle, sa coupole est haute et hardie; au-dessous d'elle se trouve le tombeau du fondateur, don Juan de Tavera, de la famille de Médina-Cœli, à laquelle appartient encore aujourd'hui cet hospice. Ce tombeau, de marbre blanc, est d'une grande beauté; au reste on a tout dit en disant qu'il est de Berruguete.

J'avais gardé pour une dernière promenade l'ermitage de Notre-Dame de la Bala, d'où on a la vue la plus pittoresque de Tolède. Nous descendîmes la ville par son quartier le plus retiré, pour aller prendre une barque et traverser le Tage. Quand on est à peu près à moitié du fleuve, il faut s'arrêter pour contempler le charmant tableau que vous offrent à votre gauche les ruines d'un château arabe. C'était le matin, le ciel un peu couvert de nuages qui affaiblissaient les rayons du soleil ne lui permettait d'éclairer la nature que d'une lueur faible et inégale, en parfaite harmonie avec la tristesse de ces lieux. C'était adorable de mélancolie. Je trouvai en haut largement tenues toutes les promesses qui m'avaient été faites sur la vue de l'ermitage. J'aime mieux cette vue que celle de la cathédrale ; cette antique cité paraît en amphithéâtre avec ses ruines, ses clochers, sa vieille ceinture de fortifications et son Tage qui lui embrasse si tendrement les pieds. C'est le tableau le plus mélancolique et le plus attachant qu'on puisse voir que la vue qui se déploie depuis la terrasse de l'ermitage de Notre-Dame *de la Bala*.

Malgré, ou peut-être à cause de son extrême tristesse, Tolède m'a beaucoup plu. C'est une ville d'un caractère tout particulier, quelque chose qu'on ne doit pas voir ailleurs et qui se ressent plus que tout ce que j'ai vu jusqu'ici du goût arabe dans ses constructions, malgré les huit siècles à peu près écoulés depuis sa conquête.

Puisque je dois te renseigner sur tout, disons un mot, quoique ce soit bien vulgaire, sur le côté matériel : il est tout à fait indispensable de présider à l'arrangement de la chambre et du lit et regarder les draps que l'on doit y mettre. Tu en devines la raison. Et la meilleure *fonda* de

Tolède, celle où j'étais, laisse à désirer. Au reste les *fondistas* sont en général très-bonnes gens, fort complaisants et peu disposés à se fâcher de toutes les plaintes qu'on leur fait.

Je dois dire encore que je n'ai pas seulement le regret d'être restée si peu à Tolède, j'ai aussi l'âme navrée du peu de soin qu'on apporte à l'entretien de ses monuments. Sa belle cathédrale a besoin de restaurations auxquelles on ne pense pas. De plus elle est tenue avec une malpropreté qui passe toute croyance. Ces délicieux reliefs de toute la *silleria* du chœur sont dévorés par une couche de poussière, comme tout le reste de l'ornementation de cet édifice. J'en fis la remarque au sacristain, qui me dit que les employés de l'église, n'étant pas payés depuis longtemps malgré leurs réclamations, et se mourant de faim, ils n'ont aucun zèle pour remplir leur devoir. Mon Dieu, pensais-je, si la reine pouvait connaître les plaintes et les maux de ses féaux sujets et le mauvais état de ces grandes choses qui font la gloire de son pays, le remède serait vite apporté au mal.

Je pars cette nuit pour Aranjuez; j'aurai toute la journée de demain pour visiter ce célèbre *sitio real*.

LETTRE X.

Aranjuez, 10 décembre 1849.

La petite ville et le palais d'Aranjuez sont situés dans une vallée charmante arrosée par le Tage et le Jarama. On arrive au *sitio real* par de belles avenues à la *plaza San Antonio*, sur laquelle se trouve l'une des façades du palais. Il fut commencé par Philippe II d'après les plans et sous la direction de Juan de Herrera, puis continué par Philippe V, Ferdinand VI et Charles III qui l'acheva. Il se ressent infiniment des idées différentes de ses continuateurs. Je n'aime pas son architecture, qui est lourde et sans aucun caractère de grandeur, malgré l'énorme développement de ses bâtiments. Il est du style de la renaissance et construit tout en briques; sa façade principale a peu d'étendue, ses deux ailes avancées forment une cour et présentent des portiques bas et écrasés.

Le grand escalier est beau, ses proportions sont larges, mais les murs et les piliers, simplement badigeonnés de blanc, ne sont pas d'un bon effet.

Les appartements ne paraissent pas très-vastes quand on songe que c'est une résidence royale. Toujours de belles peintures attirent de tous côtés votre attention. Ainsi tu verras dans une galerie toute l'histoire de Loth par Luc Jordan, et dans une petite chapelle de ravissantes fresques de Bayeu. Un des salons se fait remarquer par sa bizarrerie. Ses murs sont du haut en bas d'une matière dont j'ignore le nom; c'est moins beau que la porcelaine, c'est mieux que la faïence; les Españols appellent cela de la *china*, des fleurs et des personnages en reliefs, de *china* également, font un joli effet sur ce fond blanc. J'ai le malheur d'entendre encore une fois que la fabrique qui faisait ces choses à Madrid fut détruite par les Français. Excepté les peintures, il n'y a pas dans ce palais le même luxe d'objets d'arts et d'ameublements que dans les autres.

Ce qui est vraiment ravissant, ce sont les jardins formés dans une île baignée d'un côté par le Tage et de l'autre par le Jarama. Cette abondance d'eau, qui suffirait pour entretenir l'île dans une éternelle fraîcheur, n'a pas encore contenté; de nombreuses irrigations la sillonnent en tout sens. Aussi je n'ai jamais vu de plus belle et plus luxuriante végétation; la corpulence et la hauteur des arbres sont quelque chose de prodigieux; il n'y a rien de comparable.

Quant aux ornements d'art, ils ne sont pas dignes d'un jardin royal : les groupes, les statues, tout cela est mauvais, dans des proportions mesquines à côté de la magnificence des arbres, et dans le nouveau jardin de la reine on voit même de mauvais petits personnages en plomb ou en étain recouverts d'une couche de blanc, pour faire croire au marbre.

De l'autre côté de la route, tu trouveras des jardins vraiment merveilleux, au milieu desquels est construite la *Casa del Labrador* (Maison du Laboureur); cette maison est un charmant petit palais où on trouve réuni tout ce que l'art, le luxe et le goût peuvent inventer de plus séduisant. Dans les escaliers, les appartements, tout vous ravit; vous ne voyez sous vos pieds que mosaïques, marbres, jaspes, murs tendus d'étoffes brodées à la main. Charles IV avait tellement ce goût-là, qu'il avait dans le palais une phalange de brodeuses et brodeurs dirigée par un artiste appelé Robledo, qui faisait les dessins. Tu remarqueras un salon carré fort grand tendu de satin blanc parsemé de paysages, dont chacun est un tableau d'une rare perfection quand on pense que c'est à coup d'aiguilles que cela est fait. Remarque aussi, mon cher Hugues, une galerie qui te fera grand plaisir. Elle est éblouissante de mosaïques, de statues et contient une collection de bustes anciens venant d'Italie.

Quant aux jardins, on ne peut pas s'en arracher, ils sont au moins six fois plus grands que ceux du palais; rien de plus beau que ces allées de platanes à perte de vue, que cette réunion de plantes et d'arbustes de tous les climats, et partout ce luxe de belles eaux qui entretiennent la beauté de la verdure pendant toute l'année.

Aranjuez doit être au printemps un séjour délicieux, alors que tout est en fleurs et que ses incomparables ombrages vous défendent contre les ardeurs du soleil. Cependant, malgré les charmes de ce riant séjour, je lui préfère de beaucoup l'imposante tristesse de l'Escorial. Le premier parle aux sens, le second parle à l'âme.

La petite ville d'Aranjuez est toute moderne; elle se compose en grande partie de maisons de campagne des Madrilènes qui y fuient l'été les étouffantes chaleurs de Madrid, de sorte qu'en ce moment elle paraît complétement inhabitée.

Il y a deux *fondas*. J'engage beaucoup à donner la préférence à l'española sur la française que je ne crois pas meilleure, et dans laquelle, en qualité de compatriote, on vient de m'écorcher vive.

Favorisée par le plus beau temps du monde, hier j'ai passé une journée et aujourd'hui une matinée charmante dans les jardins d'Aranjuez; à présent j'attends le véhicule qui va me secouer rudement jusqu'à Cordoue, si toutefois les bandits de la Sierra-Morena, qui ont *failli* tuer tant de voyageurs, me laissent comme à eux la chance de ne pas les rencontrer.

LETTRE XI.

Cordoue, 14 décembre 1849.

Rien de plus varié, mon cher ami, que le territoire de la Péninsule; on passe sans cesse du gracieux au sévère, du pittoresque au laid ou au très-laid. La première ville que je rencontrai après Aranjuez fut Ocaña. J'y arrivai le soir aux derniers rayons du soleil, ce qui donnait à la pauvre petite ville un aspect encore plus désolé. Je ne sais rien de si tristement laid qu'Ocaña et toute la province de la Manche que je traversai. Ce sont de grandes étendues de terre sans un seul arbre, et de plus c'est, dit-on, la terre classique du brigandage. Le matin nous étions à Valdepeñas, dont tu te rappelles le nom avec une espèce de plaisir, pensant qu'en Afrique tu t'abreuvais de son délicieux vin pour faire diversion à tes travaux guerriers. Quant à moi, je le trouve parfaitement mauvais. Après cela nous trouvâmes Santa-Cruz, très-renommée pour la fabrication de ses *navayas*, dont j'achetai une à ton intention. Je remarque que le costume des gens du peuple est toujours le même, quoique nous soyons déjà loin de la Castille. Les femmes ont le même goût pour le jaune, les hommes la même *chaqueta*, mais peut-être un peu plus chamarrée de couleurs voyantes.

Après Santa-Cruz la campagne devient beaucoup plus variée, plus plantée, et enfin nous voilà en pleine Sierra-Morena. Je cherche en vain cette grande quantité de croix de bois plantées sur le sol, aux endroits où les brigands ont commis des meurtres et dont mes prédécesseurs ont longuement parlé. J'écoute avec attention si je n'entendrai pas les coups de sifflets qui servent de rappel à ces messieurs, et je n'entends rien. Ne pouvant donc exercer mon ouïe, je veux exercer ma vue en faveur de ces montagnes, tout en me disant qu'un touriste qui traverse la Sierra-Morena sans être volé, doit vraiment se trouver volé d'un dramatique épisode de voyage. Cette chaîne de montagnes est d'un aspect différent des autres que je connais, quoiqu'on prétende que toutes les montagnes se ressemblent. Je les trouve belles, parce que j'aime passionnément les montagnes et qu'elles ont un je ne sais quoi de sauvagerie terrible qui fait penser. Et cependant elles n'ont pas la majestueuse grandeur des Alpes et des Pyrénées; elles semblent créées tout exprès pour être des repaires de brigands.

Sortant un peu de ces montagnes, nous trouvons la Caroline, grand village de nouvelle création dont l'aspect fait pressentir l'Andalousie. Ses maisons, peintes à la chaux extérieurement, ont un aspect moins triste que tout ce que j'ai vu jusqu'ici. Il n'a que quatre-vingts ans d'existence et fut bâti par une colonie d'Allemands qui y est restée. Dans les campagnes que je traverse, les champs, les bois d'oliviers sont séparés les uns des autres et entourés par des talus plantés d'aloès qui font un effet fort original. Nous arrivons à Baylen pour souper et dormir quelques heures. Je rendais grâce à Dieu, mon cher ami, qu'il fût nuit, je ne voulais rien voir de cette ville de si douloureux souvenirs pour nous.

Dans la matinée suivante, j'aperçois à l'horizon le clocher de la cathédrale de Cordoue. C'est ici un tableau qui a quelque chose d'africain, car je distingue des palmiers, des clochers qui ressemblent à des minarets, tout cela jeté dans une grande plaine peu plantée, au pied de la Sierra-Morena, entre elle et la rive droite du Guadalquivir qui la baigne.

L'origine de Cordoue est si ancienne qu'on ne forme à cet égard que des conjectures. Elle était si florissante sous les Romains, qu'ils lui accordèrent le titre de capitale de l'Espagne méridionale, avec tous les avantages dus à cette préférence. Les sciences, les arts, la poésie, y étaient en honneur. Mais c'est surtout sous la domination arabe et les rois de la famille de Ben-Omia qu'on la voit rayonnante de toutes les lumières de l'intelligence et qu'on l'appelait l'Athènes occidentale. Elle donna naissance à cette époque à un grand nombre d'hommes illustres dans les lettres et les sciences; un des plus fameux fut Abenzoar, qui était à la fois astronome, philosophe et médecin.

Vers la fin du 11e siècle, l'autorité royale va en s'affaiblissant, le pouvoir des califes diminue, quelques villes de la province se révoltent contre leur autorité et veulent se rendre indépendantes. Tout ceci semble être le prélude de la ruine de la domination arabe.

Ce fut en 1236 que Ferdinand III s'empara de Cordoue et de toute la province. La résistance de la capitale fut telle, que les Espagnols la prirent rues par rues, jusqu'à ce qu'enfin les assiégés s'en remissent à la générosité du vainqueur.

Lorsque les maux de la guerre furent apaisés, la Cordoue chrétienne redevint une cité populeuse et commerçante; les cuirs de Cordoue étaient en renom; mais c'en était fait de la Cordoue savante et brillante des Arabes.

Aujourd'hui elle est déchue de toutes ses splendeurs; lorsqu'on la parcourt à l'intérieur, il est impossible de ne pas la trouver une ville prosaïquement triste; elle n'a point conservé, comme Tolède, ce sceau de mélancolique poésie qui atteste ses grandeurs passées. Ses rues, comme dans toutes les villes habitées des siècles par les Arabes, sont, étroites et tortueuses, affreusement sales; les maisons sont, comme dans toutes les villes d'Andalousie, peintes en blanc à l'extérieur, ce qui fait un singulier contraste.

Il n'y a de véritablement curieux à Cordoue que sa cathédrale, située près de l'Alcazar, à l'extrémité de la ville.

L'Alcazar est bâti au bord du Guadalquivir. Pendant la domination des Romains, des Goths et des Arabes, il fut le séjour de l'autorité, subissant les modifications qu'amenaient nécessairement les différentes dominations. Ce qu'on en voit aujourd'hui est entièrement mauresque, et cet ancien palais de rois est une prison.

N'en déplaise à tous les enthousiastes de la cathédrale de Cordoue, je dois te dire qu'elle m'a causé plus d'étonnement que d'admiration. Mon imagination ne la voyait jusqu'ici qu'au travers d'un prisme qui s'évanouit à son aspect, parce qu'il me semble que dans cette gigantesque construction les lois de l'harmonie ont été mises entièrement de côté. Ce qui frappe en entrant, c'est cette forêt de colonnes s'étendant à perte de vue, pour soutenir un édifice bas, très-bas relativement à son étendue. Figure-toi donc ces 850 colonnes étiolées supportant les voûtes de 19 nefs, reliées entre elles par deux rangs d'arceaux l'un au-dessus de l'autre; par conséquent il y a entre ces arceaux un espace à jour de la hauteur d'un mètre environ au milieu. Ceci serait d'un effet charmant si les voûtes avaient plus d'élévation. Pour mieux te représenter cela, figure-toi voir deux croissants posés l'un au-dessus de l'autre.

L'étendue de l'église est de 620 pieds de long sur 440 de large; eh bien, la hauteur des colonnes n'est que de 12 pieds, celles de la nef du centre peuvent avoir 2 à 3 pieds de plus. Elles sont toutes de marbre d'un seul morceau, et n'ont que 18 à 20 pouces de diamètre. Les chapiteaux sont tous différents et vraiment charmants à examiner. Ce qui paraît surtout singulier, c'est de voir ces colonnes posées sur le sol sans aucune base, comme si elles se trouvaient là provisoirement, et le sol de cet édifice, si riche dans ses détails, n'est qu'un mauvais carrelage de briques.

La cathédrale, ou son emplacement c'est-à-dire, a toujours été le lieu consacré aux différents cultes qui se sont succédé à partir de l'invasion romaine. Il est certain que les Romains bâtirent à cette place un temple dédié à Janus. Dans les fouilles qu'on fit lorsqu'on creusa profondément le sol pour construire au centre de la mosquée le chœur de l'église chrétienne, on déterra des colonnes portant des inscriptions latines qui ne peuvent laisser aucun doute à cet égard. On peut en voir deux dans l'église, ce sont celles qui soutiennent l'arc des bénédictions.

Lorsque les Goths s'emparèrent de Cordoue, ils édifièrent sur l'emplacement du temple de Janus en ruines une église chrétienne dédiée à saint Georges, et avec les matériaux du temple. Ce fut dans cette église que se réfugièrent les chrétiens en grand nombre lors de la prise de cette ville par les Arabes, en 711; ils y furent ensuite égorgés. En 786,

Abderramen, alors roi de Cordoue, commença cette fameuse mosquée sur les ruines de l'église Saint-Georges. Il voulut qu'elle fût semblable à celles de Damas et de Jérusalem par la grandeur et la magnificence. On a écrit qu'il en traça lui-même le plan et que chaque jour il y travaillait une heure de ses propres mains. Environ deux siècles plus tard, Abderramen III la fit augmenter de neuf nefs; on voit encore très-distinctement la ligne formée sur le sol par cette adjonction. Quelques écrivains ont prétendu que la mosquée avait été pavée de marbre et que plus tard le sol avait été exhaussé, ce qui avait enfoui la base des colonnes; mais l'homme instruit qui a bien voulu me donner sur sa cathédrale les détails que je désirais, m'a assuré que c'est une erreur grossière; d'ailleurs les fouilles qui ont été faites lors de l'édification du chœur et les recherches de savants archéologues démontrent le contraire.

Ce ne fut qu'assez longtemps après la conquête que la mosquée changea de destination. On ferma chaque nef; elles ouvraient toutes sur la voie publique, et on construisit une chapelle à la place de presque toutes les issues fermées. Il y en a 53, et de plus 19 autels à travers l'église.

On commença le chœur en 1523, il ne fut achevé qu'en 1607. Ce chœur, qui est très-grand, est comme une église dans une mosquée. Construit dans le style gothique, je le trouve cependant trop mélangé de toute espèce d'autres. Malgré cela il est beau; sa coupole, soutenue par quatre piliers, s'élance hardiment très-au-dessus du reste de l'édifice. Les sculptures du rétable sont fort curieuses, la *silleria* est d'un travail exquis.

A mon avis, on a gâté cet édifice en le vouant à notre culte : ce n'est plus une mosquée et ce n'est pas une église. Les bons tableaux n'y sont qu'en très-petit nombre. Quelques-unes des chapelles ne manquent pas de mérite, surtout celle de Mahomet, qu'on a laissée intacte comme page historique et comme merveille artistique. Le temps a complétement échoué contre elle; elle a conservé la fraîcheur de ses mosaïques sur fond d'or, la pureté de ses dentelures et de ses découpures de marbre. Malgré le grand nombre de siècles qu'elle compte déjà, elle est restée comme au temps de sa fondation. C'était la seule qui existât dans la mosquée, le roi seul pouvait y prier. La custodia et le trésor de la cathédrale sont renfermés dans la chapelle du Cardinal : ils valent la peine d'être vus, quoique bien inférieurs à ce que j'ai vu à Tolède.

Cette cathédrale, malgré ses défauts, est extrêmement curieuse à voir pour l'archéologue, pour l'amateur des temps passés, qui sans doute déplorera aussi son travestissement actuel.

Parmi les églises qui méritent d'être vues, je te citerai seulement : Saint-Nicolas de la Villa, très-ancienne église, où fut baptisé Gonzalve de Cordoue, San Miguel : tu y verras dans une chapelle à gauche en regardant l'autel une Cène de Diego Monroy, composition du plus grand mérite; San Francisco, San Salvador et Santiago.

Peut-être ici, plus encore qu'en Castille, ces armées de saints et de christs sont bizarrement habillés; presque tous les christs que j'ai vus, portent de plus une longue et très-épaisse chevelure éparse sur les épaules.

Le musée, formé comme tous les autres des peintures des couvents, en a quelques-unes de très-bonnes; cependant il a moins de toiles des grands maîtres que ceux dont je t'ai déjà parlé; mais on le visite encore avec grand plaisir. D'ailleurs ne faut-il pas comparer pour arriver à des appréciations justes?

Je te souhaite la chance que j'ai eue en visitant le musée, d'y rencontrer son directeur, le señor Aguilera, occupé à de nouveaux classements. Avec cette aimable complaisance espagnole que j'ai déjà rencontrée si souvent, il voulut bien lui-même me montrer ses salles et répondre à toutes mes questions; puis il m'engagea à aller voir chez lui sa collection et ses propres travaux, ce que j'acceptai avec reconnaissance.

La collection du sieur Aguilera est des plus précieuses, l'Espagne et l'Italie y rayonnent de tout leur éclat. Il y a, entre autres chefs-d'œuvre, un enfant Jésus dormant, de

Murillo, c'est divin. L'illusion est telle qu'on retient sa respiration dans la crainte de l'éveiller. Le señor Aguilera est un artiste d'un véritable talent; il fait des choses charmantes. C'est aussi un penseur aimable et un homme instruit : je lui dois la meilleure journée que j'ai passée à Cordoue et un joli dessin à la plume qu'il voulut m'offrir en souvenir. J'ai lieu de croire que tout Français bien élevé qui lui témoignerait le désir de voir ses travaux trouverait le même accueil.

Il faut, mon cher ami, descendre à la *fonda* du café Français. D'abord elle est bien située; j'ai de mon balcon une délicieuse vue, et puis l'hôte ne vous écorche pas; de plus il vous engage à aller à sa campagne, vieux couvent au milieu des orangers, des fleurs, le tout arrosé de belles eaux, c'est charmant. Il me conseilla de faire une excursion dans la Sierra-Morena pour voir les *hermitas*, d'où on a la plus belle vue de la position de Cordoue, puis de revenir par sa campagne, où il irait m'attendre. Je pris donc un guide, je louai deux andalous, on me prêta une bonne selle anglaise, et je passai une journée ravissante par une de ces températures qu'on ne trouve qu'en Espagne.

Au sortir de la ville, le chemin est de chaque côté bordé par un mur d'aloès, puis bientôt le terrain devient de plus en plus montueux, et j'entre dans la Sierra. Je suis au milieu des orangers, des oliviers, des chênes-verts; le sol est couvert de fleurs et de plantes aromatiques; rien, au milieu de cette délicieuse nature, ne révèle l'hiver; pas un arbre n'est dépouillé. Le chant des oiseaux et le parfum de l'air vous font croire aux plus beaux jours de mai. Je monte, je monte, faisant souvent comme la femme de Loth, malgré les supplications de mon guide, qui veut que j'aie la surprise de ce beau panorama quand je serai en haut.

Il y a peu de vues plus belles que celle qu'on a de la terrasse du couvent : mon guide avait raison de me promettre une surprise. Le tableau embrasse une partie de la Sierra; on a à ses pieds l'immense plaine arrosée par le Guadalquivir, et au centre de cette plaine se trouve la ville de Cordoue, assise au bord du fleuve. Ses palmiers, ses minarets, lui donnent une couleur tout orientale qui charme, et dont on ne peut détacher ses regards.

On appelle *las hermitas* un grand enclos où sont éparses douze petites maisons d'ermites, religieux de l'ordre des Carmes. Le couvent, habité par le supérieur, est à l'entrée de l'enclos, et lorsque le zèle religieux amène à *las hermitas* plus de frères qu'il n'y a d'ermitages, ils logent dans le couvent. Jour et nuit, aux heures des offices, et, quel que soit le temps, les pères quittent leur ermitage pour venir à l'église prier en commun. Ils prennent également leur repas en commun s'ils le veulent, ou l'emportent chez eux. Le repas ne se compose jamais que de légumes et de pain; mais, à voir leur embonpoint, on doit penser qu'ils n'en souffrent pas. Il est vrai que leur vie se partage entre la contemplation et la prière, ce qui fatigue peu.

L'ameublement de chaque ermitage est simple : il se compose d'un lit en bois avec une couverture étendue dessus en guise de matelas; sur une petite table sont des livres de piété, une tête de mort et deux tibias en croix. Des images de saints et de christs sont accrochées aux murs, ainsi qu'une discipline, dont je suis tentée de croire que les bons pères ne font pas grand usage, et assurément ce n'est pas moi qui les blâmerai. Je pense que quand on se trouve bien dans le luxe de ces ermitages, on a un mérite que j'envie en l'admirant.

Ce sont les seuls religieux tolérés en Espagne; ils ne doivent leur réinstallation qu'à la piété d'un riche marquis habitant de Cordoue, qui, lors de la vente des biens du clergé, acheta cet enclos. Avec le temps, les charités, les dons des bonnes âmes cordobèses et du marquis, les ermitages renversés par la croisade philosophico-libérale, se réédifièrent, et le marquis en offrit la jouissance, ainsi que celle du terrain avec tous ses produits, aux religieux qui voudraient reprendre leur ancienne vie.

Enfin, mon cher ami, j'aurai été encore une fois dans la Sierra-Morena sans voir même l'ombre d'un brigand, et n'entendant toujours sortir de la bouche de tous les gens de la campagne que ces mots : *Vaya usted con Dios* (1).

Cette nuit je pars pour la capitale de l'Andalousie. Avant de fermer cette lettre, je dois te dire que j'ai été fort contente de mon locati andaloux ; comment ne pas parler des chevaux de cette race à un amateur comme toi ? C'est dans les plaines de Cordoue et sur les bords du Guadalquivir que s'élèvent les meilleurs chevaux andaloux ; la cavalerie espagnole est en grande partie montée par eux. Dans leur état naturel, ils ne sont pas beaux : le cou est gros et le corps un peu fort pour la hauteur de l'animal ; mais lorsqu'ils sont montés et animés, rien n'égale leur légèreté, leur grâce et leur extrême ardeur. Le plus grand nombre est noir ; j'en ai vu quelques-uns cependant gris foncé tacheté de noir, c'est charmant.

Allons, la malle-poste est là, Dieu veuille qu'elle soit pour mes os plus respectueuse que la diligence.

(1) Allez avec Dieu.

LETTRE XII.

Séville, 12 janvier 1850.

Quien no ha visto à Sevilla
No ha visto à maravilla.

Assurément, mon cher ami, si nous considérons Séville comme ville, si nous aimions les grandes rues tirées au cordeau, si nous professions un fol amour de la ligne droite et des maisons à dix étages, nous trouverions que les Sévillans ont poussé jusqu'à l'absurde l'admiration pour leur cité. Mais si, au contraire, nous cherchons une ville ayant un caractère à elle, un cachet qui n'appartienne à nulle autre et qui nous apprenne en quelque sorte son histoire; si nous cherchons des œuvres d'art variées qui nous en enseignent les différentes phases, oh! alors nous dirons aussi : Oui, *Sevilla es una maravilla* (Séville est une merveille).

J'aurais bien voulu te parler de la campagne que j'ai traversée, car enfin c'est le pays le plus exploité du monde par les poètes, et je suis tentée de croire que c'est le moins connu par eux. La pureté du ciel et la clarté vive de ses étoiles me permirent pourtant de distinguer de très-grandes plaines un peu ondulées et dont la monotonie n'était interrompue que par des plantations d'oliviers. Nous traversâmes Ecija, qui paraît une assez jolie petite ville, et le matin nous déjeûnions à Carmona, autre ville extrêmement pittoresque, bâtie sur un rocher élevé et entourée de fortifications mauresques. Ensuite, la campagne se pare d'orangers, et on se reconnaît vraiment en Andalousie, lors même qu'on n'y a jamais été. Quoique toute ma personne fût dans l'état le plus déplorable, il me restait, Dieu merci, les yeux.

Ah, grand Dieu, quelles routes! et cela s'appelle routes royales en Espagne! Le corps des ingénieurs des ponts et chaussées est ou bien ignorant ou bien déloyal de recevoir des traitements pour remplir ainsi ses devoirs. Je ne pense pas que ces messieurs regardent une fois en dix ans les routes qu'ils sont chargés de faire entretenir. Figure-toi donc une chaise de poste légère dans laquelle j'étais seule, et toujours lancée au grand galop sur un chemin tellement couvert de trous que les roues ne sortaient des uns que pour retomber dans les autres, et tu t'étonneras que j'aie pu arriver tout entière. Pourtant j'arrivai ainsi, mais non sans me dire que si j'étais reine d'Espagne et que je visse pareille chose dans mon royaume, les ingénieurs de cette province seraient pendus dans les vingt-quatre heures. La pauvre chaise se brisa deux fois, et comme cela tient aux habitudes des véhicules d'Andalousie, le *mayoral* a toujours dans ses caisses de quoi parer à ces événements; ce n'est donc qu'à grand renfort de cordes que nous pûmes arriver et toujours sans rencontrer de brigands, mais toujours aussi je vis des gardes civils se promenant de relais en relais. Je n'aimerais vraiment pas le métier de ces braves gens-là.

En approchant de Seville le matin et par un vrai soleil d'Andalousie, je voyais au loin la fameuse Giralda, et j'étais au milieu des *huertas* (vergers) d'orangers et de palmiers; j'avais à gauche un aqueduc amenant dans la ville les eaux de la Sierra-Morena. En retrouvant à mon entrée dans Séville les petites rues étroites et serpentées que j'avais vues à Tolède, j'éprouvais un certain plaisir, non pas que ce soit beau pourtant, mais par la raison que je t'ai dite que ces villes ont un cachet tout particulier qui est dans mes goûts. Outre qu'elles sont étroites, elles sont horriblement pavées de gros cailloux chariés par le Guadalquivir; je dois malheureusement ajouter qu'elles sont horriblement sales et que cela contraste encore avec la blancheur éblouissante des maisons et l'extrême propreté des *patios* (cours). Leurs portes sont ordinairement des grilles de fer; de sorte que le flâneur peut en se promenant observer ces délicieux réduits, qui font l'effet au premier abord d'une décoration de théâtre. Suivant l'usage mauresque, les maisons ont quatre corps de bâtiments formant entre eux une cour, dont le centre est occupé par un bassin. Quelques maisons, comme celle que j'habite par exemple, ont en outre un petit jardin planté d'orangers et d'arbustes, et plusieurs fontaines. Je ne crois pas qu'il existe de ville plus arrosée que Seville; il n'y a pas une seule maison, si modeste qu'elle soit, qui n'ait au moins une fontaine. Les *patios* sont donc quelque chose de charmant : tout est en marbre blanc, une galerie règne autour, soutenue par des colonnes aussi de marbre. Les bassins, les fontaines sont de même ; ensuite ces *patios* sont plus ou moins ornés de vases et de statues, les bassins plus ou moins beaux, suivant la position qu'occupe le propriétaire. Les maisons n'ont ordinairement qu'un étage, les appartements ouvrent sur les galeries du rez-de-chaussée et du premier. Le premier n'est habité que l'hiver assez ordinairement; l'été la plus grande partie de la vie se passe dans le *patio* meublé comme un salon et rempli de fleurs, qui, arrosées sans cesse, exhalent un parfum délicieux et une certaine humidité qui donnent un charme extrême à cet air embaumé et aide à supporter la chaleur brûlante de l'atmosphère. Sur les vingt-quatre heures on n'en passe guère que quatre à cinq dans sa chambre pour dormir; dans la journée la sieste se fait aussi dans le *patio*. Ajoutons que c'est surtout le soir que ces cours revêtent tous leurs attraits. Elles sont magnifiquement éclairées, et à cet ensemble harmonieux vient se joindre la musique des boléros andalous, quelquefois la danse. Tout le monde me dit que pour voir Séville dans tout son éclat, parée de tous ses charmes, c'est dans l'été qu'il faut venir. Certes le désir ne m'en manque pas. Je la quitte dans deux jours; la reverrai-je?...

Outre un patriotisme éclairé et véritable pour leur nation, les Espagnols me paraissent avoir une espèce de patriotisme de clocher. L'amour des habitants de chaque ville pour sa ville se mêle souvent d'un peu de dénigrement pour la voisine. Ainsi il y a une sorte de rivalité entre Séville et Cadix, et si vous demandez à un Sevillan ce qu'il pense de Cadix, il vous conseillera de ne pas aller vous y ennuyer. On me dit qu'à Cadix je ferai la même remarque.

Ensuite chaque cité a des prétentions plus ou moins grandes à l'antiquité de son berceau, et cherche à le poser dans les temps les plus reculés, fût-ce même les temps fabuleux.

Quant à Séville, quelques écrivains attribuent sa fondation à un fils d'Hercule qui lui aurait donné le nom de Hispalis. Ce qu'il y a de certain, c'est qu'elle était florissante quand les Romains s'en emparèrent et que Jules César l'éleva au rang de colonie romaine, lui donnant le nom de Julia Romuléa. Quelques siècles plus tard, sa délicieuse situation, son ciel enchanteur plurent passionnément aux Arabes et chaque roi se plut à l'embellir.

Séville est assise sur la rive gauche du Guadalquivir, dans une plaine d'une merveilleuse fertilité, réjouie par l'éternelle verdure de ses orangers et surtout par l'éclat de son soleil. Les guerres, les invasions causées par l'extrême richesse de la Péninsule et qui l'ont si souvent arrosée du sang de ses enfants, ont à Séville respecté jusqu'ici le sceau imprimé sur son front par sa couronne monumentale qui rappelle tous ses plus beaux jours. Ses fortifications romaines réédifiées par les Maures, ses tours, ses voluptueux palais, ses grandes œuvres du moyen-âge, inspirées par cette foi vive, qui expulsa les Maures après huit siècles de domination, tous ces nobles témoignages de son passé sont là pour attester que même la main du temps a respecté cette gracieuse fille de la nature et des arts. Ainsi il ne faut pas considérer la ville proprement dite, mais la Séville savante, artistique, monumentale.

Si Séville fut donc par sa position un enfant gâté du destin et de ceux qui furent appelés à la gouverner, elle est aussi la mère féconde d'un grand nombre d'illustrations. Sous la domination arabe, elle avait des savants; rendue à ses légitimes possesseurs, elle vit naître non seulement des écrivains et des philosophes de mérite, mais un grand nombre de ces artistes supérieurs par le génie et qui jetèrent tant d'éclat sur leur patrie. N'oublions pas que l'école de Séville est la plus importante d'Espagne; que les deux Herrera, Zurbaran, Vélasquez et le sublime Murillo sont Sévillans. Si de nos jours elle ne compte pas d'artistes d'un talent très-éminent, le goût des arts, ou du moins celui de la peinture y est resté à l'état de culte. Il n'y a pas si petite église ou si petite maison de particulier où on ne trouve de bons tableaux, et il n'y a pas une maison de particulier riche qui n'en ait des grands maîtres, quelques-unes ont des collections vraiment précieuses. Je puis citer entre autres celle du consul anglais, dans laquelle je n'avais, j'en conviens, nulle confiance avant de la voir. Je n'ai jamais cru au goût éclairé des Anglais pour les arts, malgré leurs prétentions contraires. Comment des êtres qui naissent sous un ciel de plomb et qui n'ont d'autres occupations que celles de l'intérêt mercantile, pourraient-ils avoir en eux le feu sacré? Ce qu'ils ont, c'est l'orgueil d'étaler leurs richesses. On m'a dit ici que les Anglais qui y sont beaucoup venus pour acheter des tableaux, ne le font jamais sans être accompagnés d'un artiste qui les dirige et qui ne manque pas de se procurer le plaisir de leur faire payer chaque toile au moins quatre fois sa valeur et de leur faire acheter des copies pour des originaux. Quant au consul anglais, ne nous étonnons pas des mérites de sa galerie; la personne qui eut la bonté de m'y conduire me dit qu'arrivé en Espagne dès ses plus jeunes années, il put y prendre le goût du beau, car il s'est fait complétement Espagnol. Sa collection révèle certainement la connaissance de l'art; elle renferme des toiles très-précieuses des écoles espagnole et italienne.

Le musée de Séville doit être, je pense, le premier musée de province, tant par le mérite des toiles qu'il renferme que par le nombre. On l'a mis dans un ancien et vaste couvent, et le classement des toiles est même fait avec plus d'ordre que dans tous ceux que j'ai vus jusqu'ici. Ainsi tu verras au premier une galerie exclusivement consacrée à

Murillo. Comme nulle autre chose ne vient nous distraire, qu'il n'y a point d'autres comparaisons à faire que celles de ces œuvres entre elles, on se livre à loisir à l'admiration de ce génie si fécond. Il semble que son pinceau, qui jetait avec une si merveilleuse facilité l'âme et l'intelligence sur la toile, obéissait à une impulsion surhumaine. Nul n'a peint avec plus d'enthousiasme, et quand malheureusement nous rencontrons quelques-uns de ces êtres, froids critiques au cœur marmoréen, qui ne jugeant qu'avec le compas à la main, lui font quelque reproche, disons-leur que le caractère du génie consiste bien plus à charmer, à étonner par d'éclatantes beautés, qu'à marcher sans défauts.

Dans les salles du rez-de-chaussée, il y a de bonnes toiles flamandes et italiennes, et tu y verras une statue qui est un chef-d'œuvre de Torregiano, mort à Séville dans les prisons de l'inquisition.

Plus je voyage en Espagne, mon cher ami, plus je m'étonne en considérant sa richesse artistique, qu'elle soit si peu connue, si peu visitée par nos compatriotes, auxquels nul ne peut cependant refuser le goût, l'intelligence et la pratique des arts. Dans quel pays du monde pourrait-on trouver une plus grande variété qu'ici ? Si c'est en peinture, on y voit une magnifique profusion de tout ce qu'elle a produit de plus merveilleux ; en sculpture et en architecture surtout, on peut étudier son histoire par les ruines et par les édifices dont son sol est couvert, cela sous un ciel toujours pur. Et cette étude peut se faire à travers tous les âges, tous les styles qui se sont succédé ; partout vous trouvez, même debout, le roman, le mauresque, le gothique dans toute leur beauté. Ce fut Juan de Herrera qui le premier introduisit et fit adopter le goût de la renaissance, plus généralement appelé en Espagne le *greco-romano*. Malheureusement le mauvais goût s'empara de ce style après Juan de Herrera. Depuis la fin du 17e siècle et pendant tout le 18e, nous voyons les édifices, les églises surtout, se surcharger d'ornements lourds ; le greco-romano prend alors le nom de genre plateresque. Les intérieurs des églises se remplissent d'armées de christs, de vierges, de saints, de toutes les dimensions, chamarrés de mille manières bizarres, revêtus de costumes extravagants; c'est particulièrement choquant quand l'église est petite, cela paraît une vraie mascarade, une abominable parodie du Paradis chrétien. Dans les cathédrales, qui presque toutes remontent au moyen-âge, cet inconvénient disparaît : d'abord il y en a bien moins, puis toutes ces représentations des habitants d'en haut sont reléguées dans les petites chapelles, qui d'ordinaire n'attirent pas l'attention dans ces grands édifices.

Pour moi, mon cher ami, oui, Séville est une merveille; je viens d'y passer presque un mois sans avoir un seul instant à regretter. Si on doit séjourner quelque temps à Madrid pour son musée, ses médailles, ses collections en tous genres, et connaître une capitale importante, sa société, ses mœurs, on doit séjourner à Séville pour vivre à la fois dans le passé et dans le présent, pour prendre une idée dans l'Alcazar de la vie si voluptueuse que les rois maures savaient allier avec la vie guerrière; dans la cathédrale pour retrouver les souvenirs de cette foi religieuse du moyen-âge qui centuplait les forces humaines en exaltant le génie. Il faut observer, dans le présent, son goût pour les lettres, pour les arts, et ce caractère andaloux, à la fois nonchalant et enthousiaste, toujours original et gai; savourant les délices du *far niente* avec autant de bonheur que celles d'une course de taureau. L'Andaloux est paresseux à l'excès; sans cette fâcheuse disposition, dont il faut accuser la chaleur de son climat, l'Andalousie serait un véritable grenier d'abondance qui n'aurait rien à envier à l'Égypte. La fertilité de son sol est miraculeuse; il pourrait produire au moins quatre fois ce qu'on en retire, et qui est déjà très-abondant, surtout quand on pense de quelle manière est labourée la terre qui produit les céréales. C'est toujours cette même charrue si primitive que je remarquai en Castille (1).

(1) La charrue espagnole est un morceau de bois long, formant un peu l'S, au bout duquel est un triangle de fer qui entre dans la terre la longueur d'un pouce. L'autre extrémité est appuyée à une espèce d'essieu auquel on attèle des mules ou des bœufs.

L'aspect intérieur de la ville a infiniment plus d'animation que tout ce que j'ai vu jusqu'ici; son port y contribue, car c'est à Séville qu'on embarque pour l'exportation les produits de la province. Le coup d'œil qu'il offre doit naturellement se ressentir de l'originalité des habitants; c'est ici que je remarquai pour la première fois des gitanos en assez grand nombre. Et je dois dire que l'espèce de poésie dont nos littérateurs se sont plu à envelopper les femmes de cette race, s'évanouit complétement dans mon esprit à leur aspect. C'est bien en vain que je cherchais la Esméralda de Victor Hugo. Les gitanos ont de vilains traits qui rappelleraient un peu ceux des habitants de la côte occidentale d'Afrique. Leur peau est bronzée, leurs cheveux noirs sont abondants et souvent crépus; leurs yeux sont très-noirs; ils ont une expression qui révèle des passions ardentes et presque sauvages; le nez est fort et les lèvres épaisses. Tu sais que cette race, quoique vivant sous les lois du pays, a ses habitudes, ses mœurs à part; les gitanos vivent de peu et gagnent leur vie comme ils peuvent de mille manières différentes. Leur réputation est mauvaise; ils passent pour être généralement voleurs, et il y a une haine invincible entre eux et la population, qui ne les regarde pas comme des Espagnols, quoiqu'ils soient depuis tant de siècles dans la Péninsule. Ils ne se marient qu'entre eux, ce qui explique que ce type se conserve. Il y en a de nomades, mais c'est le plus petit nombre; en général ils se groupent dans le même quartier d'une ville. Leurs métiers consistent, pour les hommes, à tondre les mulets, à châtrer les animaux, à faire quelques commissions pour les passants, quelques travaux de déchargements sur le port. Les femmes disent la bonne aventure, sont marchandes à la toilette, ont sur les promenades des petits étalages de fruits. Elles sont de la plus hideuse malpropreté; leurs enfants, à peine vêtus, grouillent dans la poussière ou la fange autour de la robe à falbalas de leur mère. Ces dames aiment infiniment la toilette, mais n'y mettent pas toujours beaucoup d'harmonie; ainsi les volants de la robe d'indienne ne sont pas souvent de la même pièce ni du même dessin que la robe. Elles ont des colliers, des bracelets, des peignes très-hauts, en cuivre ou en argent doré, et n'ont pas toujours des bas et des souliers.

Ils vivent donc tout à fait à part et exclusivement entre eux; jamais un Espagnol ne passe le seuil de la porte d'un gitano; mais ces premiers sont moins exclusifs; ils emploient les gitanos des deux sexes, quoiqu'en général ils les méprisent. On ne sait trop quelle est la religion de cette race, ou plutôt on peut dire qu'elle n'en a pas. Quelquefois, mais par exception, un père fera baptiser son enfant. Ils paraissent vivre sans croyances comme sans principes. Cependant hâtons-nous de dire qu'ils pratiquent le plus conservateur des principes sociaux : la fidélité conjugale si peu observée par les chrétiens.

Une chose singulière est l'incertitude dans laquelle on est resté sur l'origine des gitanos d'Espagne. J'ai fait bien des questions à cet égard à des gens compétents, et l'opinion qui m'a paru être la plus accréditée est qu'ils sont Goths. D'autres pensent qu'ils sont Bohémiens, d'autres qu'ils sont venus d'Egypte à la suite des Arabes. Ce qui m'étonne, c'est qu'il n'y ait aucune certitude à cet égard et pour des faits qui remontent seulement aux premières années du huitième siècle.

Comme je te le disais, le caractère andaloux est gai, jovial, ami du plaisir autant qu'éloigné du travail. Le peuple danse, rit, chante tant qu'il peut; il parle beaucoup, a de la saillie et de la poésie dans l'imagination. Ainsi il n'est pas rare que les muchachos de la rue, voyant passer une étrangère, lui fassent en souriant quelque gracieux compliment, comme : *Oh! que hermosa!* (Oh! qu'elle est belle!) *que bonita! que guapa!* (qu'elle est gentille!)

Par une bizarrerie singulière, les gens du monde, qui ont absolument les mêmes dispositions à la gaîté, qui ont beaucoup d'entrain dans l'esprit, n'ont pas le goût de se réunir en *tertulias* un peu nombreuses. J'ai entendu des jeunes personnes et des jeunes gens déplorer que leur jeunesse se passât ainsi sans danser. Je n'ai vu à Séville que de très-petites réunions où, du reste, je passais mon temps de la manière la plus agréable. La grande distraction de la société sévillanne, pour le soir, est le théâtre. Et, en effet, Séville est la première ville où j'en ai vu un bon. San Fernando a une troupe italienne très-bien composée; c'est, de plus, une salle charmante et élégante, toujours bien éclairée pour faire ressortir davantage encore l'éclat des yeux des spectatrices et l'élégance de leur coiffure.

A mon avis, les Andalouses ne justifient pas en tout point leur réputation. Cependant elles possèdent au plus haut degré ce qui donne tant de charme à la physionomie d'une femme : la beauté des yeux. Ils sont bien fendus et d'un plus beau noir que ceux des Castillannes; ils s'harmonisent délicieusement avec les tons chauds de leur peau, si fine, qu'il vous semble voir à travers couler un sang ardent et généreux. Mais, comme en Castille, la figure pèche un peu par sa coupe; généralement elle n'est pas ovale; je la trouve trop forte par le bas. Quant à la chevelure, c'est un luxe inouï; elle est bien, comme dit le poète : *Plus longue qu'un manteau de roi.* Les Andalouses ont la taille flexible, bien ronde, bien mince, sans avoir recours à l'art d'une corsetière, dont le plus grand mérite en France est de mettre sa clientèle entre les mains des médecins. Mais l'Andalouse conserve rarement ses avantages au-delà de trente ans. Elle devient forte, et l'ardeur du climat la fait devancer le temps. Les hommes sont sujets à la même loi; il est rare qu'un jeune homme de trente ans n'en paraisse pas quarante. A propos, je puis te parler du pied espagnol. Eh bien, mon cher ami, j'ai une illusion de moins et un amour-propre de plus; j'aime infiniment mieux le pied français. Ici, ces dames l'ont petit, c'est vrai, c'est-à-dire l'ont court, mais il est plat, arrondi et sans grâce, et j'aime mieux le pied un peu plus long, mais cambré et mince, que nous a donné le Créateur.

Assurément c'est en Espagne, et particulièrement en Andalousie, que quiconque veut voir une terre d'un nouvel aspect et des mœurs pleines d'originalité encore de nos jours, c'est en Andalousie, dis-je, qu'il doit aller.

Tu ne saurais croire quelle fut ma surprise lorsqu'on

me raconta ce que c'était qu'un *novio*. J'avais remarqué le soir en sortant du spectacle, et si avancée que pût être l'heure des señors collés aux grilles des fenêtres des rez-de-chaussées, et causant à travers à voix basse avec une personne étant de l'autre côté. Et note bien qu'il ne faut pas croire que les nuits de Séville au mois de janvier soient chaudes, bien au contraire.

Le mot *novio* n'a pas de traduction dans notre langue. Un *novio* est un jeune homme faisant la cour à une jeune personne dans le but supposé du mariage; mais il arrive quelquefois qu'après des années d'une cour assidue et d'une tendresse réciproque, il se retire sans avoir demandé à la pauvre fille de joindre sa main à son cœur. Quelquefois, surtout dans la classe élevée, il obtient l'entrée de la maison et fait sa cour à sa *novia* en présence de sa famille et avec un extrême abandon. Mais quand cela est refusé, c'est le soir à travers la grille que les soupirs et les douces paroles s'échangent, que les serments se font, et suivant l'usage ne se tiennent pas toujours. Dans tous les cas, il est à peu près sans exemple que deux jeunes gens se marient sans s'être adorés pendant trois ou quatre ans; et, malgré ce surnumériat sentimental, il n'est pas rare que, quelques mois après le mariage, comme dans tous les pays de la terre, les deux époux ne puissent pas se souffrir. Quoiqu'à la fois sentimentales et passionnées, les jeunes personnes sont aussi très-philosophes. Une *novia* abandonnée se résigne; elle espère le retour de l'infidèle, ou croit trouver un autre cœur. Jamais elle n'a recours au prosaïque charbon ou à l'innocente feuille de laurier-amande pour jouer une petite scène tragico-comique. Je voudrais que les filles incomprises de mon pays, au lieu d'avoir mis à la mode cet intéressant végétal, n'ayant d'autre résultat qu'un vulgaire vomissement et des inquiétudes aux pauvres parents qui prennent la comédie au sérieux, je voudrais, dis-je, que nos jeunes filles échangeassent toute leur mauvaise humeur contre la résignation des jeunes Andalouses. Ces dernières attendent des années le retour de l'ingrat; s'il revient, elles pardonnent; s'il ne revient pas, elles se consolent. Ajoutons à l'avantage du caractère espagnol que les filles se marient sans dot; c'est pour leur personne seulement qu'on les recherche; elles ne reçoivent de leur famille qu'un trousseau et un mobilier.

Un jeune homme sans fortune prend une carrière, ou bien reste vivre dans sa famille.

En général, les Espagnols ont peu de besoins; leur vie n'est pas dispendieuse; même dans la classe élevée, ils sont extrêmement sobres.

Parmi les personnes que j'ai connues à Séville et qui ont tant contribué à m'en rendre le séjour attrayant, je ne puis résister au désir de te citer M. Colon, professeur de droit, savant, antiquaire passionné et ayant le mérite de joindre à une incontestable supériorité une simplicité et une bonté charmantes.

Depuis que je suis en Espagne, un hasard auquel je rends bien des grâces m'a mise souvent en rapport avec des gens de lettres et des artistes, ce qui contribue beaucoup aux charmes de mon voyage et à m'en faire retirer quelque fruit. C'est à M. Colon que je devrai d'avoir vraiment joui des avantages de Séville.

Ici mon besoin de comparer me conduit à faire une remarque à notre détriment. En Espagne, les heureux membres de la république des lettres : savants, poètes, écrivains en tous genres et artistes, savent joindre à leurs mérites un autre bien appréciable : celui de la modestie. Ils cherchent plutôt à cacher leur supériorité au vulgaire qu'à l'en écraser, quand cela leur serait si facile. Jusqu'ici je n'ai pas vu un pédant. Pourrait-on faire la même remarque en France? Je dis à regret que je ne le crois pas. Si le pédantisme est exceptionnel en Espagne, j'ai bien peur que la simplicité ne le soit chez nous, quoique j'aie cependant l'avantage de connaître de ces aimables exceptions.

Voyons maintenant quelques-unes des merveilles de Séville.

Je ne saurais t'exprimer à quel point j'étais impatiente de voir l'Alcazar; je n'avais pas encore vu de construction mauresque considérable, et je m'en faisais une idée, qui, contre l'ordinaire, se trouva à la hauteur de la réalité. J'y ai passé de longues heures, qui me paraissaient toujours trop courtes. Là, seule dans le *patio* principal, j'éprouvais des délices dans cette nonchalance tout orientale, et, peuplant à mon gré ces lieux charmants, je voyais les tableaux de l'histoire d'autrefois, souvent des scènes gracieuses, quelquefois des scènes terribles.

Puis, en voyant les mille détails de ces séduisantes constructions, je me prenais à penser que nous modernes, nous sommes d'une incroyable outrecuidance, quand nous traitons de barbares ces siècles où les hommes avaient atteint cette perfection de l'art et sondaient avec tant d'intelligence les profondeurs de la science.

Il se commettait des crimes affreux ! dira-t-on. Il n'y avait que de mauvaises et insuffisantes lois. Mais je voudrais bien qu'on me citât, dans leur histoire, quelque chose de plus exécrable que l'hécatombe de 93, offerte par les modernes idolâtres à la déesse Liberté ; qu'on me citât quelque guerre civile plus atroce que celle de juin 1848. Non, notre siècle de lumières, quoi qu'on puisse en dire, me paraît avoir à envier encore ceux qu'on traite de barbares.

Mais revenons à l'Alcazar, dont je voudrais bien te faire une description exacte. Sa fondation remonte aux premiers temps de l'invasion des Arabes, lorsqu'ils établirent à Séville le siége de leur empire. Il fut construit par Abdalasis, qui fit venir les plus fameux architectes d'Asie, avec les plans de ceux de Bagdad et du Caire. Il a subi bien des changements pendant cette longue série de siècles, tant sous la domination arabe, que depuis la conquête. Ceux qu'y ont faits les chrétiens sont assurément les plus regrettables ; cependant ils n'ont pu lui enlever son caractère primitif. L'aspect extérieur de l'Alcazar est sévère, presque sombre ; il ne laisse pas supposer les trésors qu'il renferme. Entouré de hautes murailles, de tours crénelées, il révèle, lorsqu'on les a franchies, le caractère musulman qui entoure de tant de mystères les voluptés dans lesquelles il passe sa vie.

Avant de franchir la porte de la cour principale, il faut

voir à gauche, dans la ruelle, la salle de justice, grande pièce carrée délicieusement ornée d'arabesques en stuc. Cette pièce charmante fait mal à examiner, car elle est encombrée d'abominations ; elle sert de débarras. Puis entrons dans la cour, et nous aurons en face de nous la grande porte du palais. C'est un véritable chef-d'œuvre ; on l'a restaurée et repeinte, dans ces dernières années, avec beaucoup d'art, sans altérer en rien son caractère. Figure-toi une dentelle de pierre appliquée au mur tout autour de la porte, d'un dessin aussi pur que si cette pierre était découpée avec des ciseaux délicats, et cela sur un fond peint des plus vives couleurs. Avant de la franchir, le guide, ou plutôt le portier de l'Alcazar, qui tient à vous faire jouir progressivement, me conduisit, par un long corridor voûté et à colonnes, que nous prîmes à notre gauche, dans une autre cour contiguë à la première, et que le brave homme appelle très-improprement : de Maria Padilla. Elle est spacieuse et entourée de portiques grecs, dont chaque arc est soutenu par deux colonnes de marbre blanc. On suppose que c'est dans cette partie du palais qu'étaient les appartements de Padilla. Mais les portiques grecs sont certainement très-postérieurs à Pierre-le-Cruel, passionné pour les constructions arabes. Rentrons à présent dans la première cour, qui, sauf la beauté de la porte d'entrée, n'a rien de ce qu'on attend d'une résidence de rois. Nous en franchirons le seuil, et alors nous croirons voir une réalisation des Mille et une Nuits ; l'esprit et les sens se trouvent sous un charme enivrant. On traverse d'abord deux galeries parallèles à la façade du palais ; elles ont été chacune divisées en deux pièces, par Pierre-le-Cruel, dit-on, mais cela n'empêche pas de juger de leur étendue. Les murs sont recouverts, jusqu'à la hauteur d'un mètre et demi environ, d'une espèce de mosaïque de faïence, appelée *azulegos*. Et depuis *los azulegos* jusqu'à la corniche, ils sont tapissés de ces délicieux et bizarres dessins en reliefs, qui, je le répète, font l'effet d'une dentelle appliquée au mur. Dans les bordures qui règnent en haut et en bas, tu déchiffreras ce que moi, pauvre ignorante, je ne pouvais lire : des versets du Coran. Dans plusieurs endroits, on voit encore des restes de fonds bleus et rouges, dont la conservation étonne, quand on pense qu'ils ne doivent pas avoir moins de dix siècles. Les plafonds en bois, à caissons, de même que la porte de la cour, remontent également aux Arabes. Leur travail est inouï; ils sont encore intacts, et la vivacité des couleurs est merveilleuse. Il me semble qu'il devait entrer dans leur composition quelque matière dont la connaissance se sera perdue, car les peintures, faites au moins cinq siècles plus tard par Pierre, sont en grande partie effacées. De ces galeries, passons au *patio* principal, où tout est marbre blanc de la plus grande beauté; c'est là que les maîtres de ce palais passaient de si douces heures. Nous voyons, à droite, le salon des ambassadeurs; en face, une porte donnant sur des jardins; à gauche, une autre porte, sur le seuil de laquelle se mettait le roi maure, pour choisir parmi les jeunes filles qu'on lui amenait celles qui lui plaisaient. Un beau bassin occupe le centre du *patio*. Ce qui est surtout adorable, c'est une galerie qui règne tout autour, avec ses portiques aériens, ses arceaux découpés à jour et dont la bordure forme un feston rentrant, reposant chacun sur deux colonnes minces, de marbre blanc aussi, dont tous les chapiteaux sont si délicieusement ornés. Le plafond de ces galeries est, comme ceux dont j'ai déjà parlé, en bois sculpté peint et doré, tel qu'il est sorti des mains des Arabes. Toute la partie murale est aussi tapissée de ces mêmes arabesques en reliefs.

Rien de plus délicieux que quelques heures passées dans ce séjour, où on se croit chez des fées, où rien ne vous distrait, où on respire l'atmosphère embaumée qui vient des jardins. Entrons à présent dans le salon des ambassadeurs, grande pièce carrée, que Pierre-le-Cruel avait fait exhausser à une grande élévation, et qui se termine en dôme sculpté tout à fait dans le goût mauresque. Des colonnes de marbre de différentes couleurs, qui paraissent peut-être un peu basses pour soutenir une coupole si élevée, séparent le salon d'autres pièces qui sont de chaque côté, et dont on a ainsi tout le coup d'œil. Au fond de la salle des ambassadeurs, nous trouverons une autre galerie de l'étendue des trois pièces dont je viens de parler, ayant au fond, à gauche, une porte ouvrant sur le *patio de las muñecas*. Il serait impossible de décrire ces innombrables arabesques, ces feuillages si délicatement faits, ces mille bizarreries charmantes, qui, partout, garnissent les murs, et qui jamais ne se ressemblent entre elles.

Pierre, qui n'avait pas trouvé assez grand pour lui le palais des rois maures, avait fait venir de Grenade de fameux architectes pour l'augmenter et construire un premier étage. Il paraît certain que l'Alcazar n'avait jamais eu que son rez-de-chaussée; en effet, on ne voit aucun autre escalier que celui que fit construire Pierre dans l'angle de la grande cour, à droite, et qui est si indigne du palais.

Revenons au *patio de las muñecas*, bien nommé vraiment, car c'est si petit et si coquet, qu'il semble un jouet d'enfants. C'est en très-petit la répétition du premier dont je viens de parler; mêmes portiques, colonnettes pour les soutenir, arabesques en reliefs, etc. On a réparé dernièrement quelques-uns des outrages du temps; l'humidité avait causé de nombreuses fissures et fait soulever des morceaux de stuc qui étaient souvent volés. Malheureusement on fut obligé de suspendre faute d'argent. Ces réparations se faisaient avec un véritable talent; sauf la couleur, il serait impossible de reconnaître le travail moderne du travail mauresque. Les artistes étaient parvenus à composer un stuc, qui, comme celui des Arabes, a la dureté de la pierre. Traversera-t-il autant de siècles?

C'est dans ce charmant petit réduit que se commit l'assassinat de don Fadrique.

Dans les appartements du premier étage, il y a de regrettables disparates, car ils ont reçu des modifications en tous temps. Un terrible incendie en dévora une partie en 1762; les réparations furent faites sans intelligence et avec parcimonie. Cependant le feu épargna ce qui fut occupé par Pierre. Sa chambre à coucher, décorée dans le plus pur goût arabe, n'est pas vaste, mais tout y atteste la volupté de cet homme cruel et sensuel. Dans un coin de l'alcove se trouve une petite porte qui conduisait de ses appartements à ceux de sa maîtresse. Il avait fait de la mosquée une chambre luxueuse pour Maria Padilla, laquelle chambre était suivie de belles galeries à présent en très-mauvais état, qui donnent sur la grande cour de gauche dont j'ai déjà parlé. Ce fut Ferdinand-le-Catholique qui rendit à notre culte la mosquée, devenue chambre d'une femme indigne. Elle est encore aujourd'hui la chapelle de l'Alcazar.

Comme je te le disais, j'ai passé de bons moments de solitude dans ce palais, admirant tour à tour la grâce et la coquetterie des constructions arabes, et déplorant aussi que cet écrin oriental fût si négligé. Un si grand nombre de fentes dans ces dentelles de pierre, suite inévitable des siècles qu'elle compte, fait craindre que si l'on ne reprend pas les réparations abandonnées, le désastre devienne considérable. Je déplorais aussi des modifications qui, véritablement, affligent le regard pour peu qu'il ait d'intelligence : ainsi, au premier étage, au-dessus de ces légers portiques du *patio* principal, on a construit une galerie à balustrade dans le style florentin, qui me paraît être un anachronisme révoltant. Il faut donc faire tous ses efforts pour ne pas trop lever les yeux, afin de ne pas voir une chose si ridicule. Une autre absurdité également faite pour donner des accès de colère, est une épaisse couche de chaux que l'on a appliquée presque partout sur ces découpures, ces charmantes arabesques qui recouvrent les murs; elle ne permet presque plus de voir la perfection du travail. On me dit que cette indignité fut commise par un Anglais, qui était en grande faveur près du roi en 1815, et, pour la lui témoigner, le roi l'avait nommé alcaide de Séville. Ce misérable prit pour prétexte de cette grossièreté la conservation du monument. La vérité est qu'il obéissait à cet instinct malfaisant et brutal, qui porte ces insulaires à détruire ce qu'ils ne peuvent prendre.

Passons maintenant aux jardins. Ils ne sont pas grands, mais en parfaite harmonie avec le palais. D'abord, aux pieds des appartements de Padilla et de son royal amant, nous en trouvons de petits, carrés et entourés de murs très-hauts, qui dérobaient ces amants aux regards du vulgaire. Puis viennent les jardins du palais, divisés en cinq parties. La première est en terrasse remplie d'arbustes ayant un grand bassin qui alimente tous les autres. De là, on descend à droite dans un autre, petit aussi, dont les haies épaisses d'orangers et de myrtes éclairées par ce beau soleil, sont de véritables murs d'émeraude; il conduit au jardin principal qui occupe le centre; nous trouvons à sa droite celui de la grotte, ainsi appelé parce qu'il y a au milieu une grotte artificielle entourée de bassins. Puis, en face de nous, celui du Lion, que j'appellerais, moi, le jardin des Hespérides. Il est tout planté d'orangers, qui sont dans ce moment tout couverts de leurs fruits, c'est charmant. Nous voyons dans le centre un joli pavillon entouré d'une galerie soutenue par vingt-deux colonnes de marbre.

Les jardins de l'Alcazar ne ressemblent en rien à tout ce qu'on peut voir ailleurs. Ils font l'effet de salons en plein air, dans lesquels seraient posées symétriquement de belles corbeilles de fleurs; car toutes les allées sont carrelées en faïence, et les plates-bandes de toutes formes sont entourées de haies de myrtes, silencieuse et charmante expression de la passion qui remplissait la plus grande partie de la vie des enfants de Mahomet. Partout des irrigations, des bassins, des fontaines, entretiennent dans ce riant séjour une fraîcheur excitant les plantes à exhaler leurs enivrants parfums et en font un lieu de délices. L'étranger qui vient s'y promener pour la première fois doit se défier un peu de l'empressement du jardinier à faire jouer les eaux, car il est exposé à recevoir des douches en tous sens : de petits trous invisibles sont pratiqués jusque sur le sol de faïence des allées, pour laisser passer de tous côtés de perfides jets d'eau.

En quittant Séville, je vais emporter le regret des douces heures de solitude que j'ai passées dans le silence des *patios* et des jardins du palais arabe, où j'étais déjà si bien connue que les portes m'étaient ouvertes sans aucune question sur mes droits d'entrée, et que le concierge ne me laissait plus partir sans m'offrir des oranges et des fleurs.

Dans ces promenades, je comprenais le goût des Espagnols pour l'oisiveté, car je savourais avec délices les douceurs du *far niente*. La beauté du ciel, les parfums de l'atmosphère, tout vous jette dans des extases auxquelles il est difficile de se soustraire.

Tu ne devras pas sortir des jardins sans aller voir le bain de Maria de Padilla; on y va par un souterrain qu'on trouve au bas de la terrasse. C'est un très-grand bassin de forme oblongue, qui a environ 60 pieds de long sur 12 de large. Au temps de la célèbre maîtresse de Pierre-le-Cruel, d'épais ombrages seulement entouraient la vaste baignoire; depuis, on a construit une laide muraille qui la cache. Tu remarqueras aussi à la droite en entrant dans les jardins une longue galerie qui conduisait à la *torre del oro;* elle fut construite dans le but de servir de promenade couverte aux personnes royales, et fait meilleur effet de loin que de près.

Voilà, mon cher Hugues, cet Alcazar, qui m'a causé, comme il te causera aussi, de douces impressions. Au point de vue du grandiose, je dois convenir que la première que j'en ai ressentie n'a pas répondu à mon attente; mon imagination me représentait de vastes proportions, et ce n'est pas cela. Ce n'est pas l'ampleur des constructions grecques, ce n'est pas la majesté des constructions gothiques, mais c'est une architecture coquette, gracieuse, qui charme par la perfection de ses détails et par la parfaite harmonie de son ensemble. On m'assure que je serai bien autrement ravie à Grenade; il me tarde d'y arriver, pourtant je veux attendre les premiers jours du printemps pour voir dans toute sa beauté la fameuse *vega de Granada* (plaine de Grenade).

Malgré les avantages du climat d'Andalousie, il ne faut pas croire qu'on n'y connaisse pas le froid; l'intérieur des maisons n'est préparé que contre les extrêmes chaleurs de l'été; il n'y a de cheminées nulle part, les fenêtres ne joignent pas, les portes encore moins, et on se trouve au milieu d'éternels courants d'air qui n'ont rien d'agréable au mois de janvier. Ma seule manière de me chauffer est donc d'aller au soleil; je retrouve alors la température de nos plus beaux mois de mai. On me conseilla de passer encore un mois d'hiver à Cadix avant de me mettre à errer dans l'intérieur, parce qu'alors j'aurai un temps tout à fait ravissant.

Le quartier le plus curieux de Séville est la place de la cathédrale et ce qui l'entoure; tous les âges y sont représentés par l'Alcazar arabe, la cathédrale, qui est gothique, la Bourse, bâtie par Juan de Herrera, qui est grecque, et le palais de l'archevêque, appartenant à ce mauvais style appelé, comme je te l'ai dit, *plateresco* par les Espagnols. Ne sortons donc pas de cette place sans examiner la fameuse cathédrale que les Sévillans appellent la huitième merveille du monde.

Elle occupe l'emplacement d'une ancienne mosquée, et conserve encore de la construction arabe une haute tour appelée la *Giralda*, une muraille crénelée et une porte donnant sur la cour des Orangers, qui appartient à l'église, et s'étend parallèlement à elle.

Lorsque Séville tomba au pouvoir de saint Ferdinand, en 1248, la mosquée fut érigée en église et consacrée par don Gutierez, archevêque de Tolède. Plus tard, la population s'étant augmentée, l'ancienne mosquée était devenue trop petite; d'ailleurs, des tremblements de terre l'avaient mise en si mauvais état qu'elle exigeait de fréquentes réparations. Ainsi, en 1401, le chapitre réuni décida qu'elle serait démolie et qu'une vaste et belle église serait édifiée à sa place.

Elle ne fut entièrement achevée qu'en 1506. Et le 28 décembre 1511, au milieu de la nuit, trois de ses énormes piliers s'écroulèrent avec un fracas épouvantable, entraînant dans leur chute une partie de la voûte qu'ils soutenaient. Pour réparer au plus vite un si fatal désastre, l'archevêque fit publier le lendemain qu'il accorderait des indulgences à tous les fidèles qui viendraient déblayer l'église de ses décombres. Le zèle religieux était si grand à cette époque, qu'en quatre heures l'église était, intérieurement et extérieurement, débarrassée de tout ce qui l'obstruait. En 1519, le malheur était réparé, et la cathédrale était telle que nous la voyons aujourd'hui.

La cathédrale de Séville est gothique; elle n'a pas la magnificence d'ornements de celle de Burgos, la pureté et le charme religieux de celle de Tolède; mais son caractère distinctif est le grandiose de son vaisseau, la hardiesse et l'élévation de ses piliers, soutenant les belles voûtes de ses cinq nefs. Elle a 398 pieds de long sur 291 de large. Dans sa largeur je ne compte pas les chapelles latérales qui sont fermées par des grilles. Ses 36 piliers ont chacun 15 pieds de diamètre. Ils font, plus encore que ceux de Ségovie, l'effet de groupes de palmiers réunissant leurs nombreux rameaux pour former une des plus majestueuses voûtes qu'on puisse voir. Toute l'église est pavée de marbre blanc et de marbre turquin foncé. Ses vitraux sont adorables, le temps les a pieusement respectés, c'est un véritable collier de pierres précieuses et des plus riches couleurs, qui entoure cette sainte mère de notre culte. C'est surtout au coucher du soleil qu'il faut aller admirer les merveilleux effets de ce brillant coloris, c'est un coup d'œil ravissant. Le premier qui commença les vitraux fut Christophe Aleman, en 1504; plusieurs autres artistes y travaillèrent, entre autres Carlos Brujes et Vicente Menedro, qui les terminèrent en 1560.

La *capilla mayor* est, par ses belles proportions, en harmonie avec le reste de l'église; le rétable est du plus délicieux gothique qu'on puisse voir, formant 36 niches contenant des groupes différents, tous représentant des phases de la vie du Christ; c'est d'un travail parfait. L'autel est d'argent. Le chœur est séparé de la *capilla mayor* par un espace accessible aux fidèles, mais il est bien inférieur à celui de Tolède; la *silleria* est médiocre.

La cathédrale de Séville est un véritable musée; chacune de ses chapelles renferme des chefs-d'œuvre. Tu admireras particulièrement un San Antonio, de Murillo, qui passe pour une de ses meilleurs toiles, puis des Jurbaran, des Velasquez et autres grands artistes, qui s'y trouvent en grand nombre.

Il ne faut pas manquer de faire allumer un cierge pour pouvoir examiner, dans une petite chapelle obscure, à gauche de la *capilla reale*, un rétable entièrement peint par Jurbaran, c'est tout à fait remarquable. La *capilla reale* est postérieure à la construction de l'église; elle est de 1575. Quoique d'un style entièrement différent, elle ne la dépare pas; d'ailleurs, placée derrière la *capilla mayor*, on ne la voit qu'en faisant le tour de l'église. Elle est digne d'un examen attentif; ses proportions sont belles et harmonieuses; sa coupole, presque aussi haute que les voûtes de l'église, est fort remarquable par son ornementation. Elle est toute de pierre délicieusement sculptée, formant des caissons contenant les bustes des rois de Castille et de Léon. A mesure qu'en s'élevant la voûte diminue, les bustes deviennent plus petits, puis des têtes toujours plus petites à mesure qu'elles approchent de la clef; et tout cela a été exécuté avec tout le respect qui est dû aux lois de l'harmonie. A droite et à gauche de cette chapelle, on voit les deux tombeaux d'Alonzo X et de dona Beatrix, femme de saint Ferdinand. Les restes de ce saint reposent également dans la chapelle. Le rétable de l'autel est richement orné; tu verras au-dessus un Père Eternel tenant le monde dans sa main; c'est d'un très-bel effet, et de chaque côté de l'autel il y a des statues de saint Pierre et de saint Paul.

La salle capitulaire aussi doit attirer ton attention; son style *greco-romano* est charmant; elle est très-richement sculptée. Sa coupole est peinte par Murillo.

Dans la sacristie, il y a à voir aussi des peintures de ce grand maître et *las alhajas* (le trésor). La *custodia*, qui est de 1587, est d'une grande richesse en or, argent et pierres précieuses, mais pourtant inférieure à celle de Tolède, surtout comme objet d'art; c'est un mélange de tous les styles; mais les détails en sont charmants. Elle est due à Arfe de Villafane, qui était à la fois sculpteur, architecte et orfèvre. Le Saint-Sacrement est en diamants; puis viennent des croix, des calices, des vases de toutes sortes d'une extrême richesse, des statues et des flambeaux de six pieds de haut en argent massif. Cependant je persiste à dire que le trésor de la cathédrale de Tolède est supérieur à celui-ci, tant par son mérite artistique que par sa valeur intrinsèque.

Passons maintenant à la chapelle du Sagrario; elle paraît plutôt être une église accolée à la cathédrale que l'une de ses chapelles. Elle est de la fin du 17ᵉ siècle, et son style composite de mauvais goût révèle déjà la dégénérescence de l'art. C'est un mélange confus, un incroyable entassement d'ornements lourds, de statues colossales, qui semblent au moment de tomber sur les fidèles. On regrette un si mauvais usage de la quantité de beaux marbres et de jaspes employés dans cette église. La seule chose vraiment digne d'attention est le rétable, de Pédro Roldan. C'est un groupe représentant la descente de croix du Christ; les personnages, de grandeur naturelle, ont chacun une expression telle qu'on s'attend à les entendre exprimer leur douleur en regardant le corps sanglant de l'homme-Dieu. La sculpture de bois n'a rien produit d'aussi parfait.

Nous monterons actuellement à la Giralda. Cette fameuse tour, ou du moins sa première partie, ainsi que la muraille qui se trouve à ses pieds, sont, comme je l'ai dit, les seuls restes de l'ancienne mosquée. Elle est carrée, ayant cinquante pieds de largeur sur chaque face et n'est arabe que jusqu'à la hauteur de deux cent cinquante pieds. Elle est ornée extérieurement de ces jolies fantaisies, de ces colonnettes gracieuses comme les faisaient les Arabes. On y monte par une pente douce qui en permettrait l'accès aux voitures et aux chevaux. Saint Ferdinand trouvait un grand plaisir à y monter à cheval. C'est au bout de trente-cinq rampes que se termine l'œuvre arabe, et c'est sur ce charmant ouvrage qu'en 1568 le chapitre arrêta qu'on exécuterait cette addition de cent pieds de haut, qui est d'un mauvais style, en désaccorde avec la première partie. La tour est surmontée d'un globe de bronze énorme; il sert comme de piédestal à la statue de la Foi, de Bartholoméo Morel, de 1568 comme la construction espagnole.

Du haut de cette tour, quelle ravissante vue! On embrasse toute la radieuse Séville avec ses murailles romaines et mauresques, ses tours mauresques, ses nombreux clochers chrétiens, puis ses *huertas* (1) d'orangers, ses palmiers et

(1) Vergers.

son Guadalquivir qui serpente amoureusement à ses pieds. Mais, en baissant les yeux sur l'extérieur de la cathédrale, nous allons voir qu'il est loin de valoir les beautés de l'intérieur : c'est un mélange confus de toute espèce de styles. La muraille nord est mauresque, ainsi que celle du couchant; la cour des Orangers se trouve entre cette muraille et l'église; c'est par une porte mauresque aussi qu'on y entre. Celles de l'église sont gothiques, mais elles manquent d'élévation et ne sont pas en harmonie avec le reste de l'édifice. Les bas-reliefs qui les surmontent, ainsi que les statues qui se trouvent de chaque côté, sont en terre cuite et ont beaucoup souffert du temps.

Si nous regardons du côté du midi, nous verrons un mur avec des ornements dans le goût de la renaissance. Il me semble donc que la vue de la cathédrale, prise d'en haut, n'offre qu'un assemblage de choses disparates qui ne saurait satisfaire.

Voilà, mon cher ami, ce que je puis te dire de cette fameuse cathédrale, qui jouit d'une juste renommée, malgré ses défauts. Quant à moi, je la trouve en tout inférieure à celle de Tolède, quoique son vaisseau ait plus d'élévation, et je crois qu'au point de vue de l'art, celle dernière lui est bien supérieure. Ses dépendances sont magnifiques; sa belle sacristie avec son paradis de Luc Jordan est mille fois préférable au *plateresco* de celle-ci, et son adorable cloître gothique avec ses fresques de Bayeu est bien au-dessus de la cour des Orangers. Je pense que tu jugeras comme moi.

De la cathédrale passons à un lieu bien différent, mais digne aussi, très-digne, d'une visite: la Bourse, plus généralement appelée *el Consulado*. Elle se trouve entre la cathédrale et l'Alcazar. C'est un beau monument dans le style de la renaissance, construit sur l'ordre de Philippe II par Juan de Herrera. Commencé en 1582, il était terminé en 1598. On y reconnaît la magnificence et la rectitude mathématique de cet habile artiste. La grande cour, entourée de portiques, la grande salle du rez-de-chaussée, les galeries du premier étage, tout est d'une magnificence royale. Ces galeries contiennent toutes les archives des colonies espagnoles en Amérique; elles sont voûtées, et on trouve de distance en distance des coupoles de pierres taillées en caissons et à rosaces, dont l'effet est d'une grande beauté. Elles sont pavées en mosaïque de marbre, c'est charmant. Malheureusement on voit souvent aux voûtes et aux murs des fissures qui révèlent encore ici l'extrême négligence des gens commis à l'entretien des monuments d'Espagne.

Non loin de ce quartier-ci, nous allons trouver la fabrique de tabac, que les étrangers ne manquent jamais d'aller voir. Elle offre en effet un coup d'œil fort original. Extérieurement c'est un grand et beau bâtiment, c'est même un monument, dans de si grandes proportions que la galerie du premier étage contient trois mille *cigarreras* (travailleuses en cigares). La vivacité avec laquelle travaillent et les mains et les langues est tout à fait curieuse à observer. La *cigarrera* de Séville est un type particulier : ce sont des filles à l'humeur joviale; très-joyeuses, très effrontées, au regard provocateur, au propos leste. Un des amusements des jeunes Sévillans est d'aller à quatre heures voir la sortie turbulente de ce régiment féminin.

A l'autre extrémité de la ville, nous irons visiter une petite merveille du genre mauresque : c'est la *casa de pilatos*. Elle appartenait anciennement aux ducs d'Alcala; elle appartient aujourd'hui au duc de Médina-Cœli, qui, soit par insouciance ou par manque d'argent, n'en prend aucun soin; les ravages du temps se montrent partout. On a beaucoup discouru sur la singularité de son nom; plusieurs écrivains affirment qu'elle fut construite d'après le plan de la maison de Pilate, rapporté en 1518 par don Fadrique de Ribeira, revenant de faire un pèlerinage en terre sainte. D'autres prétendent que Don Pedro de Ribeira et sa femme Doña Catalina, passionnément épris l'un et l'autre des délices de l'Alcazar, voulurent avoir un palais de ce style et firent construire celui-ci en 1533. On ajoute que leur fils, revenant de la terre sainte et encore sous l'impression des idées religieuses qu'il en rapportait, voulut consacrer le souvenir de son voyage en donnant ce singulier nom au palais de son père. Il a infiniment de ressemblance avec l'Alcazar; sa grande cour carrée est tout à fait imitée du *patio* principal; les murs sont couverts d'arabesques, mais on voit que cet art gracieux dégénérait, ce n'est plus la même pureté de dessin; les arceaux des portiques n'ont plus cette grâce, cette légèreté aérienne que nous admirons dans le palais d'Abdalasis. La chapelle est un délicieux mélange de gothique et de mauresque, et c'est ce qu'il y a de mieux conservé. L'escalier est fort beau, les murs sont peints et ornés d'une manière charmante. La *casa de pilatos* mérite l'attention du touriste amateur d'antiquités.

L'université de Séville ne doit pas manquer non plus d'être visitée. Elle avait été instituée par Isabelle-la-Catholique; et, lorsque Charles III expulsa les jésuites d'Espagne, il donna l'ordre de l'installer dans leur couvent.

Toutes les branches des connaissances humaines y sont réunies excepté la médecine; elle est aussi école de droit. Les études théologiques y sont très-fortes, et, au moyen de l'enseignement universitaire, on peut être ordonné prêtre sans avoir été au séminaire. Ce qui m'étonne, c'est que les jeunes gens, quelle que soit leur capacité, doivent être sept ans à faire leur droit, cette étude étant divisée en sept parties dont chacune remplit l'année. La bibliothèque est considérable, et j'y remarquai avec plaisir un grand nombre d'ouvrages français; plusieurs manuscrits fort curieux, un don Quichotte, de la première édition qui fut imprimée, orné de gravures charmantes. Dans la salle capitulaire et dans une grande salle de cours, il y a de très-bons tableaux. L'église est belle; elle contient des tombeaux fort remarquables, entre autres ceux de Catalina de Ribeira et de don Enrique, premier marquis de Tarifa. Les peintures du rétable de l'autel sont de Juan de Ruelas; elles sont fort belles.

Voyons maintenant l'académie des beaux-arts, qui fut fondée par Murillo en 1660 à la charge des artistes et des principaux habitants de la ville. Chacun devait contribuer à cette œuvre moyennant 6 réaux par mois (1 fr. 50 c.). On conserve précieusement le manuscrit contenant les statuts, écrits en grande partie de la main du fondateur. Depuis l'expulsion des moines, l'académie est dans le grand et beau couvent de Saint-Augustin.

Ce n'est pas seulement au musée et à la cathédrale que l'amateur de précieuses toiles doit chercher des satisfactions. Il y a peu d'églises qui ne contiennent d'excellentes choses, et particulièrement celle de l'hôpital de la Charité, où tu verras deux chefs-d'œuvre de Murillo : Moïse faisant jaillir l'eau du rocher et la Multiplication des pains; puis trois tableaux de Vasquez, contemporain et ami de Murillo. En regardant l'un d'eux, on est tenté de se boucher le nez; il représente le cercueil ouvert d'un évêque dont le corps en putréfaction est couvert de gros vers qui le rongent. C'est d'une telle vérité que, vraiment, cela sent mauvais. Quand son ami lui reprocha cette horreur en se tenant le nez, Vasquez lui opposa son Isabelle pansant des teigneux; mais quelle différence ! Le rétable de l'altar mayor est un groupe d'un précieux travail.

Nous verrons aussi hors la ville un magnifique établissement : l'hôpital de la *Sangre*, fondé par Catalina de Ribeira, qui y consacra une partie de sa fortune. Je ne pense pas qu'il existe dans aucun pays rien d'aussi beau et d'aussi bien tenu que cet hôpital. Comme monument et comme établissement de bienfaisance, il doit être visité. Sa façade est dans de grandes proportions; au-dessus de la grande porte d'entrée se trouve un beau bas-relief représentant les trois vertus théologales dû au célèbre et infortuné Torregiani. Dans l'église, dans les chapelles latérales, tu verras huit bons tableaux représentant des vierges, de Jurbaran.

Je t'ai cité, mon cher ami, les principales choses à voir à Séville; mais, en flânant dans cette charmante cité, il y en a bien d'autres qui attirent encore l'observateur. Tu remarqueras la place de l'*Ayuntamiento*, les promenades qui sont très-jolies, celle surtout de *las Delicias*, située au bord du Guadalquivir; elle est le rendez-vous le dimanche de toute la société sévillanne. En province, les femmes sortent peu; ce n'est que le dimanche qu'elles font d'élégantes toilettes pour aller se promener. Je crois que c'est à leur vie si sédentaire qu'il faut attribuer cet embonpoint, souvent trop fort, qu'elles atteignent dès qu'elles sont mères. Il ne faut pas oublier de voir le soir une autre jolie promenade ressemblant encore à un salon, c'est celle située en face du palais San-Telmo. Ce palais, grand édifice assez lourd, de style *plateresco*, appartient aujourd'hui à l'infante duchesse de Montpensier, qui l'acheta du gouvernement lorsque la catastrophe de février fit écrouler le trône occupé par la famille d'Orléans. J'ai eu l'honneur d'être reçue par cette princesse, dans laquelle je trouvai toute la bienveillance et la politesse espagnoles unies à la grâce française. On me dit que l'infante fait un noble usage de sa grande fortune, dont une partie est consacrée à faire travailler et à soulager l'infortune.

Tu ne devras pas non plus quitter Séville sans voir la fonderie de canons. Tu sais qu'à tort ou à raison, je ne sais pas, les Espagnols ont la prétention d'avoir les meilleurs canons du monde. Ils sont si jaloux du secret qu'ils croient avoir, que, lorsque je voulus ramasser un peu de bronze tombant d'un canon que je regardais forer, on me dit qu'on avait les ordres les plus sévères pour empêcher qu'aucun étranger pût prendre la moindre parcelle du précieux métal.

Je désirais faire aussi une petite excursion dans les environs; j'ai été voir Italica, ou plutôt l'emplacement de cette antique cité romaine, car il ne reste d'elle qu'un misérable petit hameau, et pourtant elle fut grande et prospère. L'époque de sa destruction, les causes qui l'ont amenée, tout cela est inconnu aujourd'hui. Il faut donc que les malheurs de tant de guerres successives jettent les nations dans une sorte d'anéantissement, pour qu'on perde si complétement toute tradition et qu'on en soit réduit aux conjectures sur la ruine totale d'une ville grande et importante située à deux lieues de Séville. L'opinion qui me paraît la plus acceptable, est que la ruine d'Italica a été causée par un tremblement de terre. D'après le peu de traces qui en restent et l'exhaussement du sol, il me semble qu'elle a plutôt été enfouie comme Pompéia que détruite par la guerre. A cette époque, qui, dans tous les cas, doit être excessivement reculée, où la poudre n'était pas connue, il paraît difficile qu'on ait pu renverser un colosse comme l'amphithéâtre. On voit parfaitement son ancienne circonférence; il reste encore quelques gradins, des niches où on enfermait les animaux, des pans de murailles d'une force prodigieuse. Ces restes gisants semblent être le résultat d'un combat de géants.

Dans le peu de fouilles qu'on a commencé à faire, on a retrouvé des mosaïques d'une belle étendue, des statues colossales brisées, des fûts, des chapiteaux de ce délicieux travail que Rome devait à la Grèce; puis des médailles d'argent et de cuivre; et, chose qu'on ne peut s'expliquer, on a même trouvé des médailles arabes. Il me paraît hors de doute que, si le gouvernement voulait ou avait assez d'argent pour faire faire des fouilles intelligentes, on trouverait une grande quantité de choses très-précieuses.

Je vais encore emporter de la capitale de l'Andalousie un bien bon souvenir; c'est la ville la plus animée que j'aie rencontrée en Espagne. Puis son ciel, ses monuments, l'originalité de ses mœurs, tout est fait pour en rendre le séjour attrayant et donner au touriste le désir d'y revenir.

Je ne dois donc pas finir cette lettre sans te donner une idée des mœurs populaires, comme, par exemple, de la messe de minuit, dont j'avais une assez mauvaise opinion avant d'y aller. Je parcourus quelques églises en commençant par la cathédrale; je n'ai jamais rien vu de si solennel que ce grand édifice magnifiquement éclairé, rien entendu de plus sublime que ces chants religieux accompagnés par l'orgue pour célébrer la venue du Christ. Les assistants, en petit nombre il est vrai, étaient dans un recueillement parfait. Je fus de là à San Salvador, où une bien plus grande quantité de fidèles étaient réunis, et je retrouvai le même calme, la même décence. Cependant je voyais que ce bon peuple pense qu'il y a temps pour tout, car je remarquais des jeunes gens cachant sous leurs manteaux des tambours de basque et des guitares qui allaient servir aux divertissements du reste de la nuit, mais enfin dans l'église ils étaient fervents et priaient. La messe une fois finie, voilà toute la foule qui chante, crie et danse sur la place même de San Salvador, devant la porte de l'église. Des groupes se forment et on danse la *jota* au son d'un maigre violon accompagné du tambour de basque. Cette danse n'est pas aussi vive que je le croyais; les couples ne se donnent jamais la main, et font tant de mouvements avec leurs bras, qu'ils s'en servent plus que de leurs jambes pour danser.

Afin de m'initier à tous les tons de couleur locale, je voulus aussi avoir *un bayle en casa* (un ballet chez moi), pour connaître les véritables danses nationales. Mon hôtesse me fit venir des *cigarreras* et des *torreros* pour cette représentation à domicile. *Boleros, fandangos, mandujas,* on me dansa de tout. L'orchestre se composait d'une guitare accompagnée d'un tambour de basque, d'une affreuse quantité de castagnettes et des voix de ceux qui n'étaient pas en danse. C'est pendant ce ballet que je jugeai la *cigarrera* un ype complétement original; ses mouvements sont pleins de grâce et de volupté, mais non de cette volupté grossière si choquante dans les filles du nord. Parmi les cigarreros, les uns sont hardis près des danseuses, les autres inspirés. J'en vis qui se croisaient les mains sur la poitrine en levant les yeux au ciel comme pour implorer le pardon de leurs jambes. Les torreros, au contraire, étaient fougueux et lançaient l'entrechat avec passion. J'avais fait préparer, pour soutenir les forces de ce corps de ballet, gâteaux et bons vins qui entretenaient parfaitement leur ardeur dansante, chantante et parlante; et dans un moment l'enthousiasme devint si fort, qu'une grande joyeuse fille, la présidente du ballet, se précipita à mon cou pour m'embrasser avec effusion. Je jugeai alors qu'il était temps de baisser la toile, et je congédiai la compagnie, qui ne cessait de dire les choses les plus aimables à la *señora francesa*; pourtant je ne l'avais pas rémunérée avec une très-grande générosité. Ces danses sont gracieuses et jolies, et le paraîtraient mille fois plus avec une bonne musique; mais cette abominable quantité de castagnettes fatigue tellement la tête, que cela diminue le plaisir qu'on a à regarder.

Je répète aux voyageurs le conseil qui m'a été donné de loger toujours dans des *casas de huespedes*, qu'on appelle en Andalousie *casas de pupilos*, du moins quand on veut séjourner quelque temps. On y est bien soigné, bien servi, nourri à l'espagnole, il est vrai, ce qui n'est certes pas la meilleure nourriture du monde, mais on s'y habitue. Je recommande celle qui est située *calle de las Sierpes*, 116.

Je vais donc m'embarquer sur le Guadalquivir pour me rendre à Cadix; voyons si ce fleuve est à la hauteur de sa renommée, s'il justifie ce charme poétique qu'on a attaché à son nom.

LETTRE XIII.

Cadix, le 15 janvier 1850.

Tu dois être étonné, mon cher Hugues, de ce long séjour à Cadix, et tu vas dire que la Péninsule me plaît tant, que je ne suis pas près de revenir jouir des délices de la *glorieuse* république que nous devons aux *héros* de Février. Ah! quels grands hommes!

Il y a quelque chose de vrai; je me trouve parfaitement sous ce ciel enchanteur, sur cette terre de la véritable hospitalité; si ce n'était de vous tous, il est certain que j'attendrais pour rentrer dans notre France qu'elle eût jeté aux égouts les guenilles qu'elle a revêtues dans un jour de folie. Mais la famille me fera supporter l'odeur malsaine de la patrie malade.

La prolongation de mon séjour à Cadix est due à deux causes : la beauté et la douceur de la température qui m'ont engagée à attendre ici que le printemps s'avançât pour commencer à me lancer à travers les montagnes du midi de l'Espagne. Pour nous autres enfants du nord, l'hiver de l'Andalousie est un printemps; mais cependant la nature commence à s'orner davantage, la terre se couvre de fleurs, l'air est embaumé. La seconde cause est le désir d'aller voir Lisbonne pendant que j'en suis si près, et il m'a fallu attendre le passage du paquebot anglais venant de Gibraltar. Je vais le prendre le 17 pour aller voir la capitale de Doña-Maria. J'avais grande envie d'aller par terre, en traversant l'Estramadure et le Portugal; mais les personnes auxquelles je suis recommandée ici me donnent le conseil de n'en rien faire. On me dit d'abord que la *riante* Estramadure est la plus mauvaise province d'Espagne pour le touriste; que la campagne est affreusement triste et monotone; qu'il n'y a pour moyens de transports que de rares galères ou des mulets, puis quelque chance d'être dévalisé si on n'a pas d'escorte. Je pourrais bien en obtenir une tant que je serai sur le territoire espagnol, mais, passé la frontière, ce n'est plus possible. Et, une fois en Portugal, je ne courrais plus la chance d'être dévalisée, mais j'en aurais la certitude. Tu conçois que je me rends aux bons conseils que des personnes fort compétentes me donnent, et, malgré mon peu de goût pour la navigation, je m'embarque après-demain.

Mais revenons à Cadix, où j'arrivai comme je te l'avais dit par le bateau à vapeur, après avoir laissé sur les ondes du Guadalquivir quelques-unes des illusions que j'avais à son égard. Je dirai de lui, comme du Manzanarès, que son nom retentissant promet plus qu'il ne tient; à mesure surtout qu'on s'avance vers l'embouchure, il se dépouille des alexandrins qui nous l'avaient décrit. Ses rives sont charmantes pendant quelques lieues seulement après Séville. De chaque côté ce sont des coteaux avec de petites maisons de campagne bien blanches, des jardins délicieux, des bois d'orangers, enfin une nature vraiment poétique. Puis elle se dégarnit, le terrain devient plat; de loin en loin on voit quelques bois de sapins, puis des compagnies de vautours se promenant paisiblement sur le bord de l'eau et paraissant être les seuls habitants de ces paisibles contrées. L'embouchure du Guadalquivir ressemble beaucoup à celle de la Loire : on voit de grandes étendues de sable; elle est aussi large que celle de cette dernière. Après une petite heure en pleine mer, nous étions devant Cadix qui se présente d'une manière charmante avec ses fortes murailles, ses redoutables bastions, ses maisons d'un blanc de neige, ses clochers comme des minarets; elle paraît une ville africaine. Ses toits sont tous en terrasses, et presque chaque maison a une haute tour terminée par un *mirador* (belvéder). Comme la population de Cadix se compose en grande partie de négociants, le but de ces belvéders est d'aller examiner les arrivages que l'on attend.

Cette ville est bâtie sur un rocher peu élevé au-dessus du niveau de la mer et à la pointe extrême de l'île de Léon, île qui n'est séparée du continent à son autre extrémité que par une rivière, ou plutôt un petit bras de mer. Pour bien juger de la singulière position de Cadix, il faut monter au *mirador* de la tour de Tervira qui appartient à la ville; cette tour est d'une prodigieuse hauteur. Des employés veillent là sans cesse et donnent avis dans la ville des bâtiments qui cinglent vers elle, plusieurs heures avant leur entrée dans le port.

Rien de plus surprenant que cette vue presque effrayante pour les Gaditans; leur cité paraît au milieu de la mer; à peine aperçoit-on le petit morceau de terre qui la rattache à l'île et qui n'a pas en largeur le quart d'un kilomètre; il semble qu'au premier moment la ville doive être submergée. En 1755, elle essuya un violent tremblement de terre et le terrible élément faillit l'engloutir; il était entré dans toutes les rues et avait jeté une consternation que la tradition a conservée dans les esprits malgré le siècle écoulé depuis. Il paraît que depuis cette époque, le sol s'est exhaussé et ôte toute inquiétude de retour d'un si grand désastre. Au reste, Cadix est une ville bien ancienne, puisqu'elle fut fondée par les Tyriens et conquise par les Romains 206 ans avant Jésus-Christ, sans qu'il soit mention dans son histoire de malheurs de ce genre. Cette ville, si bien défendue par la mer et par des ouvrages d'art d'une force immense, paraît imprenable; elle avait à plusieurs reprises excité la convoitise des Anglais, qui furent toujours repoussés avec perte. Les Français eux-mêmes y échouèrent en 1811.

La vue de la baie de Cadix, que du *mirador* de cette tour on embrasse dans toute son étendue, est magnifique; un grand nombre de petites villes et de villages garnissent ses bords. Sa circonférence est de dix lieues (quinze lieues de France).

Cette ville a connu des jours d'une grande prospérité; elle fut la plus animée et l'une des plus riches de la Péninsule; mais cela a fort changé depuis la perte de presque toutes les colonies. Néanmoins c'est encore une cité commerçante, et qui par sa position le sera toujours, puisque c'est de son port que s'exportent tous les produits de l'Andalousie descendant par le Guadalquivir. Mais elle a perdu son animation; aujourd'hui elle est tranquille comme toutes les ville d'Espagne.

Le dimanche seulement on voit du mouvement, les Gaditanes revêtent leurs plus belles toilettes pour aller à la promenade; la place San Antonio est le rendez-vous général. Eh, bon Dieu! quel singulier goût! Figure-toi toute cette population entassée sur une place carrée grande comme deux fois le foyer de notre Opéra, et encore n'en occupant que le centre; de sorte que cette foule compacte ne fait autre chose, de deux heures à quatre, que monter et descendre la place sur la même ligne de pavés. C'est sur ce pavé qu'on étale le velours, le satin, les riches et jolies mantilles.

Cependant il y a là tout près une jolie promenade bien plantée, où la vue, qui s'étend sur la baie, est charmante: c'est l'Alhameda. Des massifs de fleurs, des ombrages, de l'eau et de la vue en font un endroit gracieux, bien plus fait pour attirer que la place San Antonio. Nous apercevons de l'autre côté de la baie la petite ville de Rota qui produit ce nectar que tu estimes tant: on me conseille de ne pas y aller, parce qu'elle est affreuse et qu'il n'y a rien à voir. Puis le *Puerto Santa Maria* et *Puerto real*. Lorsque le soleil fait étinceler la mer de tous ses feux, c'est un coup d'œil magique que celui de la rade de Cadix. L'Alhameda n'est pas grande, le peu d'étendue de la ville et l'impossibilité de l'étendre davantage ont restreint beaucoup les promenades qui se bornent à celles-ci, aux petites places San Antonio et de Mina, et aux remparts. Cadix est ce qu'on appelle une très-jolie ville : sa partie moderne en occupe plus des trois quarts. Ses maisons sont belles et bien bâties, ses rues sont bien alignées, et elle est tenue avec une merveilleuse propreté qui étonne, quand on la compare avec toutes celles qu'on a déjà vues en Espagne. Malgré ses avantages, Cadix ne me plaît pas beaucoup : c'est une ville sans caractère, une ville comme on peut en voir partout et où l'art ne se montre nulle part. Je ne comprends pas qu'il y ait des gens pour la préférer à Séville, ce véritable musée de tous les genres et de tous les âges.

Tu diras donc en me lisant : Comment est-elle restée là si longtemps? qu'a-t-elle pu y faire? Ce que j'y ai fait : je me suis enivrée d'air pur, j'ai contemplé cet adorable ciel, j'ai joui de ce climat qu'on me dit être en toute saison le meilleur d'Espagne. J'ai goûté surtout les charmes de cette bonne et douce hospitalité qu'on ne trouve qu'ici. J'étais recommandée à une famille qui voulut bien me regarder comme l'un de ses membres; tout ce qu'on peut offrir d'agrément à une étrangère, je l'ai trouvé chez ces excellentes gens.

J'ai vu un bon nombre de bals et *tertulias* à Cadix; rien de plus animé que ces réunions; les jeunes personnes y ont la plus grande liberté, plus encore qu'à Madrid; tu comprends qu'alors ce mouvement perpétuel et ce babil qui ne s'interrompt jamais, jettent une excessive animation dans les salons. Les novios et leurs novias ne se quittent pas, dansent ou se promènent ensemble, sans que pères, mères, ou tuteurs s'en occupent.

Je disais un jour à un jeune homme : — Mais pourquoi n'allez-vous pas au bal, en soirée?

— Parce que je n'ai pas de novia, me répondit-il, et je vais en chercher une, car aller dans le monde sans but est une chose fastidieuse.

— Ah, vous voulez vous marier?

— Pas le moins du monde; je veux occuper mes loisirs. Cependant, quand j'aurai une novia, je ne sais pas ce que je ferai d'elle dans quelques années, peut-être ma femme si je continue à l'aimer.

— En vérité, lui dis-je, si j'avais une fille à marier, ce n'est pas en Espagne que je viendrais, malgré le grand avantage de ne pas lui donner de dot. Mais je trouve affreux qu'un jeune homme ait le droit de faire sa cour à une jeune personne pendant des années, et de la laisser ensuite quand elle commence à perdre l'éclat de sa jeunesse. Ces coutumes me paraissent d'un égoïsme révoltant.

Et mon interlocuteur ne put s'empêcher de trouver que j'avais raison.

Les fêtes de Cadix sont très-inférieures à celles de Madrid, quoique la condition première d'un bal soit la gaîté; mais elles sont loin de briller par l'éclat des lumières, encore bien moins par celui des rafraîchissements.

A propos de bal, je te conseille fort de tâcher de voir un bal de gitanos. La chose n'est pas facile; comme je te l'ai dit, ces gens vivent entre eux et ne permettent jamais qu'un étranger passe le seuil de leur porte. Mais pour le touriste il ne doit rien y avoir d'impossible; et un aimable hidalgo, *pupilo* dans la même maison que moi, fit si bien que son barbier parvint à nous procurer l'entrée d'une maison de gitanos pour assister à une *funcion* (fête).

Il faudrait le crayon pour te donner une idée de cet assemblage d'êtres de toutes les couleurs, et, grand Dieu! de toutes les odeurs.

Figure-toi une grande salle carrée, ornée tout autour des mères gitanas, les unes accroupies sur le sol, les autres assises sur des bancs très-bas. Elles sont vêtues de robes d'indienne, la plupart à falbalas; leurs têtes sont couvertes d'un foulard de coton noué sous le menton et leurs cheveux en désordre s'en échappent de tous côtés. Vraiment cette variété de l'espèce humaine me paraissait pouvoir être confondue avec le singe. Dans un autre genre, les filles n'étaient pas moins curieuses. Ici la simplicité des mères se trouve remplacée par l'éclat des paillettes qui brillent sur des oripeaux de couleurs sans noms; je n'ai rien vu de plus bizarre que ces poitrines et ces bras de cuivre malpropre sortant de tous ces gazillons enfumés. Leur danse est plus artistique que celle des *cigarreras* de Séville et au moins aussi passionnée, mais toujours sans exclure la décence. Les hommes se donnent un air inspiré, comme s'ils voulaient prier. J'avais quelquefois fort envie de rire et de faire mes réflexions à mon cavalier, mais il se hâta de me supplier d'attendre que nous fussions dehors.

« Ces gens, me dit-il, ne permettent pas la plaisanterie, et sont toujours prêts à donner un coup de couteau. »

Tu penses que je me tus au plus vite.

Une *funcion* de cette nature est extrêmement curieuse à voir; tâche de te procurer l'entrée de cette intéressante maison, située dans une vilaine petite rue de l'ancienne partie de la ville, non loin de la cathédrale.

Revenons à la ville, après avoir jeté un coup d'œil dans des salons si différents.

Comme je te l'ai dit, il y a peu de chose à voir dans Cadix; elle a si peu d'étendue que j'en ai fait souvent le tour sur les remparts en trois quarts d'heure et marchant lentement. Elle ne contient aujourd'hui que cinquante mille âmes. Excepté la cathédrale, tu n'y verras pas un monument. Il n'y a pas une belle église; la seule qui mérite d'être vue est celle des *Capuchinos*, non pour elle, mais pour les belles peintures de Murillo qu'elle renferme. Tout le rétable est de ce grand maitre, ainsi que quelques autres dans les chapelles. Dans la deuxième à droite, on voit un saint François en contemplation, c'est divin. C'est en 1681 que Murillo vint à Cadix pour peindre ces rétables, qui, hélas! lui coûtèrent la vie. Il tomba de l'échafaud sur lequel il était monté, et cette chute fatale le rendit si malade, qu'on fut obligé de le rapporter à Séville, où les cieux s'ouvrirent pour lui le 3 avril 1682, où les hommes inscrivirent son nom dans le grand livre de l'immortalité.

La seule église monumentale est donc la cathédrale. Son extérieur ne me plait pas; il me parait avoir de grands défauts. La façade manque de dignité; le dôme n'est pas assez élevé relativement à l'étendue de l'édifice et se trouve comme écrasé entre les deux clochers. Tout son toit est recouvert de lames de zinc peintes en jaunes d'ocre, cela fait le plus mauvais effet. A l'intérieur, le manque d'élévation de la coupole ne choque pas, parce qu'on ne voit pas les deux autres pour faire la comparaison. Son style est celui de la renaissance, ses trois belles nefs sont formées par des colonnes de marbre blanc à chapiteaux corinthiens, posées sur des bases de marbre rouge incrusté de marbre noir;

dans toutes les chapelles latérales tout est marbre aussi. Le maître-autel serait indigne de l'église s'il n'était provisoire. La cathédrale de Cadix est belle dans l'intérieur; elle a de la dignité, ses proportions sont harmonieuses. On regrette de voir dans une église de ce style, où la statuaire devrait être de marbre, toujours cette population de saints et de de christs habillés d'une manière si ridicule. Il ne faut pas non plus y chercher de bonnes toiles; pour cela, il faut aller dans les deux sacristies : dans l'une tu verras une Ascension, de Murillo, dans l'autre une Madelaine, aussi de ce grand maître. Cette pécheresse repentante fait frissonner; sa douleur est si vraie qu'il me semble que cette vue suffirait pour empêcher de faillir quiconque en aurait la moindre velléité.

— Mais quel est donc cette musique, ce bruit de fanfares? dis-je à mon cavalier en sortant de l'église.

— C'est, me répondit-il, la publication de la bulle; attendons ici, vous allez voir passer le cortége et vous saurez comment vous aurez le droit de faire gras en carême pendant votre séjour en Espagne.

Je vis alors défiler un long et assez bizarre cortége, s'en allant par toute la ville faire savoir aux fidèles, ou plutôt leur répéter, qu'en vertu d'un ancien privilége accordé par la papauté à l'Espagne, il leur était permis de faire gras en carême, excepté la Semaine-Sainte, toutefois à la condition d'acheter la bulle, qui se vend au profit de l'église chez le sieur X, boulanger, telle rue. Je ne fus pas peu surprise de cet appareil militaire et religieux pour publier un trafic indigne de l'église; je regrettais que, dans un pays qui est vraiment religieux, le clergé mît ainsi ses faveurs en boutique.

Le cortége avait en tête deux guardias civiles (gendarmes), suivis d'un piquet d'infanterie; puis deux serviteurs de l'*ayuntamiento*, à cheval, vêtus d'habits de velours rouge galonnés d'or et l'épée en main. Venaient ensuite trois voitures contenant l'*alcaide* et des employés de l'*ayuntamiento*, puis des prêtres, la musique militaire et encore un piquet d'infanterie.

Mon cavalier voulait me conduire acheter la bulle, mais j'avoue que je n'en fus pas tentée.

La seule église qu'on puisse encore voir est celle du Rosario, non pas pour sa beauté architecturale, mais pour son extrême richesse en beaux marbres et en jaspes. Ce luxe est au reste très-répandu à Cadix, même dans les maisons particulières; il date des années de la grande prospérité de cette ville, qui les tirait facilement d'Italie. Cependant l'Espagne en contient de très-beaux, mais il s'en trouve peu de blancs.

Si tu veux voir ailleurs qu'à la place San Antonio une réunion de gaditans des deux sexes, il faut aller le dimanche à la petite église *del Carmen* à la messe militaire qu'on dit à midi. Pour celui qui assiste une première fois à la messe en Espagne, c'est un coup d'œil curieux : il n'y a ni chaises ni bancs; les femmes sont à genoux sur le sol recouvert de nattes; elles ont une manière toute particulière de former avec leurs vêtements une espèce de roue dont le corps fait le centre; quand elles sont fatiguées, elles s'asseient sur leurs talons sans rien déranger de la roue.

Il ne faut pas croire un seul mot de tout ce qui se dit sur le peu de recueillement et la tenue des Espagnols dans leurs églises; ils sont beaucoup plus pieux et aussi recueillis que nous. Ce qui fait faire tant de contes, dire tant de niaiseries à cet égard, c'est l'habitude qu'ont les femmes de se servir continuellement de leur éventail. Ce mouvement de la main est pour elles un besoin, comme l'air pour respirer; mais pendant qu'une main agit ainsi, l'autre tient le livre pour suivre la messe. Les Espagnols sont aussi d'une tolérance excessive pour quiconque ne fait pas comme eux; une étrangère qui désire une chaise peut aller la demander à la sacristie, sans que jamais cela paraisse extraordinaire.

J'ai donc passé mes jours de carnaval à Cadix; ces temps de folie se ressentent naturellement du caractère enjoué des habitants. Toute la population est dans la rue, criant, chantant, et les gens du peuple ne sont pas les seuls à s'amuser ici, à revêtir de bizarres formes. Ainsi tous les officiers d'artillerie formaient un cortége de diables; leurs chevaux étaient caparaçonnés d'une manière fantastique, et la musique du régiment, montée sur des ânes, faisait retentir l'air de joyeuses fanfares. Cependant une chose parfaitement désagréable est permise pendant ces trois jours : les jeunes filles lancent depuis leurs balcons des espèces de tampons de chiffons attachés au bout d'une ficelle dans le but de faire tomber les chapeaux des señors qui passent, ou quelquefois, au lieu de tampon, c'est une petite corbeille pleine de sable, qui, en choquant le chapeau lorsqu'elle est bien lancée, se renverse sur la victime et excite les cris de joie des témoins de cette adresse. Par conséquent les rues étroites sont peu fréquentées, puisqu'on serait certainement atteint; en se promenant au milieu des rues larges, il y a alors lutte d'adresse entre les attaquants et les attaqués.

Il y a à Cadix trois théâtres aussi mauvais les uns que les autres. Comme dans toutes les villes importantes, il y a une troupe italienne au théâtre principal. Je n'ai rien entendu d'aussi médiocre, je n'ai jamais vu de salle plus laide et plus sale. Il est incroyable qu'une ville si riche, où on aime autant le spectacle, ait assez peu de légitime orgueil pour ne pas mettre à bas ce vilain taudis et construire un beau théâtre à sa place.

Il n'y a pas de musée à Cadix, tu peux voir seulement trois ou quatre bons tableaux dont deux de Jurbaran à l'académie des beaux-arts sur la place de Mina.

Voilà, mon cher ami, ce qu'est cette ville importante du détroit. Comme je te l'ai dit, c'est une jolie ville, agréable à habiter et dont la température est délicieuse en tout temps. L'hiver y est un printemps charmant et l'été l'atmosphère toujours rafraîchie par la brise et les courants d'air du détroit, en fait un séjour agréable où viennent pour le temps des chaleurs les habitants qui étouffent dans l'intérieur. Tout en appréciant les nombreux avantages de Cadix, je lui préfère, je persiste à le dire, la riante Séville, malgré ses rues tortueuses qu'on lui reproche si fort et qui pour moi ont un charme tout particulier. La vue de la mer sans doute est un spectacle imposant, mais qui ne saurait avoir selon moi les délices de la couronne monumentale de Séville.

Tu penses bien que je n'ai pas passé ici un grand mois sans aller faire quelques excursions aux environs. Je te parlerai *del Puerto Santa Maria*, petite ville située de l'autre côté de la baie et en face de Cadix. Un jour suffit pour la visiter; il faut prendre le matin le bateau à vapeur qui vous y conduit en une demi-heure et en repartir le soir par la diligence allant à Jères en deux heures.

Je n'ai jamais vu de petite ville plus tranquille, plus silencieuse et moins parcourue que Santa Maria, à ce point que l'herbe croit dans toutes les rues. Et cependant il s'y fait un grand commerce de vins; c'est le lieu d'embarcation de tous les nectars de Jères.

Tu y verras un ancien Alcazar, mais qui n'a plus rien d'arabe que ses deux tours. Du haut de l'une d'elles on découvre une belle vue embrassant toute la ville et la mélancolique campagne qui l'environne. Dans l'enceinte de la muraille se trouve une église dont une partie était une petite mosquée; mais on a si bien défiguré les colonnes en les couvrant de maçonnerie pour en faire d'affreux piliers, badigeonnés de plus affreuses couleurs, qu'on ne reconnaît guère leur origine.

Dans les villes d'Espagne où il n'y a pas de cathédrale, il y a toujours une église principale désignée sous le nom de *iglesia mayor*. Celle de Santa Maria n'est pas mal. Après l'avoir vue, le sacristain me conduisit à une petite chapelle derrière le chœur pour me faire voir une vierge noire *muy milagrosa y muy rica* (1). En effet, elle a une couronne d'or massif enrichie de brillants, et aux doigts une quantité de bagues de brillants d'une grande beauté. A la question que je fis sur cette singulière couleur, le sacristain me raconta que lorsque Alphonse-le-Sage guerroyait contre les Arabes dans le treizième siècle, une vierge de cette couleur lui apparut et lui prédit les succès qu'il allait obtenir contre

---

(1) Très-miraculeuse, très-riche.

les infidèles. C'est en commémoration de ce miracle que dans plusieurs villes de l'Andalousie il y a de grandes dévotions à des vierges noires, qui d'ailleurs sont toutes *muy milagrosas*.

Le *paseo* est un bois d'orangers qui serait charmant s'il était bien tenu, mais il n'est nullement soigné; les ronces, les mauvaises herbes croissent de toute part. Non loin de ce paseo on trouve l'embouchure du Guadalète. En remontant cette rivière jusqu'aux environs de Jères, on arrive dans cette plaine de tristes souvenirs pour les Espagnols, où le roi Rodrigue et son armée furent défaits par les Maures, traîtreusement introduits en Espagne par le comte Julian, son ambassadeur à Ceuta. Tu sais que la cause de cette trahison fut la vengeance d'un père irrité contre un roi déloyal qui avait séduit sa fille Florinde. Cette fatale séduction coûta au coupable monarque sa couronne et la vie, à la malheureuse Espagne sa liberté. Après cette victoire première, obtenue en 711, tu te rappelles avec quelle rapidité la domination arabe s'étendit dans presque toute la Péninsule; il a fallu près de huit siècles de courageux efforts et d'héroïques combats pour s'en délivrer. Si une femme avait été la cause involontaire d'une si grande catastrophe pour son pays, c'est à une autre femme qu'était réservé l'honneur de l'affranchir complétement, et le nom d'Isabelle-la-Catholique sera toujours vénéré en Espagne.

Quant à don Rodrigue, on trouva au bord de la rivière sa couronne, une partie de ses vêtements et son cheval, ce qui fit supposer qu'il avait englouti sa triste vie dans les eaux du Guadalète. Amour! amour! tu perdis Troie, tu introduisis les Arabes en Espagne, le protestantisme en Angleterre; combien de folies n'as-tu pas fait faire! combien de sottises ne feras-tu pas encore commettre! Mais laissons ce personnage peu digne de nous occuper, et allons à Jères.

Jères de la Frontera est une ville de 30,000 âmes, et on la croirait à peine habitée en parcourant ses rues au milieu de la journée. Elle est, si c'est possible, encore plus silencieuse que Santa Maria; ce n'est que vers le soir qu'on peut croire qu'elle vit; elle s'anime un peu; la grande place Arena se couvre de manteaux impassibles. Il faut voir cette petite ville, mais il faut bien se garder d'y rester plus d'un jour; elle est d'une tristesse mortelle, ou de cette sotte tristesse qui doit vous conduire à l'ennui. On dit qu'un bon tiers de la population se compose d'Anglais; ce doivent être ces insulaires qui l'auront marquée de ce déplorable sceau. C'est pourtant ce qu'on peut appeler une jolie ville; presque toutes les rues sont larges et bien alignées, les maisons bien bâties, et tout y respire le bien-être. Cela n'est pas étonnant, puisque son territoire produit une si grande quantité de ce vin tant apprécié.

Sa partie monumentale se réduit à peu de chose. La *iglesia mayor* serait un bel édifice par ses grandes proportions, par l'élévation de sa coupole, si son architecture n'était pas de ce mauvais goût *plateresco*. Ensuite il faut voir San Miguel, San Mateo, Santiago, qui ne manquent pas de mérite.

L'Alcazar, situé sur la promenade l'Alhameda, n'a plus que sa muraille et quatre tours venant des Arabes; il a plus d'étendue que celui de Santa Maria.

Ce qu'il y a de vraiment curieux à Jères, ce sont ses *bodegas* ou magasins de vins. Les vins de Jères ne se mettent pas dans des caves, mais dans des magasins au niveau du sol. Je vis ceux de M. Domeck, Français d'origine et fort complaisant pour ses compatriotes. On reste surpris en voyant ces immenses magasins, à perte de vue, remplis de pièces rangées avec autant d'ordre et de symétrie que des livres dans une bibliothèque. Ce monsieur fait annuellement 1,500 pièces de 400 bouteilles; mille personnes sont employées par jour pendant l'époque de la vendange; puis cent ouvriers sont occupés toute l'année à la fabrication des pièces, toutes en chêne d'Amérique. Dans cette petite ville, il se fait chaque année pour des millions d'affaires; je ne conçois pas que cela ne lui donne pas plus de vie apparente. Et croiras-tu que dans une ville de 30,000 âmes, il n'y a qu'une *fonda*, et la plus abominable que j'aie encore rencontrée? J'en eus donc assez avec un jour, d'ailleurs j'avais vu tout ce qu'on peut voir.

Partant le matin, je pus observer la campagne qui s'étend entre Jerès et Santa Maria; elle est d'une tristesse monotone, peu plantée; les seuls arbres qu'on aperçoive de loin en loin sont des oliviers et des orangers, puis quelques étendues de vigne. On reprend à Santa Maria le même vapeur, qui va et vient trois fois par jour.

Un autre point intéressant à visiter est San Fernando, petite ville située à l'autre extrémité de l'île de Léon. Elle est importante par les beaux établissements qu'elle renferme, et tu verras certainement avec intérêt l'école de marine, l'arsenal de la *Carraca* et l'Observatoire.

Pour se rendre bien compte de l'île de Léon, il faut aller par terre à San Fernando. Tu loueras pour cela une *calessa* découverte, qui te coûtera cinq douros (26 fr. 50) pour la journée. Je te préviens que ce véhicule est peu suspendu, et met à une rude épreuve notre charpente osseuse; à cela près, on est très-bien, et le cocher, assis sur le brancard, vous conduit bon train. La *calessa* est tout à fait le *coricolo* napolitain. On traverse donc l'île dans toute sa longueur en allant de Cadix à San Fernando, et on n'a sous les yeux qu'une nature mélancolique. La plus grande partie du terrain qui forme l'île est occupée par des salines, le reste par quelques jardins, quelques huertas qui fournissent à Cadix leurs fruits et leurs légumes. Dans quelques endroits, l'île devient si étroite, qu'il semble que la mer va venir vous barrer le passage. C'est vraiment un spectacle curieux et imposant que de se voir ainsi sur une langue de terre, qui n'a plus que la largeur de la route, au milieu d'un élément si redoutable.

San Fernando est une jolie petite ville, bien blanche et bien propre; les rues sont larges, les maisons très-basses; la plupart n'ont que le rez-de-chaussée, et, par conséquent, toutes les fenêtres sont soigneusement grillées. C'est encore une ville sans vie, voyant l'herbe croître dans ses rues; les seuls habitants que j'y aie rencontrés sont des officiers de marine.

Nous allâmes d'abord à l'Observatoire, beau bâtiment dont la façade présente un élégant portique grec. Du haut de son toit en terrasse, on embrasse l'île tout entière; on voit parfaitement le bras de mer allant de la baie de Cadix à la Méditerranée, et formant ainsi l'île de Léon. On me fit visiter de vastes et belles salles qui contiennent de très-nombreuses collections de boussoles, de chronomètres et toute espèce d'instruments de physique. Je faisais avec peine la remarque que la plus grande partie des instruments qu'on emploie à visiter la voûte céleste étaient anglais; sur l'observation que j'en fis au directeur qui avait bien voulu nous accompagner, il me dit que les occasions entre Londres et Cadix étaient beaucoup plus fréquentes qu'avec Paris, et, de plus, que ces choses étaient moins chères en Angleterre.

— Au reste, ajouta-t-il, vous allez en voir de votre capitale, occupant des places d'honneur, car ils sont faits avec beaucoup plus de précision que les instruments anglais, et nous les estimons davantage.

Je vis alors que tout ce qui venait de France était beaucoup plus en évidence que ce qui était anglais.

— Nous n'en faisons pas en Espagne, me dit-il encore, quoique, après les essais faits, nous ayons réussi à faire aussi bien qu'en France et en Angleterre, mais parce que cela nous revient infiniment plus cher que de les faire venir.

Nous allâmes ensuite au collége maritime; c'est un des plus beaux établissements qu'on puisse voir en ce genre; je crois qu'il peut défier tous les nôtres, tant par la beauté monumentale des bâtiments que par sa merveilleuse tenue.

Les enfants destinés à la marine y entrent à douze ans; ils y restent jusqu'à dix-huit. A cet âge, on les embarque pour naviguer pendant six ans, et ils ne sont officiers qu'à vingt-quatre. Outre toutes les connaissances nécessaires à leur carrière, ils continuent leurs études classiques comme dans les autres colléges, et ils ont des cours obligés de français et d'anglais.

L'arsenal de construction où nous nous rendîmes ensuite

et que l'on appelle la *Carraca*, est situé à un quart de lieue de San Fernando. Ce devait être admirable avant la désastreuse guerre de 1808, pendant laquelle les Anglais incendièrent plus des trois quarts des magasins; il n'en reste aujourd'hui que les murs. Cependant le gouvernement national et intelligent de Narvaez commence à rendre de la vie à ce grand corps; on travaille de tous côtés; on réédifie, et si l'on peut faire assez de dépenses pour lui rendre sa forme première, la *Carraca* sera un arsenal aussi beau et aussi considérable que l'était celui de Toulon avant d'être traîtreusement incendié, dans ces dernières années, par les Anglais, ces fléaux de toute civilisation. J'étais loin de m'attendre à voir en Espagne un établissement aussi animé que celui-ci, une si grande quantité d'ouvriers occupés. Le gouvernement donna dernièrement des ordres pour construire vingt bâtiments; quatre sont en construction, savoir : deux frégates, une goëlette et un brigantin. Rien de plus vaste et de plus beau que la frégate qui est presque achevée. Au milieu de cette activité, il faut détourner les yeux des ruines qui attristent par ce contraste. Il est pénible de voir cette longue et silencieuse corderie n'ayant plus qu'une partie de ses murs, et qui devait avoir environ un kilomètre de longueur. Depuis ce grand désastre, les cordages se fabriquent à l'arsenal de Carthagène.

La *Carraca* te fera grand plaisir à voir. Pour visiter à son aise les trois établissements dont je viens de te parler, on doit quitter Cadix de bonne heure, car il faut pour cela une longue journée.

Ma première lettre sera de Lisbonne; après-demain, je pars par le paquebot anglais l'*Iberia*.

LETTRE XIV.

Lisbonne, 3 mars 1830.

Si jamais tu vas à Lisbonne, mon cher ami, il faut t'armer d'une grande patience pour deux choses : pour remplir d'abord une foule de formalités très-fastidieuses, afin d'avoir le droit de débarquer en bonne santé dans les États de Doña Maria. Si au consulat vous ne paraissez pas parfaitement sain de corps et d'esprit, le certificat vous est impitoyablement refusé. Pour peu que vous ayez passé une mauvaise nuit qui vous ait pâli les joues, vous êtes atteint et convaincu de choléra ou de quelque maladie contagieuse désobligeante pour les fils de la Lusitanie. Ainsi il faut s'y prendre deux ou trois jours d'avance pour se mettre en règle, sans cela on est, comme je l'ai été, très-exposé à ne pouvoir pas partir. Eh bien, mon cher, ces ennuis-là ne sont rien à côté de ceux de la douane de Lisbonne; tous les supplices de la défunte inquisition sont des douceurs à côté de l'inquisition douanière du Portugal. Comprends-tu un pauvre voyageur qui arrive l'esprit ravi de son entrée dans le Tage, du port et de la première vue de Lisbonne et qui se voit appréhendé au corps par trois grossiers personnages qui lui déplient tout le contenu de sa malle, et cela parce qu'ils ont trouvé dans le dessus, en l'ouvrant, des *navayas* et trois bonnes lames de Tolède? Dans un cas pareil, on est immédiatement regardé comme conspirateur, voire même comme conspiratrice, si bouffon que cela ait l'air, et tous les martyrs de la question vous sont imposés. On m'a donc confisqué mes armes, me donnant la seule espérance de me les rendre au moment de mon départ. Je restai deux mortelles heures dans cet antre infernal, maugréant et disant à ces êtres affreux tout ce qu'ils m'inspiraient d'horreur, mais sans que cela les émût le moins du monde. Puis, une fois délivrée, je me rendis à l'hôtel de Bragance, situé sur une hauteur d'où on a une charmante vue; de mon balcon je plonge sur une partie de la ville et sur le Tage, ce beau fleuve à la hauteur de sa poétique renommée. Rien de plus charmant que ce port si animé, que ces coteaux que j'aperçois de l'autre côté. J'ai passé là le soir des moments délicieux, oubliant le monde et ses ennuis, pour ne voir que ce ciel doux et pur se reflétant dans cette eau si tranquille et me rappelant la romance qui berça notre enfance et qui était si jolie :

Fleuve du Tage
Je fuis tes bords heureux, etc.

Il me semblait que la brise me faisait entendre cette mélodie simple et fraîche, qui ferait crier au rococo les amateurs de M. Paul Henrion, et qui a pourtant bien son mérite.

J'étais partie de Cadix par le plus beau temps du monde; pendant cette traversée, qui ne dure que trente heures, la mer a été constamment comme un lac, l'Iberia filait droite et respectueuse pour la santé de ses passagers, et aux agréments de ce paisible voyage se joignait celui d'une très-bonne compagnie. Il faut être juste, même envers ceux qu'on n'aime pas et dire que si les Anglais sont en général ennuyeux, il se trouve aussi d'aimables exceptions; j'en ai eu la preuve sur l'Iberia. Excepté moi, tous les passagers étaient Anglais; il y en avait bien cinq à six, dont une dame, qui étaient des gens bien élevés et parlant français. Je me félicitais trop de ma bonne étoile de touriste, c'est ce qui me porta malheur à la douane!

Le 18 au matin, nous longions les côtes du Portugal; cette vue me réjouissait, car, si majestueux que soit le coup d'œil de la mer, il devient monotone et fatigant pour moi au bout de peu de temps. La sensation agréable que me fit éprouver la vue de ces côtes devait aller toujours croissant jusqu'au port de Lisbonne. A mesure qu'on en approche, un panorama de plus en plus beau se présente devant les yeux. Nous voilà enfin à l'embouchure du Tage; on ne l'aperçoit presque qu'au moment où on entre dans le fleuve; elle n'est pas large et peut se comparer à une rue aboutissant à une immense place. J'ai à gauche le fort Saint-Julien, à droite une haute tour et un phare. C'est surtout sur la rive droite du fleuve que le paysage est charmant : de nombreux villages sont baignés par ses eaux, d'autres garnissent les flancs de la montagne, leurs maisons sont bizarrement peintes de toute espèce de couleurs, cela leur donne un aspect très-riant. Puis, au fond du tableau sur le sommet d'une haute montagne, j'aperçois le vaste couvent de la Pena appartenant aujourd'hui à la reine. Plus on avance vers Lisbonne, plus les bords du Tage sont charmants et animés; une demi-heure environ avant d'y être, nous trouvons le fort de Belem s'avançant tout à fait dans le fleuve; il n'est pas grand; sa construction, qui tient du mauresque, est pleine de grâce et de coquetterie, malgré les batteries qui l'entourent. Puis nous voilà enfin devant Lisbonne; la ville est si étendue, qu'on la côtoie longtemps avant d'entrer dans le port. Le Tage est beaucoup plus large qu'à son embouchure; devant la ville il forme un magnifique bassin, si grand, si large que cela fait un mouillage superbe où peuvent entrer un grand nombre de vaisseaux de ligne.

La position de Lisbonne est une des plus délicieuses qu'on puisse voir; j'ai trouvé des gens qui la préfèrent à celle de Naples. Quant à moi, je ne suis pas de cet avis, mais je crois qu'on peut la placer après celles de Naples et Constantinople.

Cette ville est bâtie en amphithéâtre sur sept collines qui baignent leurs pieds dans le Tage; sur sa rive droite elle occupe un espace de sept milles de l'est à l'ouest. Cet ensemble irrégulier de hautes maisons, de clochers, de promenades et de jardins, offre un coup d'œil des plus pittoresques, des plus attrayants. Comme elle n'est défendue que du côté du fleuve, elle a pu s'étendre à son gré, et c'est ce qui fait qu'elle contient des jardins particuliers et des promenades charmantes. Celle qui occupe dans le centre de la ville le sommet d'une des collines se compose de jardins en terrasses exhalant sans cesse les plus enivrants parfums, et d'où on a une des plus jolies vues, une des plus variées qu'on puisse rencontrer. Ce fut ma première course à Lisbonne, et ma première impression lui fut complétement favorable.

Maintenant, si nous flânons dans la ville, nous allons voir les choses les plus originales, les contrastes les plus étonnants. Nous verrons presque partout une population animée; ceci me frappa en sortant de la tranquille Espagne. Ce mouvement tient au grand nombre d'étrangers qu'y attire son commerce maritime. On y rencontre donc des gens de toutes couleurs, des costumes de tous pays. On va à pied le moins possible, attendu que les rues, toujours montantes et descendantes, ont un parcours très-fatigant. Rien de plus original que les voitures de places, dont on fait un usage immodéré. Je ne puis mieux les comparer qu'à ce prosaïque véhicule qui, avant les chemins de fer, conduisait le dimanche les boutiquiers parisiens manger le veau froid dans les environs de la capitale. Tu te rappelles ce je ne sais quoi jaune appelé coucou? Eh bien, ici, la voiture de place est cela, mais pour deux personnes seulement, et le coucou portugais est d'autant plus intéressant qu'il est attelé de deux chevaux et conduit à la Daumon. Figure-toi donc ces rues croisées en tous sens par cette multitude de singulières voitures, puis d'hommes montés ou sur des chevaux ou sur des ânes, et tu comprendras alors que le touriste ait les yeux fort occupés pendant les premiers moments de son séjour. Dans la bourgeoisie, les femmes sont vêtues à la française, la délicieuse mantille est remplacée par notre affreux chapeau. Pour les hommes, l'élégant manteau est remplacé par le paletot-sac, ce laid vêtement, autre déplorable importation anglaise. Mais, en revanche, tu verras les femmes du peuple porter le manteau de drap et le large chapeau rond de feutre noir.

Il y a une différence bien plus sensible qu'on ne pourrait le croire entre le type portugais et le type espagnol; les premiers ont les traits plus forts, la coupe de la figure presque carrée et le teint d'un brun olivâtre qui, la plupart du temps, leur donne un air de pestiférés. On me dit qu'il faut faire une exception en faveur de la province de Coïmbre, où le sang est très-beau. Je ne demande pas mieux que de le croire.

La ville de Lisbonne est la ville des contrastes. Tu sais que le tremblement de terre de 1755 en détruisit les deux tiers et ensevelit trente mille personnes. Ainsi toute cette partie de la ville est neuve et magnifiquement bâtie. Les rues sont très-larges, ont des trottoirs, sont bien alignées; les maisons sont hautes, elles ont presque toutes des jardins. Il y a de grandes et belles places : celle du Commerce, celle de Don-Pedro, où se trouve le théâtre de Doña-Maria II. Tout enfin révèle dans la ville neuve une belle et grande capitale.

Mais si nous allons dans la vieille ville, nous ne trouvons plus que des rues étroites, tortueuses, où règne une infection perpétuelle, tant est grande la malpropreté. Je crois qu'on n'y balaie pas trois fois par an et qu'elles reçoivent chaque soir les fumiers de toutes les races organisées. Il est incroyable que dans une ville de près de trois cent mille âmes, où réside une cour, l'administration municipale soit si peu soigneuse de son entretien et même de la santé des habitants; il me semble que par les grandes chaleurs de l'été cela doit être fort malsain. Tu ne saurais croire enfin quel contraste il y a entre l'ancienne et la nouvelle partie de Lisbonne. Garde-toi bien, par exemple, d'aller dans ces vieilles et sales rues en sortant de cette jolie promenade en terrasses, ton odorat serait trop désagréablement affecté.

Au point de vue monumental, il y a peu de chose à voir à Lisbonne, je puis même dire qu'il n'y a rien.

La cathédrale n'appartient à aucun style; elle n'est ni belle ni riche; elle est sans aucun caractère. Le chœur est à peine visible, il n'y a point de chapelles sur les côtés latéraux et les murs sont garnis de faïence jusqu'à la hauteur de deux mètres environ.

Mon guide me proposa d'aller voir les corbeaux de la cathédrale. Je ne comprenais guère ce que cela voulait dire, et je me laissai faire. Quel fut mon étonnement lorsqu'il me montra dans une cage pratiquée dans la muraille deux véritables corbeaux d'une taille et d'une grosseur démesurées. Le sacristain me raconta alors que lorsque les reliques de saint Vincent furent, par ordre du saint, apportées à Lisbonne, le temps devint mauvais, la mer très-menaçante; on vit alors deux corbeaux s'abattre sur le bâtiment, se poser sur l'endroit du pont au-dessous duquel étaient les reliques et le calme renaître aussitôt. Ceci parut une manifestation de la volonté du saint, et lorsque le bâtiment arriva à Lisbonne, toujours avec les deux corbeaux, les prêtres qui accompagnaient les reliques s'emparèrent de ces deux vilains oiseaux avec tout le respect possible. On se hâta de leur faire arranger une demeure, et le chapitre décida qu'on leur ferait une pension de chacun cinq réaux par jour et qu'à chaque extinction le défunt serait immédiatement remplacé par un autre oiseau de la même espèce. Le brave sacristain me raconta cela avec une onction et une conviction naïve faites pour émouvoir même un voltairien. Quant à moi, loin de tourner en ridicule cette foi primitive qui est le partage des populations méridionales, je l'admire et je l'envie. J'en ai vu ces jours derniers un exemple bien plus frappant encore que la légende des corbeaux de saint Vincent.

Il y a dans l'église de ce saint un fameux Christ faisant beaucoup de miracles; il paraît qu'il témoigna, il y a de cela quelques siècles, le désir d'aller passer deux jours par an dans l'église de Saint-Roch. Depuis, chaque année, à l'époque précisée par le Christ, les clergés des deux paroisses le portent suivis d'une nombreuse procession dans ladite église Saint-Roch, et le rapportent de même. Cela fait donc deux grands jours de solennité, où toute la population de Lisbonne se met en mouvement. C'est l'une de ces processions que j'ai vue, et, comme étude de mœurs, c'est vraiment une chose curieuse à observer.

Elle commence par des housards qui font ranger la foule

ils sont suivis de la musique militaire. Viennent ensuite des pénitents violets; celui qui est à leur tête s'arrête de temps en temps, et lève la pointe du capuchon baissée sur sa figure pour sonner de la trompette; les autres pénitents portent la bannière de Saint-Roch. Puis, voici venir une légion d'anges, mon Dieu, quels anges! J'espère que ceux que nous trouverons au céleste séjour seront plus séduisants que ces enfants tous fort laids. Est-il possible de voir un accoutrement si ridicule? Ils sont vêtus d'une tunique de soie violette, galonnée d'or; un grand cerceau posé sous cette tunique fait de l'ange une espèce de roue à laquelle sont attachées des ailes de carton argenté, puis une couronne de fleurs, grosse comme une botte de foin, leur écrase plus qu'elle ne leur pare la tête. Chacun de ces anges porte un instrument du supplice de Jésus. Après les anges, le Christ paraît : il est de grandeur naturelle; cette statue est agenouillée sur une table portée sur les épaules de quatre hommes, appartenant aux plus riches et aux plus aristocratiques familles de Lisbonne; ils sont vêtus de violet. Le Christ, qui porte aussi une tunique violette, semble accablé du poids de sa croix qui est très-longue, et comme elle dépasse la table sur laquelle on le porte, les fidèles viennent à l'envi en soutenir l'extrémité. Vue à une distance, cette statue est si bien coloriée, si bien faite, qu'elle est effrayante à voir : la chevelure est éparse sur les épaules, sa couronne d'épines est si bien entrée dans la chair, que le sang inonde le visage; c'est fait avec une vérité qui frappe. Cette table est recouverte d'un grand drap violet, qui retombe jusqu'à terre. Personne ne put me dire pourquoi la procession est si exclusivement vouée à cette couleur. On m'assure que sous le drap se pressent et se cachent de nobles dames qui ont ou quelque faveur ou quelque pardon à demander à la bonté divine. Les clergés des deux paroisses, très-richement vêtus, viennent ensuite et entourent le dais sous lequel se trouve l'évêque. Une foule immense de pécheurs et pécheresses suit dévotement la procession. On me dit que ceux qui se sentent bien coupables sont pieds nus; mais la foule est si compacte, que de la fenêtre où j'étais, je ne pus pas le voir. Ma première impression fut l'étonnement : ce culte extérieur, cet emblème de la divinité promené par les rues au milieu d'une population qu'on dit corrompue, tout cela me paraissait appartenir à l'idolâtrie plus qu'à la simplicité du christianisme. Puis je me reportai au pays dans lequel je me trouvais, devant juger alors de ces choses au point de vue d'un climat si excitant, ayant, par conséquent, des mœurs si différentes des nôtres. Ces imaginations ardentes doivent naturellement mettre de la passion en toute chose, et la forme les occupe plus que le fond; il faut d'abord parler à leurs sens pour arriver à toucher leur âme et la disposer au repentir ou à l'espérance. Je crois qu'au lieu d'y voir une mascarade, comme les frondeurs et les sceptiques, il faut y voir des gens heureux d'adorer une statue du Christ, et d'en espérer le bonheur qu'ils lui demandent.

Revenons maintenant aux églises, dont deux seulement méritent la peine d'être vues : la Estrella d'abord, dont le style grec est simple, sévère et harmonieux à la fois; tout y est marbre, y compris la voûte. Puis la petite église Saint-Roch, que beaucoup de gens ont le malheur de préférer à la Estrella. Il y en a encore une autre bizarre, dont j'ai oublié de noter le nom; c'est dans une chapelle de cette église que sont emballés les restes des rois et reines de Portugal. L'expression est choquante, n'est-ce pas? mais elle est juste: les dépouilles royales sont dans des malles recouvertes de velours noir; ce sont de véritables malles, fermées comme celles avec lesquelles nous voyageons, avec serrure et cadenas; le nom du défunt est gravé sur une plaque d'or, clouée dessus. Ces malles sont rangées au-dessus les unes des autres, absolument comme dans un magasin de roulage.

Je ne t'engagerai pas à aller voir le musée; c'est une abominable collection de croûtes, dans laquelle un boutiquier républicain ne voudrait pas choisir son enseigne. A l'académie des beaux-arts, il y a trois ou quatre bons tableaux, dont un de Michel-Ange.

Il faut voir les jardins du palais de *las Necesidades* et le palais lui-même, si la reine est à l'un de ses châteaux de

Cintra ou de Maffre. Je ne pus le visiter, Doña Maria étant à Lisbonne; mais en allant le matin de bonne heure, on peut voir les jardins; le jardinier, qui est Français, se fait un plaisir de laisser entrer ses compatriotes. Ils ne sont pas grands, mais dessinés à ravir, et puis c'est la plus charmante collection d'arbustes et de plantes exotiques qu'on puisse voir. Quant au palais, son extérieur annoncerait bien plutôt la demeure d'un riche banquier que celle d'une reine. Mais sa position est charmante : bâti à l'extrémité de la ville sur le penchant d'une colline, la vue est délicieuse.

Maintenant, en dehors de Lisbonne, il faut voir l'aqueduc, qui, sans avoir la magnificence monumentale de celui de Ségovie, est très-beau et situé de la manière la plus pittoresque.

Tu devras aussi aller à Bélem visiter l'église de l'ancien couvent de Saint-Jérôme; elle est tout à fait digne d'attention. Cette petite église est un composé charmant de toutes les espèces de styles; son principal caractère est cependant le byzantin. Elle a trois nefs; sur les côtés latéraux, au lieu de chapelles, nous voyons des confessionnaux pratiqués dans le mur. Tu examineras ces élégantes colonnes toutes chargées d'ornements du haut en bas; ce sont des fleurs, des arabesques d'une légèreté pleine de grâce. Puis, en avançant, on est étonné de rencontrer un chœur grec et des plus purs, orné de colonnes de marbre d'un seul morceau; de chaque côté de l'autel, on voit de magnifiques tombes royales posées sur des éléphants de marbre gris. Je pense que les restes qui gisent dans des malles doivent être prodigieusement jaloux de ceux-ci.

La sacristie vaut l'église; c'est une chose charmante que ce pilier représentant un palmier, en occupant le centre et soutenant toute la voûte. Le cloître, d'un style très-mélangé comme l'église, est curieux à voir aussi et parfaitement conservé.

Dans ce même village de Belem qui fait suite à Lisbonne, au bord du Tage, je t'engage à voir aussi un petit palais ou plutôt un pavillon royal et ses jardins, qui sont fort jolis. Ne sors pas non plus de Belem sans jeter un coup d'œil sur les carrosses de la reine; c'est vraiment une curieuse collection. Tu verras celui de don Sébastien, aussi conservé que lorsque le roi se promenait dedans. Ces voitures, d'un luxe inouï, ne servent que dans les jours de grande solennité, ce qui est fort rare. Leur poids est tel, qu'on ne peut atteler moins de huit à dix chevaux ou mules à chacune d'elles. Les peintures de leurs panneaux, la richesse de leurs ornements en tous genres en font de véritables objets d'art.

Pour faire une promenade infiniment agréable, je conseille de prendre un bateau pour aller à Belem; on le loue à tant par heure, et ce n'est pas cher. Il faut partir le matin, et, après avoir vu dans ce village tout ce qu'on veut y voir, on traverse le Tage pour aller de l'autre côté, en face de Lisbonne, jouir d'un admirable point de vue. La campagne y est accidentée et charmante, la végétation magnifique. C'est du haut de la forteresse et près du télégraphe qu'on a devant les yeux un des tableaux les plus variés qu'il soit possible de voir : vous avez à vos pieds ce beau mouillage de Lisbonne avec sa forêt de mâts; vous embrassez la ville dans toute son étendue, voyant à sa gauche sa forteresse située sur un point excessivement élevé, à sa droite ses palais royaux et une multitude de clochers partout. On passe ainsi une bonne journée à visiter de belles choses comme art, à en voir d'attrayantes comme nature. Les petits villages que je trouvai sur la rive gauche du Tage ont un aspect tout différent de ceux d'Espagne; ils sont mieux bâtis et renferment quelques maisons de campagne assez jolies; ils ont l'air peu habités, et pourtant n'ont pas cette apparence de mélancolie qu'on trouve partout en Espagne. On me dit cependant que la misère est extrême dans tout le Portugal et que le gouvernement est aussi pauvre que les particuliers et le peuple. Les caisses de l'État sont vides les trois quarts du temps; les employés sont rarement payés; l'armée ne l'est pas mieux; la reine elle-même manque quelquefois du nécessaire, et le prince de Cobourg, son mari, n'a pas toujours de quoi acheter des cigares. A quoi peut tenir une si grande misère? Ce pays est d'une merveilleuse fertilité;

il produit de tout en abondance; ses vins, qui se vendent fort cher, s'exportent en tous pays. Il faut donc qu'il y ait une mauvaise administration, de mauvaises lois; de plus, le poison du libéralisme révolutionnaire est entré dans les veines de ce corps souffrant et sans force, et lui suscite des embarras continuels. Ce qui pourrait arriver de plus heureux au Portugal, serait certainement de devenir province espagnole. Assurément l'Espagne, cette terre classique du bon sens, secouera un jour le ridicule travestissement constitutionnel qui la gêne et l'étouffe, lorsque l'expérience aura donné des leçons à sa jeune et intelligente reine. Il sera donné à une femme, encore une fois, de rehausser son pays en faisant justice des niaiseries et des naïvetés malfaisantes du vieux libéralisme. Ne sera-t-il pas naturel alors que le Portugal, qui, d'ailleurs, y est appelé par sa position géographique, vienne s'abriter sous un gouvernement fort et régulier?

Mais revenons au présent; parlons d'un lieu charmant justement chanté par lord Byron, et qui est si digne de cette mélodieuse lyre. C'est Cintra, séjour royal situé à six lieues de Lisbonne. Ce village est bâti en amphithéâtre sur le penchant d'une petite chaîne de montagne, s'élevant parallèlement à la mer; il se compose en grande partie de maisons de campagne des habitants de Lisbonne. Je n'ai rien vu de plus saisissant que le contraste qui s'étale devant les yeux : figure-toi une montagne enchantée au milieu d'un désert plat, aride, sans plantations, sans aucune habitation. Dans cette saison, la montagne de Cintra est couverte de la plus luxuriante végétation du monde; il semble que le Créateur se plut à la faire sortir de terre exprès pour la parer de toutes les séductions qui peuvent charmer. Du côté de la plaine surtout, c'est un objet d'art dans des proportions divines : la chaîne forme des rentrants et des sortants qui font l'effet de contre-forts; on voit de délicieuses habitations en avant sur leurs penchants, et les jardins s'étendent dans la partie qui rentre. Tu conçois qu'ainsi abrités et sous un ciel toujours pur, on y trouve une éternelle verdure, une atmosphère toujour embaumée par des massifs de toute espèce de fleurs qui viennent naturellement ou presque sans culture, dans cette terre fertile qui ne se repose jamais. Quant à moi, je n'ai rien vu jusqu'ici de plus riant, de plus attrayant que les rochers de Cintra; ajoute à tous les agréments de ce séjour une température de paradis terrestre : on n'y connaît pas le froid l'hiver; il n'y a jamais gelé; l'été, la brise de mer et la beauté des ombrages vous garantissent entièrement de la chaleur.

Je viens d'y passer une semaine, qui m'a paru mille fois trop courte; on peut se promener toute la journée pendant longtemps et faire toujours des promenades différentes, qui vous ravissent, à travers les mille sentiers, entre les rochers, les arbustes en fleurs, les orangers toujours couverts ou de fleurs ou de fruits, très-souvent des deux à la fois. Dans ce mois de février, si triste dans nos froides contrées, j'étais si ravie de cette gracieuse nature que la journée ne me suffisait pas, j'aimais à errer encore jusqu'à minuit, imposant le plus absolu silence au domestique qui me suivait comme un chien, car je ne voulais pas même entendre le bruit de ses pas. Et quelles nuits que celles-ci! elles sont si douces, si parfumées, éclairées par un ciel si brillamment constellé, que c'est comme la réalisation d'un rêve charmant dont rien ne vous distrait au milieu du silence de la nature endormie.

Le jour, rien de plus délicieux que la vue que j'ai du balcon de mon appartement : le regard embrasse le joli village et toute la montagne de Cintra, sans apercevoir la laide et triste plaine qui s'étend à ses pieds. A gauche du tableau, j'aperçois sur la pointe aiguë de la plus haute montagne une espèce de couronne de tours du plus pittoresque effet; ce fut le but de ma première promenade.

Cette véritable couronne de Cybèle est l'ancien couvent de la Pena, que j'avais vu de loin, de l'autre côté de la chaîne en entrant dans le Tage. Il appartenait à l'ordre de saint Jérôme et fut bâti au seizième siècle. Il semble que les bons pères aient voulu poser là leur retraite tout exprès pour se rapprocher autant que possible de Dieu en se détachant des choses de la terre. Les libéraux portugais ne purent pas rester en arrière de leurs voisins, et toujours au nom de la liberté les pauvres religieux furent chassés de leur couvent, spoliés, maltraités et l'abbaye de la Pena fut achetée par le prince de Cobourg, qui en a fait un lieu de plaisance. Le concierge me conseilla de commencer par monter à la plate-forme au-dessus du clocher, pour avoir tout de suite une idée de l'ensemble de cette construction gothico-arabe, à la fois bizarre et charmante. L'élévation de cette tour est prodigieuse, elle se trouve à l'angle et au nord de l'édifice. Le regard est attiré d'abord par l'étendue de la vue et le contraste qu'elle offre des riants coteaux de Cintra avec cette interminable et triste plaine à l'horizon de laquelle on aperçoit le château royal de Maffre, et à l'ouest l'immensité de l'Océan. Puis on admire les constructions si différentes et si artistiques que l'on a à ses pieds. Le roi, tout en conservant la plus grande partie du couvent dans son état primitif, en a fait le plus délicieux château qu'on puisse voir. Il fit venir d'Allemagne un architecte habile qui comprit ses idées et les fit exécuter d'une manière faisant autant d'honneur à l'architecte et aux ouvriers revêtant d'une forme si jolie les idées du prince qu'à celui qui les a conçues. Malheureusement les travaux sont interrompus faute d'argent. Il serait déplorable que cette œuvre d'art fût destinée à ne pas être achevée; il me semble qu'à la place de la reine, je vendrais jusqu'à mes diamants pour finir cet édifice, et d'autant plus qu'elle aurait le double avantage d'avoir un beau palais de plus et de faire travailler bon nombre de gens dont la condition actuelle est de mourir de faim. Au centre des différents corps de bâtiments se trouve celui destiné aux appartements de la reine; il communique avec les autres par des couloirs dont les murs sont découpés à jour avec une perfection digne des Arabes. Puis, de tous côtés, ce sont des tours, des tourelles à plates-formes et à créneaux, des terrasses à balustrades de pierres découpées dans le goût arabe, c'est un ensemble séduisant. Comme je te le disais, c'est tout à fait une couronne de tours qui ceint le plus haut pic de la chaîne. Dans l'intérieur c'est un luxe inouï d'ornementation, la pierre est partout changée en dentelle avec un art et un goût parfaits. Le travail de la porte et du vestibule qui donnent entrée au corps de logis de la reine est quelque chose de vraiment merveilleux. Et partout il y a à voir ; les encadrements des portes et des fenêtres sont des guirlandes de fleurs, de feuillages au travers desquelles se montrent des petites têtes ; tout cela forme un ensemble qu'on ne se lasse pas de regarder.

Si du château nous passons aux jardins, nous trouverons que le roi a le sentiment du beau, dans la nature comme dans les arts. Il a su profiter avec une grande habileté des très-nombreux accidents de terrain pour faire de cette montagne un jardin merveilleux ; c'est le plus adorable mélange qu'on puisse voir de toute espèce d'arbres et d'arbustes toujours verts et de fleurs admirables qui croissent à travers les rochers. Puis, dans le fond d'une petite vallée, nous trouverons de belles pièces d'eau paraissant encadrées dans des haies de géraniums de mille couleurs. En parcourant ce gracieux séjour, il est impossible de ne pas admirer à la fois la beauté de la nature et le talent avec lequel le roi a su en profiter.

Il faut aller aussi voir non loin de la Pena un château-fort arabe, dont il ne reste guère que la muraille d'enceinte et quelques tours. Cette conservation est encore due au roi, qui en a fait relever une partie et restaurer l'autre.

J'allai voir ensuite une ancienne chartreuse située dans un lieu triste et sauvage, sur un point élevé de la chaîne. Elle est en grande partie creusée dans le roc, et on ne la voit que lorsqu'on est entré dans l'enceinte du jardin. Un vieux chartreux est resté là par tolérance ; il ne vit que de légumes qu'il cultive, n'ayant pas de quoi rien acheter.

Pour faire toutes ces courses-là, j'engage fort à préférer le cheval à l'âne, ou mieux encore à prendre un mulet, toute laide que soit cette monture ; les jambes de ces animaux étant très-solides, il n'y a rien à craindre au milieu des sentiers quelquefois difficiles de la montagne.

Il y a sur la chaîne de Cintra une foule de charmantes

promenades à faire; ce sont des habitations dont les jardins sont charmants et dont on permet l'accès aux étrangers qui le demandent. Les plus beaux sont ceux de la propriété de Paña-Verde (rocher vert), ainsi nommée à cause de la beauté de ses ombrages d'un vert éternel. La végétation y est peut-être encore plus puissante que celle de la Pena. Les lauriers-amande y sont nombreux et ont atteint des proportions magnifiques; il y a là de quoi satisfaire toutes les femmes et filles incomprises de France pour jouer le mélodrame domestique. Les Portugaises ne paraissent pas avoir adopté cette aimable coutume à en juger par la beauté ombreuse dont ces arbres font jouir.

Le petit village de Collares, à une lieue de Cintra, est aussi une jolie promenade; j'engage à la prolonger jusqu'au bord de la mer et à monter ensuite voir les rochers Pedra.

La reine a encore un château dans le village de Cintra; c'est une construction arabe qui fut fort modifiée depuis l'expulsion, mais qui ne manque pas de mérite. Les encadrements des fenêtres et des portes sont d'un travail charmant. Ce château n'est pas grand et n'a pour tout jardin que quelques terrasses. En visitant les appartements, on n'est pas comme en Espagne ébloui du luxe des résidences royales. L'ameublement de celle-ci ne saurait contenter un bourgeois de Paris; assurément ce ne sont pas ces dépenses-là qui ont mis à sec les coffres de Doña Maria II.

En dehors de Cintra on trouve un autre château royal: celui de Ramaillon. A moins qu'on ait du temps de reste, j'engage fort à ne pas se déranger pour lui; il vaut mieux voir les jardins du marquis de Viana, situés dans la même direction; ils sont charmants et tenus par un jardinier français qui se fait un plaisir de les montrer.

Je ne voulais pas quitter ces contrées sans aller voir le château de Maffre, qui a une certaine réputation; mais vraiment il ne vaut pas la peine qu'on se donne pour y aller. Rien n'est plus triste, plus monotone que la campagne s'étendant entre Cintra et Maffre. Pas un arbre qui vous repose un peu le regard; on ne voit que des petits murs à hauteur d'appui, tristement faits en pierre sèche et qui rendent la vue du pays encore plus fatigante. Les terres doivent être fortes, car j'ai vu jusqu'à huit bœufs attelés à une charrue aussi primitive que celle des Espagnols. Le costume des paysans est à peu près celui des nôtres ; les femmes ne diffèrent de nos paysannes que par de grosses bottes de cuir.

La reine quittait son château pour retourner à Lisbonne comme j'y arrivais, de sorte que j'eus quelque peine à parvenir, au milieu du désordre du départ, à pouvoir le visiter. Doña Maria était avec son mari, la princesse et le prince de Joinville, dans une calèche découverte. Un modeste appareil militaire précédait et suivait la voiture royale. A ce sujet je dois dire que tout ce que j'ai vu jusqu'ici de l'armée portugaise est fait en apparence pour en donner une très-bonne idée : les hommes ont une tenue parfaite, les officiers encore plus : ils ont généralement l'air martial et distingué. Quant aux qualités militaires, ceci n'est plus de ma compétence. Toujours est-il qu'ils paraissent bien élevés ; c'est à la complaisance d'un officier parlant très-bien le français que je dus de pouvoir pénétrer dans le château.

Le grand palais de Maffre est situé dans le lieu le plus tristement laid qu'on puisse se figurer. Sa destination première était d'être un couvent, il le fut longtemps en effet. Pour les hommes qui voulaient se vouer à un ennui perpétuel en expiation de leurs fautes, le lieu était bien choisi. Il se trouve jeté au milieu d'une espèce de thébaïde sans aucune verdure, sans jardin, rien qui vienne rompre la monotonie de ce triste coup d'œil.

Ce palais se compose de quatre grands corps de bâtiments ; dans le carré formé par eux s'en trouvent plusieurs autres qui forment à leur tour d'autres petites cours ; cette construction pourrait rappeler un peu celle de l'Escorial. Elle est si considérable, qu'on prétend qu'on peut passer une revue de dix mille hommes sur ses toits en terrasses ; je ne crois pas qu'il y ait là d'exagération. L'église se trouve au centre. L'habitation royale occupe l'aile du sud et une partie de celle de l'ouest, le couvent occupait tout le reste. La façade en effet révèle bien plus un couvent qu'un château de rois ; elle est construite en briques, très-régulière et badigeonnée en jaune. L'église seule vous rappelle à l'art ; elle est vraiment belle ; son portail, les hautes tours carrées de ses clochers, son dôme de pierre, tout cela appelle votre attention, et, lorsque vous êtes entré, vous captive. Elle est du grec le plus pur ; je n'ai jamais vu de chapiteaux corinthiens plus délicieusement travaillés, de plus légères feuilles. Elle forme une croix latine et n'a qu'une seule nef. Tout y est marbre du haut en bas, y compris la coupole. De chaque côté il y a cinq chapelles ornées de bonnes statues, de charmants bas-reliefs toujours de marbre blanc. Je te recommande surtout celui de la chapelle à droite en regardant le chœur ; les personnages sont de grandeur naturelle, et l'on ne peut rien voir de plus parfait.

Je déplorais amèrement la malpropreté repoussante qui règne partout : ces hautes et belles colonnes monolithes de marbre rouge, ces feuillages délicats, ces frises, ces bas-reliefs si délicieux, tout cela est recouvert d'une épaisse couche de poussière qui a peut-être un siècle. Néanmoins la beauté de cette église me dédommagea des ennuis d'une route de quatre heures sur un mauvais cheval ; je l'aurais même oubliée si je n'avais eu le retour en perspective. Quant à l'intérieur du château, c'est un délabrement, un désordre et une saleté dont on n'a pas idée. Sauf les trois ou quatre pièces habitées par la reine, seulement quelques jours par an, il n'y a pas un salon de meublé ; dans ces grandes galeries dont les murs sont lézardés, il n'y a pas une seule chaise pour se reposer. Sur la remarque que j'en fis, le concierge qui me conduisait me dit que le palais avait été dévasté il y a deux ans par l'insurrection progressiste qui s'était jetée sur Maffre dans le but de le dépouiller de ses richesses. « Ces misérables, me dit-il, enlevèrent tout ce qu'il y avait de précieux en or et en argent, puis brisèrent les meubles qu'ils ne pouvaient emporter. »

Ces hauts faits ne m'étonnèrent pas de la part des héros du progrès politique : cette déplorable race est la même partout. Depuis ces événements, la reine n'a plus voulu qu'il y eût rien d'exposé à la cupidité de ces hommes dans un séjour isolé que rien ne défend. Quand elle y vient, on apporte et on remporte tout ce qui lui est nécessaire. La bibliothèque, dans une belle et vaste galerie, est le seul lieu qui n'ait point été pillé; il y a bien quelques raisons pour que les amis du progrès recherchent peu les livres.

Il faut monter aux clochers voir leurs énormes bourdons et la quantité de cloches carillonnant des airs tous les quarts d'heure. La mécanique qui les met en mouvement fut faite à Anvers.

Si ce n'était pour l'église du palais de Mafra, je conseillerais au voyageur de ne pas faire cette longue et ennuyeuse promenade qui vous prive un jour de la charmante nature de Cintra. Je la quittai avec d'autant plus de regret que je suis certaine de ne jamais la revoir.

Je l'engage à ne pas retourner à Lisbonne par l'omnibus qui l'aura amené, mais à prendre, comme je l'ai fait, un bon mulet, afin de passer par la route de Caylus et l'arrêter une heure ou deux pour voir cet autre château royal.

Le palais de Caylus, sans avoir rien de remarquable, mérite pourtant qu'on s'y arrête. Il n'est pas considérable, et sa construction est irrégulière, excepté le principal corps de bâtiment, où sont les appartements de la reine; il n'a qu'un rez-de-chaussée. Comme presque toutes les résidences royales du Portugal, il est peu soigné et presque entièrement démeublé. Ses petites proportions, son genre d'ornementation à l'intérieur, tout lui donne l'apparence d'une maison de maîtresse de roi; il sent partout la Pompadour ou la Dubarry, surtout dans les appartements qui furent occupés par don Pedro, les seuls restés meublés.

Les jardins, dessinés à la Lenôtre, ont le même cachet : à chaque pas on rencontre de petites statuettes de l'Amour regardant d'un air menaçant, et qui ont eu le mauvais goût de se laisser faire en plomb peint en blanc ou en couleur. Avec une nature si puissante permettant de faire de si belles choses, devrait-on faire du mesquin?...

Voici terminé mon court séjour en Portugal; je pars

très-contente d'avoir eu l'idée de faire cette promenade. Lisbonne, malgré les inconvénients que je t'ai signalés, est une très-belle ville, dans une ravissante position. Quiconque a visité Naples et Constantinople doit visiter la capitale du Portugal.

Je ne puis juger ses habitants, ayant vu peu de monde ; je sais qu'il existe une rivalité passionnée entre les Espagnols et les Portugais, il faut donc se défier de leurs jugements réciproques.

Quant à moi, ce que j'en ai vu dans la maison à laquelle j'étais recommandée m'a paru très-bien. Les hommes ont les manières polies des Espagnols et parlent en général très-bien le français.

Demain je quitterai les riants bords du Tage, je reprends un paquebot anglais qui va me conduire à Gibraltar. Je ne crois pas rester longtemps dans cette possession anglaise, car j'ai hâte de me retrouver en Espagne.

LETTRE XV.

Gibraltar, 12 mars 1850.

Ah! quel mauvais temps, quelle mauvaise mer, quel plus mauvais bâtiment j'ai eus! C'est bien dommage, car la société du paquebot était peu nombreuse et très-choisie; ce sont deux choses agréables, dont chacun aurait profité davantage sans l'affreux roulis qui bouleversait tous les passagers.

Je n'ai jamais vu pareille babel; on y entendait tous les idiomes, toutes les nations y étaient représentées; le Nouveau-Monde lui-même y brillait dans la personne d'un Mexicain. Moi seule, j'avais l'honneur de représenter la France; je regrettais amèrement d'offrir à cette espèce de congrès universel un sujet si humble pour représenter la première des nations civilisées. Si j'avais dû juger les différentes nations qui se trouvaient à bord par la manière d'être et la conversation de chacun de ces messieurs, c'est incontestablement l'Allemagne et l'Espagne qui auraient eu la préférence. Le Mexicain, au teint pâle, enfoncé dans une vaste barbe noire, parlait avec quelque complaisance de sa fortune et de ses conquêtes. Les Anglais parlaient peu, pensaient encore moins, mangeaient beaucoup, buvaient davantage pour combattre le fâcheux effet de la mer. Le Portugais était sobre de paroles; mais lorsqu'il parlait, c'était pour vanter les charmes de son pays, les grâces des Portugaises ou pour plaindre sa patrie des maux dont elle est menacée. Un Italien aux doigts crispés, à la chevelure immense et désordonnée comme celle d'un poète incompris ou d'un professeur de barricades, semblait menacer tout l'univers de la *jeune Italie*, qui allait certainement faire tomber en poussière et les trônes et les rois. Il s'indignait contre la jeune république française, qui avait osé porter une main sacrilége sur sa sœur cadette de Rome, et l'aimable triumvirat présidant à ses destinées. Je dois être mal notée dans ses tablettes, car je me permis de le traiter par l'ironie; j'étais secondée à merveille par un Allemand. Le Russe était le seul se trouvant content de la position gouvernementale de son pays; il en parlait avec une orgueilleuse satisfaction, ce qui me donna une très-bonne opinion de son jugement. Cela n'était pas du goût d'un mélancolique Polonais, faisant de longues tirades sur les malheurs de sa patrie. L'Allemand, le seul qui eût le bonheur d'échapper complétement aux désagréments de la mer, était un homme fort aimable, ayant beaucoup vu et beaucoup retenu, joignant la gaîté à la profondeur et à une originalité amusante. L'Espagnol était un aimable penseur, fort appréciateur de son doux et charmant pays, déplorant avec conviction le vol que lui firent les Anglais du rocher de Gibraltar, et espérant bien qu'avec l'aide de Dieu et du temps, l'Espagne rentrera dans sa légitime possession.

Vu le mauvais temps, la traversée dura deux longues journées. Comme nous entrâmes dans le port quelques instants après le roulement qui fait fermer les portes de la ville, l'hospitalité anglaise nous laissa à bord toute la nuit. Ainsi, il fallut se résigner à continuer avec moins d'interruptions la conversation qui durait déjà depuis trente-six heures, sans qu'un seul moment je la trouvasse trop longue. Tu sais que les gens bien élevés de tous les pays parlent français, ils y mettent même une certaine satisfaction, par conséquent on parla toujours dans notre langue.

La petite ville de Gibraltar est bâtie au pied d'un énorme rocher détaché des montagnes immédiates, et dont il n'est séparé que par une espèce d'isthme. Ce rocher s'avançant dans la mer forme le fameux promontoire du même nom, que les anciens appelaient le Mont-Calpe. C'est l'une des colonnes d'Hercule.

Ce fut en 1704, pendant les guerres de la succession, que la flotte anglaise, commandée par l'amiral Rooke, et qui était fort considérable, s'empara de cette place déjà tellement réputée comme inexpugnable, que les Espagnols ne se donnaient aucune peine pour la garder. Sa garnison, composée de cent hommes seulement, fut obligée de capituler, n'ayant pu repousser l'attaque par terre de 2,500 anglais et allemands commandés par le prince de Hesse-Darmstadt.

Je crois qu'il n'est pas hors de propos de remarquer ici que les Anglais, en attribuant à leur générosité naturelle exercée en faveur de l'archiduc Charles, deuxième fils de l'empereur d'Allemagne, la part qu'ils prirent à la guerre de la succession d'Espagne, ne faisaient que cacher sous cette apparence généreuse leurs projets de convoitise. Pour quiconque étudie les faits, il est évident que ces cupides insulaires ne laissent jamais échapper une occasion, si abominable qu'elle soit, de satisfaire leur insatiable passion d'acquérir, et cette révoltante spoliation en est une preuve bien convaincante. Depuis cette époque, Gibraltar leur appartient; ils y mirent immédiatement une garnison considérable, et, malgré les tentatives que firent les Espagnols aidés par les Français en 1705, 1727, 1779 et 1782, ils ne purent rentrer dans leurs droits.

Cette laide petite ville compte environ 15,000 âmes; elle est défendue par des remparts et des bastions d'une manière formidable, et je dois convenir que ce sont de très-beaux ouvrages d'art. Il ne m'appartient pas de dire que le rocher de Gibraltar soit ou ne soit pas imprenable; mais je puis répéter qu'un officier d'artillerie espagnol me dit que, selon son opinion, on peut reprendre cette place; que si son pays était en position de faire des sacrifices considérables, il se chargerait bien de le prouver. On m'a assuré que c'était également l'opinion du prince de Joinville, homme bien compétent en pareille matière.

A mon arrivée, je me servis d'une lettre de recommandation que j'avais pour le consul de Prusse, M. de Br; c'est un homme très-aimable qui voulut bien être mon cicerone pour visiter toute la montagne, me faciliter l'entrée des galeries creusées dans ses flancs et l'entourant comme une ceinture. L'orgueilleuse défiance des Anglais est telle et leur mécontentement si grand de ce que beaucoup de gens pensent qu'on peut leur reprendre le lion de Gibraltar, que le gouverneur actuel fait infiniment de difficultés pour donner des permissions.

Ces galeries, qui révèlent en même temps la défiance et la persévérance des Anglais, sont extrêmement curieuses à voir, ce sont certainement de beaux travaux. Elles sont creusées à une grande hauteur dans le but de rendre plus sûre la défense de la place. A chaque pas on rencontre des batteries dont les pièces sont toujours chargées à mitraille et placées devant des ouvertures qu'on ne voit pas d'en bas. Grand a été le mécontentement de l'artillerie anglaise lorsque des officiers espagnols et, dit-on aussi, le prince de Joinville ont prétendu que ces batteries ne pouvaient servir à rien pour la défense de la place, attendu que la fumée, qui aux premiers coups de canon remplirait tout de suite les galeries, étoufferait infailliblement les hommes.

La vue qu'on a par les ouvertures est fort belle, mais pour l'avoir plus étendue, il faut en sortant des souterrains monter au télégraphe sur le point culminant de la montagne : on embrasse toute la baie d'Algésiras, on distingue parfaitement cette ville qui fait face à Gibraltar, ainsi que plusieurs autres petites villes et villages baignés par la mer ; tout autour de la baie et au fond du tableau, on aperçoit les Alpujarras. De l'autre côté de la mer on voit Ceuta, en face de Gibraltar ; on distingue presque toute la longueur du détroit, qui est de dix lieues sur six de large environ. Sa plus grande largeur à l'ouest est entre le cap Spartel et celui de Tarifa, et à l'est entre Ceuta et la pointe d'Europe, qui est la partie la plus avancée du rocher de Gibraltar.

Tout ce rocher est intéressant à visiter ; ce que les Anglais y ont englouti de millions est incalculable ; depuis près de cent cinquante ans qu'il leur appartient, ils n'ont jamais cessé de le fortifier. En nous promenant, mon cicerone allemand, en vrai penseur, me disait, lorsque je m'étonnais de ce grand luxe de défense : « Ne penserait-on pas que ces gens-là s'attendent à une invasion de barbares ? De pareils moyens de destruction ne sont pas, quoi qu'on en puisse dire, un témoignage de civilisation avancée; le canon est un singulier moyen de prêcher la fraternité aux hommes. »

Il faut se promener aussi de l'autre côté du rocher, à la partie opposée à la ville, c'est le côté vulnérable, dit-on; il y a là un petit hameau bien propre, habité par des pêcheurs, qu'on nomme Alita. J'aurais bien voulu, allant de roc en roc, faire ainsi le tour de la montagne pour revenir à Gibraltar, mais on me dit que cela est tout à fait impossible du côté de la pointe d'Europe. Néanmoins je voulus m'en rapprocher autant que possible, et, dans cette excursion, je rencontrai, vivant dans un creux de rocher, un philosophe de la plus singulière espèce : c'est un ermite-philosophe, qui depuis trente ans vit là en pêchant, priant et pensant. Lui aussi a longtemps cherché l'homme, et ne l'ayant pas rencontré, il l'a agréablement remplacé par trois chats, qui sont ses seuls amis dans ce monde. Comme depuis ces trente ans il n'est pas sorti de sa petite grotte, de laquelle il peut même pêcher, c'est un fils qu'il a au village qui vient lui apporter du pain et prendre ce qu'il ne peut consommer de son poisson. La singularité de ce spectacle nous avait dédommagés de la peine que nous avions prise pour arriver à ce nouveau Diogène. Un des motifs de cette promenade digne de Han d'Islande était le désir de voir des singes. Plusieurs voyageurs m'avaient dit que ce qui leur avait paru le plus bizarre à Gibraltar était cette population de singes habitant la partie supérieure de la montagne, vivant là en toute liberté. Comme cette république me paraissait devoir être plus intéressante et moins ridicule que celles des hommes, je désirais la voir, et j'eus le désagrément de la chercher en vain. Je ne rencontrais toujours que ces longs êtres vêtus de rouge, ressemblant à des homards cuits, et composant la garnison de Gibraltar. Quatre jours de suite et à toutes les heures j'ai cherché la république des singes; n'ayant pas eu le plaisir de la rencontrer, je ne puis croire aux singes de Gibraltar.

Il y a dans la montagne des grottes que l'on conseille

beaucoup d'aller voir, mais je trouve qu'elles n'en valent pas la peine, surtout s'il fait une chaleur brûlante comme celle qui règne ici, même à cette époque. Ces grottes ont été dépouillées de leurs plus beaux ornements, il va sans dire que leurs possesseurs anglais ont pris toutes les stalactites pour les utiliser.

La petite ville de Gibraltar est fort laide et sa population ignoble ne se compose en grande partie que de misérables de tous les pays venant y cacher leurs vies souillées. La possession anglaise ne s'étend au-delà du rocher sur l'isthme qu'à la distance de cent à deux cents mètres; viennent ensuite quelques mètres de terrain neutre, et l'on est après sur le territoire espagnol.

Outre le mérite qu'a cette place comme importance politique par sa situation, elle en eut un non moins grand pour les Anglais comme rapport. C'était pour eux une espèce d'entrepôt de leurs produits, dont ils inondaient le Maroc et toute la Péninsule, y compris le Portugal. Aujourd'hui ses beaux jours sont passés, et Gibraltar, loin de rapporter à l'Angleterre, lui coûte immensément par les travaux continuels qu'on y fait, par une garnison, des autorités et un gouverneur qu'il faut y maintenir. Les magasins de Gibraltar sont remplis et ne se vident pas, grâce à la bonne administration actuelle du gouvernement espagnol, et à la sage prévoyance de Narvaez, qui sait que pour faire sortir les Espagnols de leur apathie, pour les obliger à se servir de leurs ressources et de leur intelligence qui sont si grandes, il faut empêcher la concurrence que fait à leurs tentatives industrielles le bas prix des marchandises anglaises. Pour atteindre ce but, les produits étrangers sont non seulement frappés d'un droit énorme, mais la contrebande qui désolait l'Espagne est empêchée par tous les moyens possibles, et les contrebandiers sont poursuivis avec toute la rigueur des lois. Tu sais qu'en Espagne être contrebandier était un état avoué, reconnu; on se faisait *contrabandista* comme on se fait laboureur ou soldat, on l'était de père en fils, et la douane était tout à fait un objet de luxe pour le gouvernement; elle tolérait, fermait les yeux, ouvrait les mains pour recevoir quelques *pesetas*, et laissait passer. Quelques voyageurs ont écrit que les autorités des provinces, non seulement toléraient la contrebande, mais l'encourageaient, quelquefois la faisaient elles-mêmes et en tiraient de grands bénéfices. J'ai quelques raisons pour penser que cela a été ainsi; des Espagnols eux-mêmes me l'ont raconté en le déplorant. Aujourd'hui les douaniers seulement reçoivent encore parfois quelque monnaie des contrebandiers, mais les peines étant devenues aussi sévères contre eux que contre ces derniers, cela ne saurait avoir lieu davantage, et on en ressent déjà les heureux effets.

Toutefois il faut dire que de ce bien résulte un mal, qui sera passager, espérons-le. Cela a inondé l'Andalousie de voleurs de routes. Ces hommes, habitués à une vie aventureuse, ne peuvent s'assujettir au travail, à une vie régulière, ils se font voleurs. Sur les chemins ou dans les défilés des montagnes, il faut toujours être en surveillance et ne marcher qu'accompagné. La garde civile leur fait une rude guerre et en détruit beaucoup. Pendant fort longtemps je ne voulus pas croire aux voleurs d'Espagne, à présent je n'en puis douter, m'en rapportant au témoignage d'une victime de ma connaissance. Mon compagnon de voyage, l'Allemand, me raconta qu'allant par la diligence de Malaga à Grenade, la voiture fut arrêtée par une bande de dix voleurs à cheval, qui, le pistolet au poing, vinrent très-civilement prier les voyageurs de descendre, d'ouvrir et leurs poches et leurs malles pour leur en donner le contenu. La résistance était impossible; les malheureux voyageurs ayant été surpris dans leur sommeil, et n'étant point armés, il fallut s'exécuter, et cela se fit avec une grâce parfaite du côté de MM. les bandits. Ils enlevaient bourses, montres et habits, en accompagnant leur opération de toutes les formules de politesses que permet la langue. Ajoutons que ces messieurs étaient tellement *caballeros* qu'ils ne prirent pas une épingle aux deux dames qui étaient dans le coupé, et ne les firent pas même descendre de voiture; puis ils poussèrent la délicatesse jusqu'à laisser à chacun des voyageurs quelques douros pour qu'ils pussent continuer leur route.

L'Allemand usa d'une ruse qui lui réussit complétement : il fit le malade, l'homme qui pouvait à peine remuer son corps et parvint ainsi à cacher 1,200 fr. en or qui étaient dans une poche.

Cet événement eut lieu d'une manière si naturelle, le *mayoral*, le *zagal*, tout cela s'arrêta avec une si complète soumission, que les voyageurs restèrent convaincus que ces hommes étaient d'accord avec les bandits et devaient avoir leur part dans la prise.

D'après les renseignements pris à bonne source, je pense très-prudent de demander la faveur d'une escorte pour m'aventurer dans les provinces, à travers les montagnes qui sont infestées de *rateros* (1). Cette espèce n'est pas aussi civilisée que l'autre, elle ne se contente pas toujours de vous voler tout ce que vous avez, souvent les *rateros* maltraitent, quelquefois ils tuent. J'espère donc qu'avec les bonnes recommandations que j'emporte pour le général commandant la province d'Algésiras, j'obtiendrai une escorte pour aller à Malaga par terre, non pas par la route, vu qu'il n'y en a pas, mais par les sentiers, à travers les montagnes.

Je viens de passer cinq jours à Gibraltar, quoiqu'un seul soit très-suffisant pour le voir ; mais le hasard qui me mit en rapport avec des gens de si bonne compagnie, me décida à prolonger un peu mon séjour.

Je crois que c'est la première fois que je quitte un endroit où j'ai séjourné, sans le moindre sentiment de regret. Cette petite ville m'a déplu, malgré ce que peut avoir d'imposant son appareil guerrier ; mais ce rocher abrupte, mais cette effroyable population de marchands voleurs, tout cela me dégoûte, surtout si j'ajoute à ce tableau cette garnison toute rouge, par le visage et les cheveux comme par l'habit. Alors je dirai que c'est un séjour à fuir, sous peine d'y être dévoré par l'ennui ; et, malgré la beauté de son climat, je lui préférerais les glaces de Saint-Pétersbourg.

(1) On appelle *rateros* les voleurs qui n'exercent leur métier que dans les sentiers.

LETTRE XVI.

Algésiras, Tarifa, 18 mars 1850.

Il y a un bateau à vapeur qui, deux fois le jour, traverse la baie pour faire le service entre Gibraltar et Algésiras; mais je trouve bien plus agréable de faire cette traversée comme je l'ai faite, dans un petit bateau à voile qui vous berce mollement, et ne vous infecte pas de cette abominable odeur des autres.

Dans la petite ville d'Algésiras, je retrouvai avec un certain plaisir toute la mélancolie espagnole, tout ce charme rêveur qu'on ne peut exprimer et qu'on ne rencontre qu'en Espagne. Cependant je retrouve avec regret aussi ces contrastes bizarres, résultant de la nonchalance andalouse, tels que l'éblouissante blancheur des maisons, leur propreté intérieure et la mauvaise tenue de ses rues, de ses places, le peu de soin de sa charmante promenade l'Alhameda. La ville est bien bâtie, les rues y sont larges, les maisons très-basses et les grilles des fenêtres du rez-de-chaussée me paraissent plus redoutables qu'ailleurs; je pense alors que les *novios* d'Algésiras sont peut-être plus entreprenants.

Il n'y a rien de remarquable à voir dans cette ville, pas même une église; il n'y a pas un monument, à moins pourtant qu'on aime à admirer dans la plus belle moitié de la race humaine les œuvres du Créateur, car les femmes y sont jolies.

Voir cette petite ville est donc chose vite faite; mais comme le temps était mauvais, j'y restai deux jours avant de me mettre en route pour Tarifa. Et, le croirais-tu? pour communiquer entre ces deux villes qui ont l'une et l'autre de l'importance, il n'y a point de chemin, seulement un sentier ; on ne peut donc aller d'une ville à l'autre qu'à cheval ou à mulet, si l'on ne veut aller par mer.

On m'amena un guide qui m'avait été recommandé comme homme intrépide, en cas de mauvaises rencontres, d'ailleurs fort avantageusement connu des *rateros* de ces contrées, qui ne lui voulaient que du bien, et Barnabé est un véritable type de guide et d'Andaloux. Ancien contrebandier, il a l'humeur guerrière et joviale, se console en chantant d'avoir été obligé de renoncer au métier qu'il aimait et qui lui rapportait de si bonnes *pesetas*, pour se faire tout simplement *arriero*. Barnabé veut être aussi un vrai *caballero*; il ne cesse de m'entourer de prévenances et d'hommages en m'appelant : *su merced* (votre grâce). Mais, par une de ces bizarreries qu'on trouve généralement chez les Espagnols de toutes les classes, le respect n'exclut pas une certaine familiarité qui n'est pas de mon goût, et la conversation de Barnabé prendrait une tournure beaucoup trop cavalière, si je ne le rappelais à l'ordre bien souvent. Au demeurant, c'est un excellent guide ; il sait par cœur tous les sentiers d'Andalousie; il est infatigable et parfaitement exact. Je vais le prendre aussi pour mes excursions jusqu'à Malaga.

Pour avoir le temps de visiter Tarifa, ville vraiment curieuse, et pour user le moins possible de la déplorable et unique *posada* (1) de cette ville, il faut partir de bonne heure d'Algésiras, on a ainsi toute la journée, puisqu'il ne faut qu'environ trois heures pour y aller; il reste encore une bonne partie de la journée du lendemain, car on peut ne repartir que de manière à ne pas se trouver en chemin dans la nuit.

Rien n'est plus pittoresque que les sentiers qui serpentent en tout sens parmi les montagnes situées entre Tarifa et Algésiras. Elles sont plantées de chênes verts et de chênes liége seulement; le sol, partout couvert de fleurs, offre le plus charmant mélange de toutes les couleurs pou-

(1) Auberge.

vant réjouir le regard. Et puis tout fait tableau. Quoique ces montagnes ne soient pas habitées jusqu'à ce qu'on approche de Tarifa à cause de leur stérilité, on voit çà et là des troupeaux épars, paraissant aussi mélancoliques que la charmante nature qui les nourrit d'aromates, que leur berger qui reste immobile comme un roc. Puis viennent à passer quelques convois d'*arrieros*, s'annonçant de loin par leurs chants andaloux. J'étais ravie, car je n'ai voyagé de cette manière que dans la plate et monotone vieille Castille, sauf ma courte excursion dans la Sierra-Morena, et il m'a toujours semblé que cette manière de parcourir un pays est la seule qui permette de le connaître bien.

Environ à moitié chemin, Barnabé voulut faire reposer ses bêtes, et nous nous arrêtâmes dans une pauvre *venta* habitée par une vieille sorcière et une jeune et belle fille. Mon Dieu, combien de fois par jour je regrette de n'être pas artiste! quel tableau charmant serait celui-ci, représentant la triste et pauvre auberge au milieu des rochers, et, devant la porte, le contraste de ces deux femmes, l'une au déclin de la vie, l'autre dans toute la puissance de la jeunesse et de la beauté! Puis deux *arrieros*, vêtus de leurs jolis costumes, et enfin ma vilaine toilette avec mon affreux chapeau français, et les mulets secouant tous leurs grelots, les chevaux, les ânes, tout cela faisait un ensemble digne du pinceau de Poussin.

La vallée est charmante, la petite rivière de Guadalmesi l'arrose; mais, à mesure qu'on s'approche de Tarifa, les montagnes se dégarnissent, deviennent âpres; il n'y a plus de végétation. En apercevant la ville, ses vieilles fortifications mauresques, on se croirait déjà en Afrique. La première vue de Tarifa fait même, avant d'y entrer, une impression singulière, car elle ne ressemble à rien de ce que j'ai vu jusqu'ici; cette petite ville, jetée au pied des montagnes, sans végétation autour d'elle, semble être un réduit oublié du monde; sa population même semble une race d'êtres à part. L'intérieur de la ville ne m'étonna pas moins que son extérieur; c'est quelque chose d'indéfinissable que ses rues étroites et sombres où toutes les maisons ont l'air de prisons, où la saleté a atteint son plus haut degré. Pas un mot, pas un cri, pas un chant ne l'anime : on pourrait la croire habitée par des sourds-muets. Hommes et femmes vont et viennent avec une apparence de mystère, comme des êtres soumis au régime de la terreur. Les femmes sont toutes vêtues de noir ; un grand châle noir leur couvre la tête et les épaules, et retombe bizarrement sur le visage, ne laissant qu'une ouverture pour un œil, de sorte qu'il m'a été impossible de voir si elles justifient la grande réputation de beauté dont elles jouissent par toute l'Espagne.

La muraille mauresque entourant la ville est dans un état de conservation qui étonne, en songeant qu'elle compte environ dix siècles. Le château-fort, également construit par les Arabes, est parfaitement conservé aussi ; il est considérable et très-curieux à visiter. Je voulus le parcourir en tous sens, en faire le tour dans les chemins de ronde pratiqués dans l'épaisseur du mur. Une chose me frappa : c'est la singulière construction de ces murailles n'ayant que quelques grosses pierres à leur base ; le reste n'est qu'un mélange de morceaux de briques, de cailloux et de chaux ; on y a mêlé même des os d'animaux. La plupart des constructions sont ainsi ; je crois donc qu'il ne faut attribuer leur conservation qu'à la beauté du climat.

Nous montâmes aux plates-formes de quelques tours, d'où l'on a une merveilleuse vue, et d'où l'on distingue l'Afrique beaucoup mieux que des hauteurs de Gibraltar. J'avais en face de moi les chaînes de montagnes qui longent le détroit depuis celle dite des Singes jusqu'au cap Spartel ; c'est à peu près toute sa longueur. Tu sais que c'est de cette montagne des Singes que se détacha le rocher de Gibraltar ; c'est ainsi que commença l'ouverture du détroit. C'est une imposante vue que celle de ces chaînes qui s'élèvent par gradation jusqu'à l'horizon, se terminant par le formidable Atlas dont le sommet paraît soutenir les cieux.

En parcourant ces vastes cours, on me montra la fenêtre, souvenir d'un ces traits d'héroïsme qui donnent de belles pages à l'histoire d'un peuple. Gusman-le-Bon, gouverneur de Tarifa, sommé de jeter les clefs de la ville aux Arabes qui en faisaient le siége pour la reprendre aux Chrétiens, fut menacé en même temps de voir périr sous ses yeux son fils, qui était tombé entre les mains des infidèles pendant le siége. Le malheureux père, préférant la plus grande douleur du monde à la plus grande infamie, pour toute réponse jeta par la fenêtre un couteau au lieu des clefs qu'on lui demandait, et la jeune victime tomba à l'instant frappée à mort.

Après avoir visité jusque dans ses plus obscurs réduits cette vieille forteresse dont l'apparence est encore redoutable, nous allâmes voir l'île de Tarifa, aujourd'hui devenue presqu'île; on a construit une chaussée au milieu de l'eau pour aller de la plage à l'île, qui n'est autre chose qu'un rocher occupé par une forteresse, ne révélant pas, comme Gibraltar, une grande défiance de la part de ses possesseurs. Les batteries sont aux trois quarts désarmées, et la garnison ne se compose que de 40 canonniers et un sous-lieutenant.

Assurément la petite ville de Tarifa ne renferme rien d'intéressant à voir au point de vue de l'art, pas même une église; mais il faut la voir pour elle-même, car elle a un cachet tout particulier; gens et choses, rien ne rappelle ni aucun des lieux qu'on a parcourus, ni aucune des races qu'on a observées.

Au retour, j'eus l'avantage de me trouver dans les défilés face à face avec une célébrité de ces contrées, qui depuis longtemps échappe aux poursuites de la garde civile. En apercevant ce personnage assis sur un rocher au bord du sentier, le bras appuyé sur une carabine armée, et faisant un mouvement presque menaçant à notre approche, je m'étais prise à penser tout de suite que ma bourse, déjà si légère, allait encore s'alléger, et je témoignai à Barnabé ma surprise de ce que nous passions pourtant tranquillement.

— Ah! señora, me dit-il, cet homme est le fameux *ladrone* Mella; il ne vous a rien fait parce qu'il me connaît et me veut du bien; puis il sait qu'avant de vous faire du mal, il faudrait soutenir avec moi un vigoureux combat.

Tu conçois que j'étais fort aise d'avoir vu cette célébrité de brigandage, surtout de sortir de cette rencontre sans y rien laisser. Comme je faisais mes réflexions sur les mœurs primitives de ce pays, sur les relations singulières qui paraissent exister entre des hommes honnêtes et des bandits, la conversation de Barnabé vint continuer mon étonnement.

— Voyez, señora, me dit-il, cette place-là à droite du sentier, eh bien, il y a deux mois, on a fusillé un autre grand *ladrone, muy amigo mio.*

— Comment, dis-je, vous étiez l'ami d'un voleur, d'un brigand, vous qui êtes un honnête homme?

— Certainement, señora; je dis qu'il était mon ami, parce qu'un homme qui ne m'a jamais fait de mal pouvant m'en faire, et m'a toujours laissé faire tranquillement mon petit commerce de contrebande, je dois le regarder comme mon ami; aussi vous pouvez vous fier à moi pour aller partout où vous voudrez; Barnabé est trop bien connu pour qu'aucun voleur pense à attaquer des voyageurs qui se confient à lui.

Je commençais à penser qu'il pourrait bien y avoir du vrai dans ce qu'on me raconta à Cadix : qu'il y avait en Andalousie certains *arrieros* parfaitement et avantageusement connus des brigands de ces contrées, leur rendant des services, leur faisant leurs commissions dans les villes, et leur payant un léger tribut. Alors, moyennant ces conditions-là, ces *arrieros* et les rares voyageurs qui s'aventurent dans l'intérieur des provinces sous leur conduite, peuvent en effet le faire avec l'espoir très-fondé de n'y laisser ni leur bourse ni leur vie. Je crus prudent de témoigner une grande confiance à Barnabé; cependant je le prévins que, pour avoir l'esprit tout à fait en repos pendant nos excursions dans la province de Malaga, qui passe pour être infestée de *rateros*, j'avais demandé et obtenu du commandant d'Algésiras la faveur d'avoir une escorte. Barnabé ne parut que médiocrement satisfait que je ne me fiasse pas entièrement à lui, puis s'étonna prodigieusement de ce que l'on m'eût accordé une faveur si grande et si difficile à obtenir ; je crois que cela me donna une grande importance à ses yeux.

Mon retour à Algésiras fut doublement favorisé ; car, outre la gracieuse rencontre du brigand Mella, j'eus un temps ravissant ; la pluie du matin avait excité le parfum des fleurs, et le soleil à moitié caché par les nuages donnait un nouveau charme à cette mélancolique nature. J'arrive très-contente de ma promenade à Tarifa, et faisant mes dispositions pour mon départ de demain. Le commandant, qui, sur la recommandation de notre consul à Gibraltar, a bien voulu m'accorder une escorte, m'a tracé mon itinéraire jusqu'à Malaga à travers les belles contrées qu'il connaît aussi. Je vais voyager sûrement et de la manière que j'ai toujours rêvée, grâce à la bonté, à la noble hospitalité qu'on trouve partout en Espagne, et à laquelle je veux vouer de tout mon cœur une reconnaissance éternelle.

LETTRE XVII.

Ronda, 26 mars 1850.

Malgré tous les charmes du climat de l'Andalousie, il faut cependant, dans cette saison, compter avec la pluie; comme on m'avait dit à Algésiras qu'elle pouvait durer bien des jours, je partis le 19, malgré les menaces du ciel qui ne tarda pas à appesantir sa colère sur moi; mais quelle résignation je lui opposai!

Je ne puis t'exprimer, mon cher ami, quelle impression je ressentis en me mettant en route avec cet appareil guerrier; il me semblait que j'allais avoir à soutenir quelque combat fameux; dans d'autres moments, je croyais lire un chapitre de roman, ou faire un rêve en craignant le réveil. Tu ne peux te faire une idée du singulier tableau que je représentais : Barnabé était à cheval en avant, l'escopette chargée, accrochée à sa selle; je venais ensuite, assise sur des *hamugas* d'une hauteur désagréable, et sur un cheval fort quinteux, que la voix de son maître avait grand'peine à tenir en respect; deux dragons armés jusqu'aux dents me suivaient en me protestant de leur zèle à me défendre en cas de mauvaise rencontre, mais au reste m'assurant que leur seule vue éloignerait très-probablement les voleurs de ce pays.

Rien de plus mélancolique que les campagnes que nous trouvâmes au sortir d'Algésiras; laissant la mer à droite, je cheminai quelque temps en pays plat jusqu'à la petite rivière de Palmones, que je traversai sur un bac, et près de laquelle on trouve le pauvre village du même nom. Puis, un peu après, mon impatience fut satisfaite : nous entrions dans les montagnes, mais avec la plus belle pluie dont jamais le Créateur ait arrosé ses créatures. Nous trouvâmes heureusement la *venta del Loro* pour laisser passer la bourrasque ; il me sembla que mes gens n'étaient pas fâchés des petites stations que je fis faire souvent, c'est-à-dire à chaque *venta*, où j'avais grand soin de dire à Barnabé de faire réparer les forces de chacun. Lorsque la pluie commence le matin dans ces contrées, il y a beaucoup de chance pour qu'elle dure une grande partie de la journée ; ainsi je jugeai qu'il valait mieux mettre les manteaux et continuer notre marche jusqu'à la *venta* où nous devions déjeûner. Malgré la pluie, le temps n'était pas froid, et je jouissais complétement du pays délicieux dans lequel j'entrai en sortant de la *venta del Loro* : c'était la forêt d'Almoraïn. Tu ne peux rien t'imaginer de plus charmant, de plus poétique que cette forêt immense s'étendant jusqu'à la petite ville de Gaucin, où je devais être le soir pour y passer la nuit et la matinée suivante.

La forêt couvre de hautes montagnes et ne s'éclaircit un peu qu'au fond des vallées, où elle forme alors le plus adorable jardin pittoresque qu'on puisse rêver. Le sentier que nous suivions serpentait au fond de la vallée, conduisant à Gaucin ; elle est arrosée par la petite rivière de Guadiaro, que nous passâmes à gué au moins dix fois dans la journée. En vérité, je me croyais transportée dans un pays enchanté et qu'il me semblait reconnaître ; je retrouvais des impressions, des souvenirs qui rendent plus forte la certitude que j'ai d'avoir déjà vu cette belle nature dans l'une des vies qui ont précédé ma vie actuelle. Je reconnaissais à chaque pas cette petite rivière ou plutôt ce torrent parfumé qui se joue à travers d'innombrables plantes aromatiques, se mirant dans ses eaux ou se cachant sous des buissons épais de lauriers roses couverts de leurs fleurs ; oui, j'ai vu tout cela il y a des siècles. Ce sont des souvenirs enchanteurs qui donnent l'espérance, font sourire à l'avenir, car il apparait à travers un prisme radieux.

Mais revenons à la *venta* de Gualquejigo, où je m'arrêtai vers midi pour déjeûner ; elle vaut bien une petite mention ; je n'en avais pas encore vu de cette espèce. Je fus frappée surtout du contraste qu'offrait la pauvre *venta* avec son vilain mélange de gens et d'animaux, au milieu d'une nature si poétique et si embaumée. Figure-toi un grand hangar dont les trois quarts forment une écurie occupée par des chevaux et des mulets attachés au râtelier, et des cochons se promenant à travers tout cela, sans oublier de se mêler aux gens occupant le quatrième quart du hangar. C'est dans cet endroit qu'est la cuisine avec son grand foyer et deux tables servant aux repas de la pauvre famille, propriétaire de la *venta*, et aux *arrieros* passant pour aller approvisionner Gaucin. On me roula devant moi un morceau de tronc d'arbre en guise de table, disant avec raison qu'on ne pouvait mêler une señora avec le public occupant l'établissement en ce moment; mais les pourceaux, moins respectueux, m'entouraient avec étonnement pendant que je prenais mon chocolat; ils n'avaient jamais vu pareille société. En passant l'examen de la *venta*, je remarquais que tout y était d'une grosseur et d'un poids démesurés : il eût fallu six hommes pour soulever chacune des tables, et il fallait une force herculéenne à la ménagère pour se servir de sa pelle et de sa pincette, qui étaient, en outre, attachées à une grosse chaîne de fer scellée au mur. Comme je lui témoignais mon étonnement et mon admiration pour sa force musculaire, elle se hâta de me répondre :

— Ah ! señora, nous sommes bien malheureux dans ce pays; il y a de hardis voleurs dans les montagnes que vous voyez; souvent ils descendent pour dépouiller et maltraiter les pauvres *arrieros* dans les sentiers; quelquefois ils ont fait des tentatives contre les *ventas;* nous sommes obligés alors de n'avoir que des objets très-lourds dans la maison pour qu'on ne puisse pas nous les prendre.

Je plaignais amèrement cette famille, paraissant accepter les inquiétudes et la tristesse de sa vie avec tant de résignation; combien d'entre nous, pensais-je, ont là des leçons à prendre!

Vers le soir, j'approchais de Gaucin; nous étions au pied de la montagne, sur le sommet de laquelle est bâtie cette petite ville. Il ne fallut pas moins d'une heure et demie pour arriver jusqu'à elle, par le très-mauvais sentier tracé sur la montagne, à travers les rochers. Tout en admirant la beauté pittoresque de cette nature au soleil couchant, j'avais une part d'éloges à donner aux robustes jambes de mon cheval, qui montait gaillardement cette espèce d'escalier, comme s'il se fût agi d'arriver à un paradis.

Gaucin est bien une des plus singulières petites villes que j'aie vues jusqu'ici, tant par sa position si élevée que par elle-même. Elle a 5,000 âmes; elle a une garnison, peu nombreuse il est vrai; elle a un château fort et un commandant de place, et n'a pas un seul chemin; tout ce qui lui est nécessaire se monte à dos de mulets.

Tu ne saurais t'imaginer la bizarrerie de mon arrivée dans cette étrange petite ville. Jamais on n'avait vu d'étrangère; notre chapeau y était absolument inconnu et produisait grand effet. On ne manquait pas de penser aussi qu'une señora voyageant ainsi escortée ne pouvait être qu'une grande dame, et chacun se livrait aux conjectures en suivant mon cortége, dont l'arrivée dans la *posada* fit un effet non moins étonnant.

La grande salle de la *posada* était comme le hangar de la *renta*, servant à la fois d'écurie et de cuisine; tous les gens s'empressaient autour de moi avec une curiosité passionnée.

Je voudrais, mon cher ami, te parler de moi le moins possible; je ne suis assurément pas le sujet intéressant de mon voyage, mais je ne puis ici résister au désir de le faire, puisque c'est pour rendre hommage une fois de plus au caractère chevaleresque et hospitalier des Espagnols. La faiblesse féminine, tu le sais, excite leur générosité naturelle, et, malgré la persuasion que j'en avais, je ne fus pas peu surprise de voir un officier venir me tendre la main pour descendre de cheval, et donner aussitôt des ordres pour qu'on me conduisît dans le meilleur *cuarto*. Puis il me dit qu'il allait prévenir de mon arrivée le commandant de place, qui ne manquerait pas de venir me faire une visite.

En effet, pendant mon souper, alors que mes dents s'exerçaient contre une poule-au-pot dont la dureté accusait cinquante ans d'âge et dans la partie de l'écurie servant à la fois de cuisine et de salle à manger, je reçus la visite du chef de bataillon commandant la place. Ce ne fut pas sans étonnement que je trouvai dans cet endroit reculé un homme si distingué, peu satisfait, il est vrai, du poste qu'on lui a donné dans un lieu perdu au milieu des *sierras* de Ronda et qui parait fait pour en occuper un plus important. Cet homme aimable et bon venait me présenter ses hommages en ma qualité d'étrangère, et en même temps me faire ses offres de service pour visiter le château-fort le lendemain matin. Il joignait à cette attention une bouteille de vin de son cru, parce que, disait-il, celui de la *posada* est mauvais et insuffisant à réparer les forces d'un voyageur fatigué.

Dis-moi, mon cher ami, si, dans nos pays gangrenés de civilisation, nous pourrions trouver des accueils de ce genre près de personnes auxquelles nous serions tout à fait inconnus? Je crois que nous dirons tous les deux : non. Quant à moi, je bénis encore plus le pays où je me trouve que la bonne étoile qui m'y a conduite. Je dirai toujours que je préfère mille fois la terre dont les enfants sont encore en possession de toutes les vertus qui ennoblissent l'âme, quoique manquant des superfluités que nous appelons le bien-être, à celles où l'excessive civilisation a remplacé les qualités du cœur par l'égoïsme le plus révoltant.

Le bon vin du commandant de place avait en effet réparé mes forces, quelques gouttes y avaient suffi; et, après m'avoir donné rendez-vous pour le lendemain, il m'abandonna au *cuarto* de la posada. La richesse d'ameublement y était grande, elle consistait en une petite table, deux chaises et un lit, lit composé d'un matelas posé sur des planches, mais le tout était propre à ravir.

Le château de Gaucin est bâti sur un pic qui domine la ville; c'est une véritable aire, dans une admirable position, d'où l'on découvre par le temps clair que j'avais une merveilleuse vue. Il remonte à une très-haute antiquité, fut construit par les Romains et augmenté par les Arabes. Les Espagnols l'entretinrent longtemps, y firent édifier une chapelle, mais à présent il est négligé et aurait besoin de réparations. On ne peut réellement s'arracher de la plate-forme de la plus haute tour, c'est un coup d'œil qui vous captive que ce monde de pics dont vous êtes entouré. Toutes ces montagnes sont couvertes de beaux bois, et leur partie inférieure est plantée en bois d'orangers dont les parfums arrivent jusqu'à moi. Le commandant me dit que du côté du nord on trouve, à une certaine hauteur, des excavations d'anciennes mines qui étaient exploitées par les Romains; la plus fameuse s'appelle encore aujourd'hui *Caldera* (1) de Pompée. Je distinguais de tous côtés de jolis villages blancs, perchés sur les montagnes au milieu des masses vertes, et les mélancoliques vallées qui m'entouraient, et le Guadiaro que j'ai traversé tant de fois; enfin à l'horizon j'apercevais la mer.

Hélas! ce ne fut pas sans regret qu'après une heure de contemplation, je me rappelai qu'il était temps de prendre congé de mes aimables hôtes et de ce beau panorama que je ne reverrai jamais. Il fallait continuer mon chemin vers Ronda, rejoindre mes sentiers impossibles, mais aussi toujours à travers des contrées ravissantes dans lesquelles j'échappai encore à toute espèce de mauvaise rencontre.

J'étais recommandée à l'une des autorités de Ronda, portant un nom fameux: c'est don Gusman, descendant du malheureux gouverneur de Tarifa. Je dois à cet aimable et excellent homme tout l'agrément dont j'ai joui pendant mon séjour ici; il a été pour moi le plus parfait des cicerones, tant dans la ville que dans les environs qu'il ne faut pas manquer de visiter.

Bien plus qu'à Gaucin je m'étonne à Ronda de rencontrer une ville de dix-huit mille âmes sans aucune espèce de chemins y conduisant, une ville qui a aussi une garnison, un commandant de place et un *corregidor* (sous-préfet); une ville située dans une contrée excessivement

(1) Chaudière.

fertile et ne pouvant envoyer qu'à dos de mulets tous ses produits à Malaga, d'où on les exporte.

La position de Ronda est exceptionnelle et charmante. Elle est bâtie sur un rocher énorme qu'une commotion terrestre sépara en deux avec tant d'art qu'il semblerait que ce fût un ouvrage humain. Le torrent de Guadalevin coule entre ces deux masses, en se brisant avec fracas, et du côté occidental de la ville, il tombe en formant trois cascades de l'effet le plus pittoresque.

La ville de Ronda est une des plus anciennes d'Espagne, sa fondation remonte aux Phéniciens. Les Arabes en avaient fait un lieu très-fort, y avaient construit une citadelle avec trois rangs de fortifications pour la défendre. Il est triste pour nous de dire que ce sont les Français qui en ont fait un monceau de ruines.

Pendant des siècles, Ronda resta enfermée dans une étroite enceinte; elle ne prit une grande extension qu'après la construction du pont qui fait aujourd'hui l'orgueil de ses habitants.

D'après ce que je viens de te dire, tu vois qu'on ne pouvait pas communiquer de la ville à l'autre partie du rocher sans descendre jusqu'au torrent, passer le pont qui est au bas, pour remonter de l'autre côté. Ce fut vers 1788 que *l'alcaide*, homme intelligent et dévoué, eut l'idée d'en appeler à la générosité de ses compatriotes pour l'aider à l'édification d'un pont qui serait si utile à la cité. Son appel trouva de l'écho, et cette construction est un véritable monument pouvant défier le temps. Je n'ai rien vu de si hardi que cette arche double jetée de chaque côté sur les rochers, les embrassant étroitement comme faisant corps avec eux à plus de six cents pieds au-dessus du torrent.

J'ai rencontré peu de vues aussi pittoresques que celle qu'on a du pont : tournez-vous du côté du couchant, et vous aurez sous vos pieds la profondeur du précipice, le torrent qui roule en écumant, quelques moulins sur la rive gauche, des jardins, des *huertas* de chaque côté. Un peu plus loin, la chapelle Santon, des plantations délicieuses partout, et au fond du tableau la haute chaîne du Libar dont chaque pic prend une forme fantastique, puis le haut et sombre mont San Cristobal, qui domine tous les autres et paraît être le roi absolu de ce monde gigantesque. Mais ne vous tournez pas du côté de l'orient, les montagnes y sont arides, ce sont des masses sans végétation, qui ne semblent faites que pour offrir un abri aux voleurs; cela fait un contraste frappant avec le délicieux panorama qu'on a de trois côtés.

La ville ne s'est accrue que depuis la construction du pont; la partie moderne, du côté nord, est la plus considérable, elle n'a guère que soixante ans d'existence, aussi est-elle très-bien bâtie. Sa promenade, l'Alhameda, est charmante : elle fut créée sur la partie la plus élevée du rocher et tout à fait au bord du précipice; on y a, comme du pont, une adorable vue. J'engage beaucoup à ne pas se contenter de celles qu'on a des deux hauteurs dont je viens de parler, il faut encore descendre au bas du pont pour mieux voir l'effet des trois cascades. A chaque mouvement qu'on fait, le tableau change d'aspect; rien n'est plus agréable que la promenade qu'on peut faire du haut en bas des deux rochers de Ronda.

Cette ville n'a de très-remarquable que sa position et la beauté du pays qui l'environne; cependant il ne faut pas manquer de voir la *casa del rey moro*. Il n'en reste de mauresque aujourd'hui qu'un escalier taillé dans le roc et descendant jusqu'au torrent, c'est excessivement curieux; de temps à autre on trouve des petites pièces voûtées recevant le jour par des lucarnes également taillées dans le roc. Un peu avant d'être en bas, on voit une grande salle carrée appelée salle secrète. On suppose que cet escalier avait été ainsi fait pour que les femmes du gouverneur arabe pussent descendre mystérieusement se baigner dans le torrent, et que cette salle devait servir à leur toilette.

Lorsqu'on est descendu au bas de l'escalier aboutissant au torrent, on peut sauter sur des morceaux de rochers épars au milieu de l'eau, et de là on se rend parfaitement compte du bouleversement qui sépara ces énormes masses

De chaque côté se trouvent, en face l'un de l'autre, les angles sortants et les angles rentrants, tels que la commotion les fit il y a une longue série de siècles. Vu de bas en haut, le coup d'œil de ces gigantesques rochers est encore plus imposant et rapetisse terriblement notre chétive nature; là, assis au milieu de l'eau dans cette espèce de sombre galerie, on éprouve une de ces impressions profondes et terribles auxquelles pourtant on ne peut se soustraire.

On me fit voir aussi la maison du dernier des *Montezuma*, qui y passe l'été seulement; c'est un hôtel assez triste, qui n'a rien de particulier que le nom de son propriétaire.

Les habitants de Ronda font un grand cas de leur *iglesia mayor*, je ne partage pas leur enthousiasme. Ils prétendent que toute la partie basse était l'ancienne mosquée, je crois que c'est une erreur et que cette église n'a pu être bâtie que sur les ruines de la mosquée à deux époques bien différentes.

Il y a deux excursions charmantes à faire dans les environs. La première, que me proposa don Gusman, fut la *Cueva-del-Gato* (la grotte du chat). Il avait d'ailleurs affaire dans ces parages. Le croirais-tu? dans cette Espagne si monarchique et au fond de cette province reculée, dans des montagnes à peine accessibles, il se trouve une toute petite poignée de républicains. On découvrit dernièrement leur correspondance avec ceux de France, et don Gusman avait des ordres à transmettre aux *alcaïdes* des villages de ces contrées-là, pour avoir à surveiller ces misérables, beaucoup plus dangereux que des bandits de profession. Cet aimable cicerone me dit que ces montagnes-là étant *mauvaises*, il prendrait pour nous escorter deux *escopeteros* bien armés.

— Ah! lui dis-je, cela est très-prudent, puisque, outre les *rateros* de vos montagnes, vous avez des républicains; cette variété de l'espèce est la plus vile de toutes, car ils sont lâches et n'attaquent jamais en face.

— Vous avez raison, señora, Dieu merci nous en avons peu dans notre vieille et bonne Espagne, et nous sommes bien disposés à poursuivre jusque dans leurs bouges infects et infâmes ces êtres pervers.

Notre petite troupe, composée de six personnes, y compris l'intrépide Barnabé, n'avait rien à redouter des républicains ou des *rateros*; d'ailleurs chacun était bien armé.

En sortant de la ville, nous traversions des *huertas* dont tous les arbres étaient couverts de fleurs; c'était une adorable forêt blanche, rose et verte, occupant la vallée de Hoyo de Tavares. Nous quittâmes cet endroit si fleuri pour entrer à droite dans la vallée de la Sierra de Libar, dont l'aspect est tout différent: le fond est d'une admirable fertilité, mais de chaque côté les montagnes de roches grises, abruptes, déchirées en tous sens n'offrent plus que l'aspect de ruines gigantesques. Au bout d'un quart de lieue au plus, en tournant à gauche, la nature se pare, sourit de nouveau, et nous arrivons au village de Benaojan, où nous devions faire une halte chez l'alcaide. Là encore on voulut traiter l'étrangère avec l'hospitalité espagnole, au moyen d'un immense bol, ou plutôt d'une terrine de punch accompagnée de petits gâteaux. Car tu sauras qu'il n'y a pas si petit village en Espagne où l'on ne trouve, outre du chocolat, des petits gâteaux faits avec des œufs, du sucre et très-peu de farine; on les nomme des *dulzes*. Le punch, fait avec du café, des aromates et de l'eau-de-vie blanche à l'anis, était bien le breuvage le plus baroque du monde, ce qui ne nous empêcha pas d'y faire grand honneur.

Après avoir causé de leurs affaires, l'alcaide sella son cheval pour nous accompagner à la *cueva*.

Nous entrâmes par des sentiers escarpés dans le pays le plus pittoresque qu'on puisse voir. Les montagnes se couvrent d'une belle végétation, les arbustes sont multicolores, et nous arrivons à un site vraiment enchanteur; il s'appelle *le Nacimiento*. Ici, le torrent qui nous accompagnait depuis Benaojan s'élargit; son lit est en pente douce, semée de rochers; cette eau de cristal, gênée par ces obstacles, scintille comme une rivière de diamants. En cet endroit, le torrent s'augmente d'un autre torrent, sortant de la montagne par un énorme trou, avec un fracas terrible.

Ajoute à ce tableau des lavandières, dont la plupart sont jeunes et belles, posées sur des rochers tout à travers le torrent, dans l'endroit où il forme une pente, et tu comprendras que ce mélange de belles créatures, de fleurs de toutes couleurs, d'arbustes, de rochers de toutes formes, doit faire un ensemble vraiment séduisant. C'est en continuant cette belle vallée que nous arrivâmes à l'entrée monumentale de la grotte.

Elle forme une voûte qui peut avoir cent mètres de haut et une largeur proportionnée; les couches rocheuses de la montagne sont si diverses et la nature fut si artiste dans ce travail, qu'il semble que l'entrée de la grotte est une belle œuvre d'architecture ayant souffert du temps, car les roches sont très-déchirées. On y arrive par une espèce de couloir, au fond duquel passe le torrent qui prend sa source au fond de la grotte, après l'avoir traversée dans toute sa longueur. On lui suppose une lieue de long; jamais personne ne put réussir à aller jusqu'au fond, l'eau en occupant presque toute la largeur. Les eaux sont si fortes à cette époque de l'année, que je ne pus aller qu'à quelques pas dans l'intérieur, sautant de roc en roc, pour plonger mes regards le plus loin possible sous la voûte, dont la beauté a vraiment quelque chose d'infernal. Je restai plus d'une heure en contemplation devant elle et la riante nature qui, par opposition, se trouve en face. Je conseille à toutes les personnes qui iront voir Ronda de ne point manquer de faire les deux promenades de la *Cuera del Gato* et de *Ronda la Vieja*.

Je fis cette dernière course hier, et comme don Gusman pense que ces sauvages contrées sont encore plus redoutables que celles dont je viens de parler, il avait pris une escorte de trois *escopeteros* à cheval. Le temps était menaçant, chacun avait pris contre lui les précautions d'usage; nous avions tous manteaux et *sombreros* (1) de la plus grande dimension; aussi je t'assure que si, au moyen d'une baguette enchantée ou par une grande puissance magnéti-

---

(1) Chapeaux.

que, tu avais pu nous voir ainsi, traversant ces montagnes inhabitées, tous les hommes ayant l'escopette à la main, tu m'aurais certainement crue à la tête d'une troupe de bandits.

Ronda la Vieja, que les Romains appelaient Anicippo; suivant d'autres écrivains : Alcinopa, est située à trois lieues de la première. C'est une campagne triste, presque inhabitée que celle que nous parcourûmes pour nous y rendre. Pendant un trajet de cinq lieues françaises, nous ne trouvâmes qu'un *cortijo* (ferme), où une averse nous obligea à nous réfugier quelques instants, et où la ménagère nous offrit l'hospitalité au moyen d'un bon grand feu pour sécher nos manteaux changés en torrents. Je puis me vanter d'y avoir pratiqué dans toute sa force la grande fraternité tant prêchée, tant célébrée par nos tribuns de carrefours. Don Gusman prévoyant une pluie qui serait très-froide, avait mis dans sa poche une bouteille de liqueur, quelques gâteaux et un verre. Or, comme je ne voulais pas être seule à jouir des bienfaits de la réchauffante liqueur, il s'ensuivit que chacun but l'un après l'autre sans que personne eût l'idée de le rincer. Je voulus faire bonne contenance et ne pas dédaigner cette confraternité avec de braves gens qui se vouaient à ma défense; je pris donc bravement une seconde fois le petit verre que sept à huit lèvres avaient caressé, pour me désaltérer encore.

L'intérieur d'une ferme espagnole a beaucoup de rapports avec celui des *ventas*. Cependant, au lieu d'entrer par l'écurie, j'entrai dans la cuisine servant de grande salle, où tout le monde se tient; mais elle sert aussi d'antichambre à l'écurie qui la suit. Comme elle n'a pas d'autre issue, il s'ensuit que les chevaux, mules et bœufs passent par cette pièce pour s'y rendre.

Lorsque le temps fut un peu rasséréné, nous prîmes un garçon de la ferme pour nous guider jusqu'à la place où était jadis Anicippo.

Cette ville, bâtie par les Phéniciens, augmentée par les Carthaginois, avait ensuite pris de l'importance sous les Romains, qui lui avaient donné un grand développement.

Puis vinrent les Vandales, qui la détruisirent entièrement. A en juger par les débris dont le sol est jonché à une si grande distance, par quelques restes de son ancienne muraille, elle devait être considérable. Elle occupait l'un des plateaux les plus élevés d'Espagne, au milieu des *sierras* de Ronda. En se mettant sur le point culminant de ces lieux si tristes, si silencieux aujourd'hui, il est curieux d'examiner à quel point le sol de cette province est ondulé par ses montagnes, lesquelles sont ensuite dominées çà et là par des pics d'une très-haute élévation. La vue s'étend au nord jusqu'à la Sierra-Moréna, qui est à environ trente-huit lieues. On distingue des villes et des villages épars sur des collines. En se retournant du côté sud, on voit le haut mont Cristobal; à son tour, il domine tous les autres. Il fut nommé ainsi, parce que c'est la première montagne qu'aperçurent et saluèrent les premiers Espagnols qui revinrent d'Amérique.

Aujourd'hui, le seul vestige qui reste d'Anicippo est son amphithéâtre situé au centre de la ville. Sa forme était demi-circulaire. Tous les gradins sont encore en place, comme au temps de sa splendeur, et presque toute la haute muraille qui fermait le demi-cercle est encore debout. Elle est très-haute; il est impossible de ne pas admirer la beauté de ces constructions; le temps a dévoré la chaux et le ciment qui joignaient les énormes pierres à côté desquelles nos pierres de taille ne sont que des cailloux, et qui furent employées à la construction de ce mur depuis le bas jusqu'en haut. Plus de deux mille ans environ contemplent ce souvenir d'un grand peuple, à travers lequel se jouent l'air et le jour; on admire sans pouvoir se l'expliquer cette protestation contre le temps, cette masse qui ne peut se soutenir ainsi qu'en vertu de la protection divine. Les pierres, presque toutes de marbre, qui composent les gradins, sont remarquables aussi par leur dimension, celles du premier rang surtout; j'en vis qui n'avaient pas moins de douze à quinze pieds de long sur six de large. Nous parcourûmes en tous sens ces vestiges si curieux; il y aurait là bien des choses à dire sur le néant des choses de ce monde; mais j'aime mieux te les épargner pour ton plus grand agrément.

Nous nous amusions à réunir des fragments de pierres tumulaires, que don Gusman déchiffrait facilement, car la plupart étaient restés si intacts qu'il semblait que ces caractères eussent été gravés récemment. De tout ce qu'il lut, don Gusman pensa que le plus beau moment d'Anicippo dut être sous la république romaine. Il me paraît hors de doute qu'ici, comme je l'ai dit déjà pour Italica, des fouilles faites avec intelligence feraient découvrir de précieuses choses. Sans se donner grand'peine, on trouve des monnaies de cuivre en remuant un peu la terre; le paysan qui nous guidait me dit que chaque fois qu'il passe sa charrue à travers ce sol que couvraient des palais, il trouve des pièces de cuivre, quelquefois il en a trouvé d'argent : il me donna une poignée de sous qu'il avait ramassée le matin et datant de la république.

Ce qui est triste attache; quoiqu'il me parût que notre présence au milieu de ces ruines solitaires n'était faite que pour troubler la paix des morts, j'aurais voulu y rester davantage, mais mon bon compagnon me fit observer qu'il fallait, et pour cause, rentrer à Ronda avant la nuit. Nous nous mîmes donc en marche par un autre chemin que celui qui nous avait amenés. Il était plus sauvage encore que le premier, nous ne rencontrâmes pas une âme, pas une habitation jusqu'à Ronda. Chemin faisant, don Gusman me montra un endroit où, la semaine dernière encore, de pauvres arrieros furent volés de leurs mules et de tout ce qu'elles portaient.

Je reçus un conseil que je suis très-disposée à suivre : c'est celui de ne pas voyager dans la province de Malaga sans escorte, attendu qu'il y a un danger réel, du moins en s'enfonçant, comme je le fais, dans l'intérieur.

Je comprends que dans des contrées toujours hérissées de montagnes très-hautes, dont les cimes sont abruptes, déchirées, pleines d'anfractuosités, la recherche des bandits est très-difficile. Y lancer de la cavalerie est impossible; la garde civile à pied y fait de fréquentes battues, rarement suivies de succès. On conçoit que ces misérables, qui ont étudié les nombreuses ressources que leur offrent leurs rochers, et qui se sont exercés pendant des années à sauter et courir à travers, avec la rapidité du chamois, ont un immense avantage sur des soldats, la plupart du temps étrangers au pays. Ajoutons à cela que la terreur qu'ils inspirent et la crainte que les malheureux habitants des villages ont de leurs vengeances, empêchent ceux-ci d'aider les recherches de la justice en signalant les tannières où ils se cachent.

On me cita comme exemple de la difficulté qu'il y avait à s'en emparer, la complicité de la propre mère d'un fameux bandit qu'on parvint à prendre l'année dernière, et qui fut fusillé sur-le-champ. Cet homme vivait ordinairement dans les rochers au-dessus d'un petit village des environs de Ronda. Il avait imaginé des manières de signaux que cette femme devait lui faire avec du linge étendu dans son petit jardin. Selon le côté où était et où se dirigeait la garde civile, cette mère, toujours au guet, étendait le linge de la manière convenue pour que le fils allât d'un autre; quand il pouvait descendre sans danger, le même télégraphe l'avertissait. Eh bien, cette malheureuse mère était la plus pieuse et la meilleure des femmes; depuis le moment où les instincts féroces de son fils s'étaient révélés, elle avait passé sa vie dans les larmes et dans la prière, demandant à Dieu la mort de cet enfant s'il devait continuer à vivre dans le crime. Lorsqu'elle voulait essayer de faire vibrer une corde sensible dans cette âme perverse, les plus affreux traitements étaient la réponse. Enfin un jour où le télégraphe joua moins bien, il fut pris; il y eut alors grande réjouissance dans les vallées.

Tout dernièrement se renouvela une joie de ce genre: il y avait dans les hauteurs qui environnent Ronda deux autres célèbres bandits d'une férocité et d'une audace inouïes. Ces deux misérables étaient liés d'une étroite amitié et associés pour faire leurs expéditions, dont ils partageaient ensuite les résultats. Le mois passé Barbaran et Mataro faisaient le partage d'une prise avec une fraternité si parfaitement républicaine, que le dernier, se trouvant dupé, leva sa *navaja* sur son ami ; Barbaran, plus fort sans doute, riposta et tua Mataro, dont le cadavre fut, avec la même vigueur, lancé dans un village au milieu de la nuit. Reste maintenant à la garde civile le soin de s'emparer de Barbaran, jeune homme de vingt-quatre ans, qui a déjà commis dix à douze meurtres et un nombre infini de vols plus audacieux les uns que les autres.

— N'est-il pas bien fatal, disais-je dernièrement à un señor, qu'on ne puisse parcourir votre beau pays, qui serait un véritable paradis terrestre, si on n'avait pas la crainte à chaque pas d'y être assassiné? Vous conviendrez que des émotions de ce genre-là sont peu faites pour encourager à y venir.

— Hélas! señora, me répondit-il, c'est vrai ; mais convenez que nous avons chacun nos plaies, car si nous avons un très-petit nombre de hardis bandits, vous en avez un trop grand de républicains et de socialistes ; eh bien, je ne changerais pas avec vous. Je ne doute pas que bientôt nous réussissions à détruire les nôtres, et je crains que vous n'ayez pas le même succès à espérer avec la race bien plus perverse que vous avez, jusqu'à ce qu'un bras intelligent et fort prenne les rênes de votre gouvernement et les brise.

Tu concevras aisément qu'il n'y avait rien à répliquer à de si tristes et si exactes paroles.

Je quitte Ronda demain après avoir passé des jours agréables dans cette pittoresque ville, dont la position est sans pareille peut-être dans le monde. Si tu y viens, il faut donner la préférence à une *casa de pupilos* sur la *fonda*.

Sur l'ordre du commandant d'Algésiras, celui de la place de Ronda me donne une escorte de deux lanciers pour traverser ces contrées qui sont, suivant l'expression de Barnabé, très-*malsaines*.

LETTRE XVIII.

Malaga, 6 avril 1850.

Jamais soleil plus radieux que celui du 27 mars dernier ne s'était levé pour éclairer un voyageur. En sortant de Ronda, je laisse à ma gauche un aqueduc qui lui conduit les belles eaux de ses *sierras;* je me trouve ensuite dans des sites assez riants, plantés de chênes verts, ayant à droite le torrent de Guadalevin. Le sentier que je parcours est bon et permet quelque temps de galop à la petite troupe, malgré l'abominable chose appelée des *hamugas* sur laquelle je suis assise. A midi nous arrivions au Burgo pour y déjeûner. Quel déjeûner ! Je n'avais encore rien vu d'aussi malpropre que la grande salle de cette *posada*, qui, à mon arrivée, fut envahie par des flots d'enfants dont mon entrée avait excité la curiosité. Aussi le déjeûner fut-il bientôt pris, et je m'empressai ensuite de sortir pour aller voir les ruines que j'avais aperçues de loin. Ce ne fut pas sans peine que mes lanciers parvinrent à me faire faire place et à empêcher cette foule de me suivre.

Le château en ruines, dominant le village, remonte aux Romains; la vue en est belle, mais triste à l'excès; il n'en reste que quelques murailles et deux grosses tours carrées. J'allai de là à l'église; elle est assez jolie; nous sommes dans la semaine sainte et dans le pays si religieux d'Espagne, où le culte extérieur joue un si grand rôle dans les cérémonies; les femmes, celles surtout faisant partie de quelque confrérie, sont excessivement occupées. Dans la sacristie de la petite église du Burgo, ces dames faisaient la toilette des christs, des vierges, des saints et saintes qui devaient être exposés le lendemain pour toutes les cérémonies de la Passion; je n'ai jamais rien vu de si bizarre, de si chamarré.

En sortant du Burgo, les montagnes deviennent toujours plus âpres, plus déchirées; toute trace de végétation disparaît. A gauche du torrent qui roule au fond de la vallée, d'énormes masses de roches granitiques d'un beau rouge, éclairées par le soleil, produisaient un merveilleux effet.

Ici Barnabé me prévint que nous étions dans un *sitio muy mal sano*, et se mit ainsi que toute la petite troupe sur la défensive. Je dis troupe, car la vue de l'habit militaire est si rassurante, que, parfois, si nous rencontrions de pauvres *arrieros*, ils se mettaient à notre suite, bien convaincus alors qu'ils étaient à l'abri de tout danger. Chacun donc arma escopettes et pistolets comme pour soutenir un combat; mes deux lanciers étaient en tête l'un devant l'autre; c'était le meilleur moyen de faire fuir les malfaiteurs, qui, ne pouvant voir ce qui suit, s'éloignent ordinairement à la première vue de l'uniforme pour n'être pas vus eux-mêmes. Les défilés dans lesquels nous étions engagés semblent être créés pour favoriser le crime; ils sont tellement étroits, sinueux, passant entre des rochers si hauts qu'on ne peut voir la personne qui est à deux mètres devant soi. Nous montâmes ainsi un temps infini; j'avais déjà l'espoir d'arriver au paradis, et, lorsque nous fûmes au point culminant de la montagne, mon illusion ne cessa qu'à demi : c'était un paradis terrestre que j'avais devant moi à mes pieds. J'étais au port de Martinez. Je voulus m'arrêter quelques instants pour contempler le magnifique tableau que j'avais sous les yeux. C'était une des vallées les plus fraîches, les plus fleuries qu'il fût possible de voir; sur un mamelon s'avançant au centre, j'apercevais le village de Casarabonuela.

—Je veux aller à ce village, dis-je à Barnabé; nous avons encore quelques heures de jour pour que je me promène dans ces jardins si jolis, et nous y coucherons; comme tout chemin mène à Rome, celui-là peut me mener à Malaga.

—Cela se peut, señora; mais cela allonge de beaucoup notre route, et nous fera arriver demain bien tard à Malaga.

Le chemin que je prends toujours est celui-ci, à gauche, qui conduit à la *venta del Vicario*, où l'on couche; tandis que, pour aller à Casarabonuela, il faut faire un grand détour à droite.

Je persistai néanmoins à vouloir aller à ce village qui paraissait sortir d'un bouquet de fleurs. Nous prîmes donc le sentier à droite; il était étroit et presque toujours taillé dans le roc; la pente était si rapide, que je faisais des vœux pour que les bandits n'eussent aucune envie de nous barrer le passage en ce moment. Plus nous avancions, plus le coup d'œil était charmant, plus l'air était parfumé par tous les orangers et les autres arbres à fruits qui nous entouraient. A l'entrée du village, je trouvai un abondant *nacimiento* (source); cette masse de cristal sort d'un très-grand trou dans le rocher, va se jeter dans une espèce de bassin qui sert d'abreuvoir, et en ressort pour tomber en cascade dans le fond de la vallée.

Arrivée dans le village, une autre difficulté se présentait; Barnabé pensa qu'il ne serait pas possible de trouver pour moi un gîte à peu près supportable; mais, pendant que nous étions à discourir et à demander des renseignements sur la place, ma bonne étoile de voyageur fit qu'il s'y trouva un riche particulier, propriétaire d'une belle maison que je voyais. Don Juan Garcia, en véritable Espagnol, vint offrir à l'étrangère son toit hospitalier. Tu penses que j'acceptai avec reconnaissance. Cet excellent homme me donna à choisir dans toute sa maison la pièce où je voulais qu'on me dressât un lit; on m'apporta tous les draps pour que je choisisse les meilleurs, et il donna des ordres pour que mon dîner fût le mieux possible.

Après un léger repos, don Juan me promena dans les plus jolis sites autour du village; nous montâmes aux ruines de son vieux château, d'où l'on a une vue charmante sur les jardins de la vallée.

Tu dois penser qu'en quittant cette bonne famille, mon admiration pour l'hospitalité espagnole avait atteint son plus haut point. Conviens, mon cher frère, qu'excepté à ton Mûrier, où je crois que tu la donnerais, nulle part, dans notre pauvre France, une personne inconnue, et bien moins encore si elle était étrangère, ne trouverait cette cordiale hospitalité qui me fut offerte de si bon cœur par don Juan Garcia. Chez nous on lui souhaiterait gaiment une bonne nuit en la laissant coucher à la belle étoile. Aussi mon passage au petit village de Casarabonuela mérite-t-il une bien bonne note dans mes souvenirs de voyage.

En sortant du village, nous descendîmes par un sentier escarpé et très-difficile au fond de la vallée, mais toujours à travers les plus délicieuses *huertas*. Une fois en bas, nous cheminâmes longtemps dans des bois d'orangers, acceptant de tous côtés de ces bons fruits qui désaltèrent si agréablement.

En approchant de Malaga par le côté où l'on cultive davantage les céréales, la campagne est moins jolie, étant plus dégarnie d'arbres, mais on admire sa merveilleuse fertilité.

Malgré les dires de Barnabé sur la longueur du chemin, nous arrivâmes à quatre heures dans cette capitale de la province. Je t'y recommande la *fonda del Oriente*, où je suis descendue.

La manière de voyager que je viens d'employer est, sans contredit, la plus agréable; tu ne peux te faire une idée, mon cher ami, combien j'en ai joui, et combien le souvenir m'en est, et, je crois, m'en sera toujours charmant. Néanmoins je dois te prévenir, tant pour toi que dans le cas où j'aurais des lecteurs qui voudraient m'imiter, qu'il faut compter pour quelque chose l'ombre du tableau avant de s'engager dans cette manière de *villegiatura*. D'abord il faut une robuste santé pour s'exposer sur les mules ou les chevaux très-durs des *arrieros*, à voyager ainsi de longues journées par tous les temps. Dans ces montagnes, la température varie à chaque instant du jour, d'autant plus que vous êtes parfois au fond d'une vallée où le soleil vous grille, puis que vous la quittez pour remonter à la hauteur des nuages où le vent vous glace. Je ne parle pas de la crainte des bandits qui ne doit pas exister quand on a une escorte; mais cette faveur est très-difficile à obtenir; il faut pour cela de puissantes recommandations. Voilà, pour la santé et la vie, deux sujets de réflexions de quelque importance.

Venons à celui moins grave de la bourse. Il faut s'attendre à l'alléger beaucoup : la location des guides, chevaux et mules est fort chère; il faut, bien entendu, défrayer le plus convenablement possible les hommes et les chevaux de l'escorte; et, le croirais-tu, les *ventas*, les effroyables *posadas* des villages où il faut s'arrêter, sont infiniment plus chères que les bonnes *fondas* des grandes villes. Ensuite on doit rémunérer généreusement ces militaires qui vous ont entouré d'égards et ont apporté leurs soins à vous préserver de tout danger. Ils ne demandent rien, mais il va sans dire qu'ils acceptent avec plaisir.

Revenons à Malaga, ville bâtie dans une position charmante au centre de la baie du même nom. Elle est ainsi abritée des vents du nord et jouit du meilleur climat d'Espagne, disent les Malaguais. Quant à la ville, elle n'a rien de remarquable, ses maisons sont basses, ses rues très-sales; son port, qui a de l'animation et pourrait être une charmante promenade, est si mal tenu, a une si mauvaise odeur, qu'on est rarement tenté d'y aller jouir du beau coup d'œil de la baie. Sa promenade l'Alhameda est fort jolie; ce sont trois belles allées parallèles ayant une fontaine à chaque extrémité. Malheureusement pour elle on l'a ornée de bustes et de statuettes entre les arbres; tout cela est mauvais au point d'en être ridicule. Un peu au-delà de l'extrémité de la promenade, qui est aussi l'extrémité de la ville, coule la rivière de Guadalmedina, dont un pauvre filet d'eau passant au milieu d'un large lit signale seul la présence.

La cathédrale est la seule église qui mérite d'être vue. Elle est composite, a trois nefs, c'est une œuvre d'importance par ses belles proportions, quoiqu'elle ne soit pas entièrement achevée. Sa tour a des prétentions à rivaliser avec la Giralda.

Pour jouir d'une ravissante vue de Malaga et de ses environs, il faut aller à la citadelle et monter sur les plates-formes; de là on découvre à une très-grande distance les belles et fertiles campagnes qui font la richesse de Malaga, l'animation de son port, où l'on embarque pour l'étranger les produits de la province, non seulement des fruits de toutes les espèces, secs ou frais, mais aussi des métaux, des marbres, des jaspes. Ce beau pays est tellement favorisé de la nature, qu'il produit de tout et en abondance. C'est quelque chose de séduisant que ce tableau vous offrant d'un côté le merveilleux jardin appelé *el Campo de Malaga*, dont la fertilité est la rivale de celles de la *vega de Granada*, *la vega de Murcia* et la *huerta de Valencia*, qui sont pour l'Espagne ce que le Nil est à l'Egypte; de l'autre côté on voit une baie bien formée comme un immense bassin et enfin la magnificence de l'Océan.

Tu comprends qu'un certain développement industriel devait être la conséquence de la richesse territoriale de Malaga et des mines nombreuses et considérables des montagnes de la province. Les personnes qui s'occupent d'industrie ne verront pas sans intérêt les belles fonderies de MM. Héredia, ce sont les premières et les plus importantes d'Espagne; chaque année ils fondent et exportent pour des millions de douros. Celle de M. Giraud est assez considérable aussi. Puis les grandes fabriques de toiles et de tissus de coton de MM. Larios, sont également de beaux établissements, occupant un grand nombre d'ouvriers.

Après cette digression, revenons à la plate-forme du haut de laquelle nous avons contemplé *el Campo de Malaga* et regardons à nos pieds les vieilles murailles du château arabe dans lequel nous nous trouvons. Malgré les modifications nombreuses qu'il a subies depuis la conquête, et malgré les maux que le temps lui a occasionnés, il a conservé son caractère primitif. Cette forteresse dut être redoutable : bâtie comme je l'ai dit sur le point le plus élevé de la ville, elle est reliée à un autre château-fort se trouvant au bas de la montagne, par une double ligne de remparts qui devait être pour la ville et le port d'une très-bonne défense. Aujourd'hui tout cela est en ruines; la forteresse haute ou château de Gibralfaro seulement est un peu entretenue et très-peu armée. On ne doit pas quitter Malaga sans visiter ces importantes ruines.

La semaine sainte est, je le répète, un temps de grandes et pieuses cérémonies, chez ce peuple heureux. Il y a tous les jours une procession pour laquelle la paroisse qui la fait déploie tout le luxe imaginable, et je l'ai dit, je crois, qu'il n'y a pas si petite église en Espagne n'ayant de très-beaux ornements. Je vis hier celle d'une vierge *muy milagrosa*, comme toutes celles que j'ai déjà vues, selon les bons sacristains qui les montrent. C'était, je t'assure, un très-beau coup d'œil que cette nombreuse suite de fidèles des deux sexes, le cierge à la main, chantant des cantiques; puis la musique militaire, des piquets de cavalerie, un clergé nombreux dont les vêtements sacerdotaux sont éblouissants de richesse et enfin une vierge de grandeur naturelle debout sur un piédestal porté par huit hommes. Elle est vêtue d'une robe et d'un manteau de velours noir brodés d'argent; c'était le samedi saint, elle porte le deuil de son fils, des groupes d'anges sont à ses pieds. Derrière elle, viennent les autorités civiles et militaires, puis un régiment d'infanterie. C'était, je le répète, un beau coup d'œil; cependant la foule était moins recueillie que celle que j'ai vue à Lisbonne.

Je tiens d'un Malaguais même que la population de Malaga et de sa province est la plus violente et la seule mauvaise d'Espagne; il n'y a jamais la moindre querelle entre gens du peuple qui ne soit terminée par des coups mortels de *naraja*. Et comme je lui disais que ce qu'il y a de particulièrement déplorable est le peu de sûreté des chemins, il se mit à le déplorer comme moi, me disant pourtant qu'il y aurait à faire pour détruire cette abominable plaie bien moins qu'on ne le pense généralement.

— On écrase, me dit-il, cette malheureuse garde civile, qui n'a de repos ni nuit ni jour; et, le croiriez-vous, chaque mois on amène à Malaga devant les tribunaux, l'un dans l'autre, 300 malfaiteurs environ, pris tant dans la ville que dans les montagnes, principalement dans celle de Ronda. Parmi ces malfaiteurs, il se trouve même des assassins ; eh bien, ces 300 misérables sont toujours les mêmes. Cela tient à plusieurs causes : d'abord notre code criminel est mauvais et sans force; ainsi, quand un pauvre diable a été volé, la plupart du temps il se garde bien de le dire, car, lors même qu'on pourrait retrouver l'objet volé et le voleur, les frais judiciaires, toujours à la charge du volé, sont tellement considérables, qu'ils pourraient s'élever au double de la valeur de l'objet et devenir une ruine pour le plaignant. Voilà une première cause d'impunité. La deuxième est plus triste encore : notre magistrature est d'une loyauté que personne n'a jamais pu mettre en doute; mais, hélas! il faut avouer le vrai, elle manque d'énergie et de sévérité, craint les horribles vengeances dont elle est menacée dans des lettres anonymes chaque fois que des bandits sont amenés devant la justice; elle rend ainsi à la liberté des scélérats qui méritaient la mort et ne quittent la prison que pour recommencer leurs forfaits. Il faudrait, pour détruire cette race, d'abord refaire nos codes, puis, chaque fois qu'on prend un de ces hommes, le fusiller sur-le-champ. Il arrive pourtant quelquefois que la garde civile a des ordres pour fusiller sur place le bandit couvert de crimes dont le signalement est parfaitement connu, mais ces cas sont trop exceptionnels. Si, par malheur, comme cela est arrivé déjà, un officier ou sous-officier de garde civile donne l'ordre d'exécuter à l'instant un de ces brigands dont la main est encore teinte de sang, plutôt que de l'envoyer à des tribunaux qui vont l'absoudre, cet homme de bien passera au conseil de guerre et sera lui-même condamné sévèrement. Comment voulez-vous, señora, ajouta-t-il, qu'avec un pareil état de choses, vous puissiez voyager avec sécurité? J'ai l'espoir pourtant de voir la position s'améliorer; Narvaez ne veut pas seulement détruire la contrebande, il a juré de détruire aussi le brigandage; pour lui, vouloir est pouvoir. En attendant, señora, soyez prudente et gardez-vous bien de dire jamais tout haut quel est le jour de votre départ tant que vous voyagerez dans le midi de l'Espagne.

L'homme qui me parlait ainsi est un fonctionnaire public, plus à même que qui que ce soit de savoir la vérité sur ces choses. Comme je ne veux point aller à Grenade par la diligence et que je l'avais consulté sur la route la moins dangereuse et la plus agréable à prendre, il me conseilla d'aller par Velez-Malaga et Alhama, surtout de prendre pour guide l'*arriero* Pepe Lanza.

— Avec lui, me dit-il, vous n'avez pas besoin d'escorte; Lanza est très-avantageusement connu des voleurs de ces contrées; il leur rend de petits services à la ville, leur paie un tribut annuel pour qu'ils le laissent passer en paix, et ils sont fidèles à leur parole. Depuis quarante ans qu'il va à Grenade avec ses mules une fois la semaine, il n'a jamais été volé, et c'est certainement le seul *arriero* de toute l'Andalousie qui puisse en dire autant.

— Assurément, dis-je, votre conseil est fort bon et je le suivrai; j'ai pris longtemps toutes ces histoires de voleurs pour des romans. Quel malheur que ce soit une réalité dans votre belle Andalousie, ce pays qui semble fait pour être habité par Dieu!

Quoiqu'il n'y ait pas de châteaux en Espagne, tu sais, on me parla de celui du comte de Villalcazar, à deux lieues de Malaga, appelé le Retiro. Sa position est charmante : bâti sur une colline, ses jardins et ses terrasses ont une vue délicieuse, embrassant d'un côté toute la plaine et la ville de Malaga avec leur encadrement de montagnes; de l'autre la baie; c'est un admirable tableau. Avec une si belle position et les eaux abondantes que la montagne envoie, on pouvait faire quelque chose d'adorable. Au lieu de cela, les eaux se distribuent en une infinité de petits bassins et de petites cascades, avec ornements de crapauds, de colombes et de statuettes de faïence jetant de l'eau par la bouche. De sorte que les jardins du marquis ressemblent assez à des jardins de lorettes ou de maîtresses d'avocats juifs et républicains. En revenant je vis la campagne du consul de Prusse, dont les jardins sont jolis, mais sans vue.

Je pars demain pour Grenade, mon cher ami, avec le

fameux Lanza, qui répond de moi sur sa tête. J'ai la fièvre d'arriver dans ces lieux charmants, dit-on, que je n'aperçois qu'à travers un prisme. Et pourtant quelque chose me dit que j'aurai une déception, enfin ! ce ne sera pas la première. Je pars sans inquiétude et sans escorte, car Lanza est un gaillard qui, malgré ses soixante ans, est d'une stature à guerroyer contre des géants. J'espère donc t'écrire de Grenade.

LETTRE XIX.

Grenade, 28 avril 1830.

Ah! quel pays enchanteur que la vega de Grenade, mon cher Hugues! Que sont les paroles pour décrire cet adorable paradis terrestre, où tout ce qui peut charmer, enivrer l'imagination se trouve réuni? Le prestige des arts, l'incomparable beauté de la nature, la merveilleuse fertilité de son territoire, tout enfin justifie ce que disent les Espagnols :

> Quien no ha visto a Granada
> No ha visto a nada (1).

Avant de t'entretenir de ce séjour divin, un mot sur le chemin qu'on parcourt depuis Malaga et que je t'engagerai fort à prendre. Malheureusement pour moi, j'en ai peu joui, car, presque au sortir de la ville, la haute mule que je montais, étant assise sur une selle d'homme sans aucun point d'appui, eut une frayeur et me lança par-dessus sa tête à dix pas devant elle. Je tombai évanouie et toute meurtrie sur le sable; on me porta dans une *venta*, dont les braves propriétaires me soignèrent sans vouloir accepter ensuite aucune rétribution. Un breuvage fait avec du miel, de l'eau et de l'eau-de-vie, me ranima un peu, et je voulus continuer mon chemin, mais au milieu d'abominables souffrances, qui diminuaient terriblement les charmes du voyage. Les réflexions de Lanza n'étaient pas ce qu'il y avait de moins original : « Ah! s'écriait-il, comme c'est heureux que la señora soit tombée là, au lieu de tom-

(1) Qui n'a vu Grenade n'a rien vu.

ber deux pas plus loin sur le rocher; elle se serait tuée, et quel malheur pour moi! on m'eût confisqué mes mules et on m'aurait mis en prison en m'accusant de l'avoir tuée. »

Depuis Malaga jusqu'à une demi-lieue de Velez-Malaga, le chemin est toujours au bord de la mer. A gauche, on a des rochers très-hauts, c'est extrêmement pittoresque; puis le chemin tourne, toujours à gauche, à travers des huertas, des bois d'orangers, jusqu'à la jolie petite ville de Velez-Malaga, située au pied d'une colline, dans une position charmante, et dominée par un vieux château-fort que j'eus le chagrin de ne pouvoir visiter.

C'est dans cette petite ville qu'on déjeûne chez Lanza, dont la femme tient une *posada*. On a le temps de se promener un peu, car on arrive le soir de bonne heure à Alhama où l'on doit coucher. Au sortir de Velez, la campagne est ravissante; j'étais constamment au milieu des jardins les plus parfumés du monde; les orangers en fleurs offraient un délicieux mélange de vert et de blanc, et je traversais une quantité de petits villages gracieusement posés dans ces fertiles montagnes. Puis, quelques heures avant d'arriver à Alhama, la campagne devient nue, stérile, d'une tristesse mortelle, les montagnes sont toutes déchirées, âpres, sauvages, et l'affreuse petite ville se montre au milieu de tout cela. Son seul mérite est d'avoir des bains minéraux très-efficaces. D'Alhama jusqu'aux hauteurs qui entourent la *vega* de Grenade, la campagne est toujours la même, morte et aride; les montagnes semblent être faites pour être de véritables repaires de brigands. Cependant j'arrivai sans émotions de ce genre jusqu'à l'antique capitale du royaume, dont la perte causa justement la mort de Boabdil, son dernier roi.

Grenade est une très-ancienne ville; mais sa grande prospérité ne date que des derniers siècles de la domination arabe, alors que ceux-ci, expulsés de Cordoue par saint Ferdinand, vinrent en grand nombre s'y réfugier, apportant avec eux le goût des arts, des sciences et de l'agriculture. Grenade prit alors une telle extension, que plusieurs écrivains pensent qu'elle n'avait pas moins de 400,000 habitants lorsque

Isabelle-la-Catholique, à la tête de l'élite de la noblesse espagnole, s'en empara, le 2 janvier 1492, après 777 ans de domination arabe. Ces mêmes écrivains pensent que Grenade est l'ancienne Illiberis des Romains. Il est certain qu'à une assez grande distance en dehors de la ville, et surtout du côté de la Sierra-Elvira, on retrouve des puits, témoignage incontestable de l'ancienne présence d'habitants.

J'avais été si ravie de la première vue de la *vega*, de ces campagnes si fraîches, si arrosées, de ces ombrages si magnifiques, qui m'avaient garantie d'un soleil ardent pour arriver jusque dans l'intérieur de la ville, que je voulus jouir des munificences du Créateur avant de voir les œuvres si justement renommées aussi de ses créatures. D'ailleurs je m'apercevais à chaque pas que Grenade existait dans ma mémoire, comme si ces souvenirs-là appartenaient à ma vie actuelle.

La première course que me fit faire mon guide me fortifia dans cette pensée; il voulut me conduire à l'ermitage de San Miguel, situé à une grande hauteur en dehors et au nord de la ville, afin de me charmer tout d'abord par la beauté incomparable de ce panorama. Je restai là plusieurs heures dans la plus douce et la plus ravissante des extases; il me semblait que le ciel allait s'ouvrir pour moi. Le soleil couchant entourait d'une divine auréole le plus poétique tableau qui existe au monde; il me semblait que le présent n'existait plus, et que ce long passé d'héroïsme et de gloire était déroulé devant mes yeux. J'avais là, à mes pieds, Grenade, la ville aux mille tours, Grenade, majestueusement posée sur ses collines, y trônant en véritable sultane favorite du soleil. Voilà donc ces champs qui furent arrosés par le sang généreux de tant de héros! Pas une pierre qui, si elle pouvait parler, ne pourrait raconter les hauts faits, les actes d'héroïsme, aussi bien des serviteurs du prophète que des enfants du Christ, pendant ces longues et dernières guerres qui expulsèrent définitivement les Arabes du sol d'Espagne. Je vois à l'horizon, à droite de la *vega*, la petite ville de Santa Fé, bâtie pendant le siége de Grenade; ce qui était d'abord le campement d'Isabelle devint une ville, à laquelle on voulait donner le nom de la reine, mais elle, mue par sa haute piété, voulut qu'elle portât celui de Santa Fé (Sainte-Foi). Les siècles pourront passer sans que jamais le souvenir de cette grande reine s'efface, même chez les hommes les plus ignorants de ces contrées. C'est dans ces lieux si intimement liés à son souvenir, qu'Isabelle de Castille était arrivée au commencement de 1491 accompagnée du cardinal Ximenès de Cisneros et de Gonzalve de Cordoue, les deux plus grands hommes de leur siècle chacun dans des genres différents, et de tout ce que les plus nobles familles d'Espagne comptaient de plus valeureux.

Ne semble-t-il pas qu'on voie cette vaillante armée, obéissant à une femme de génie, et commençant sous ses ordres le siége de cette capitale du plus beau et du plus florissant royaume? C'était depuis le 23 avril 1491 jusqu'au 2 janvier 1492 que cette riche plaine était sans interruption foulée par des phalanges de héros dont les noms appartiennent à l'histoire. Voilà l'intrépide Perez del Pulgar, qui, à la faveur des ombres de la nuit, traverse la *vega* avec la rapidité de la flèche; il est accompagné de quinze gentilshommes sous ses ordres, voulant partager les périls de son entreprise. Trompant la vigilance des gardes de la ville endormie, il parvient jusqu'à la mosquée, et cloue sur sa porte un parchemin azur avec ces mots gravés en or : *Ave, Maria*. De retour au camp de sa souveraine, combien de félicitations ne reçoit-il pas, lui et les quinze hidalgos qui l'ont aidé dans cette entreprise, qui jette la terreur et le découragement dans une population superstitieuse, croyant voir là le commencement de sa fin! Perez del Pulgar reçoit en récompense l'autorisation d'ajouter à son écusson les mots qu'il a cloués à la porte de la mosquée. En vérité, toute une épopée est là, devant mes yeux : n'est-ce pas là, dans cette petite ville de Santa Fé, qu'après des prodiges de valeur, qui, hélas! au nom de Dieu, firent couler des flots de sang, se signèrent la capitulation de Grenade et l'ordonnance qui envoyait Christophe Colomb ouvrir à l'Espagne les portes du nouveau monde? Cette terre représente l'histoire des plus grandes actions du quinzième siècle.

Je voudrais ne te parler que du passé, le présent lui est si inférieur ! Mais tu le connais aussi bien que moi, il faut donc revenir à la réalité qui, pour ce qui concerne d'abord les œuvres de Dieu, est si adorable. Ah ! que c'est beau ! J'ai vu l'Italie, j'ai vu Lisbonne; Naples, avec son Vésuve, offre une vue plus grandiose que la *vega* de Grenade, c'est incontestable; mais je ne pense pas qu'il existe au monde rien de plus délicieusement poétique, rien de plus attachant, de plus divin que cette vue de Grenade, sa *vega*, ses sierras, prise de la terrasse de San Miguel. Sans cesse je répétais, comme l'a dit un de nos poètes, que si Dieu quitte son paradis, ce sera en faveur de Grenade.

De la terrasse de San Miguel, j'ai donc la ville juste au-dessous de moi ; je distingue parfaitement l'ancienne ville arabe qu'on appelle l'Albaycin de la Grenade moderne. Toute la partie de la vieille muraille arabe flanquée de tours, séparant ces deux parties de la ville, est presque intacte ; elle part du pied de l'Alhambra et va jusqu'à l'extrémité de la ville. Quant à la partie de muraille qui entourait l'autre côté de l'Albaycin, il n'en reste que peu de traces, assez cependant quand on parcourt ces lieux pour juger de l'extrême étendue de l'ancienne ville. Le quartier de l'Albaycin diffère entièrement de l'autre ; les maisons sont basses et mélangées avec des masses de verdure, tandis que la partie moderne n'offre que ses hauts toits en terrasses. A ma gauche, sur une colline un peu plus élevée que l'Albaycin, voici le trésor mauresque, que ses possesseurs appelaient le palais des Perles ou *la Alhambra*. Il domine la ville, il est ceint d'une forte muraille, lui faisant une couronne de tours, et paraît être l'époux désolé de cette reine d'Occident. Au-delà de la ville, la vue embrasse toute la *vega*, jardin enchanté, véritable terre promise ne se reposant jamais. Les Espagnols ont conservé le système d'irrigations appliqué par les Arabes et auxquels ils doivent la production abondante et continuelle dont ils jouissent. Cette magnifique plaine, qui a la forme d'un bassin ovale, a environ 30 lieues de circonférence et 8 de largeur. Imagine-toi voir un jardin de cette étendue, encadré de hautes montagnes et arrosé en tous sens par des ruisseaux de diamants, comme l'a dit très-exactement T. Gauthier; diamants qui sillonnent la plus belle et la plus riche verdure qu'on puisse voir, et faisant pour la *vega* plus que le Nil pour l'Egypte, puisque cet arrosage est de tous les temps et qu'on peut à volonté en augmenter ou en diminuer l'abondance. Ces eaux viennent de toutes les sierras qui entourent la *vega*. Ce sont d'abord deux rivières : le Darro et le Genil se réunissant un peu au-dessous de Grenade. Puis trois petits torrents : le Dilar, le Veito et le Monachil. Les deux rivières sont torrentueuses et ne peuvent être navigables. Je voyais à ma droite la Sierra-Elvira, qui renferme des marbres précieux, des richesses minéralogiques et des bains thermaux. A gauche, la Sierra-Nevada avec sa cime d'éternelle neige s'élevant à la hauteur de plus de 10,000 pieds au-dessus du niveau de la plaine. Ses pics ne sont accessibles que pendant trois mois de l'année. Tu penses que je regrette amèrement qu'on ne puisse faire ces ascensions au mois d'avril. Je distinguais les plus hauts pics, ceux de la Veleta et du Muley-Hacen. Enfin, mon cher, c'est un de ces tableaux sublimes bien supérieurs à tout ce que peuvent exprimer des paroles.

Si nous descendons maintenant dans l'intérieur de Grenade, nous ne trouverons plus qu'une ville à rues tortueuses, étroites, que le soleil peut à peine éclairer, mais une ville ayant un caractère n'appartenant qu'à elle, et qui vous reporte à des siècles en arrière. Tout vous y parle de l'histoire de ce peuple qui fit régner les arts, les sciences et l'agriculture pendant huit siècles sur la terre d'Espagne.

C'est ici le Zacatin, le quartier marchand à rues si étroites qu'une voiture n'y saurait passer; sauf le costume de ceux qui l'habitent, c'est le Zacatin tel que l'ont laissé les Arabes avec ses petites boutiques bien basses, ne permettant que peu d'accès au jour. Voici, non loin du Zacatin, le Moristan, que le vulgaire appelle improprement *casa de monedas*, parce que, après la conquête, les rois catholiques y établirent des ateliers de monnayage. Mais le

Moristan ou hôpital, et qui était le seul que les Arabes eussent construit en Espagne, n'eut pas d'autre destination durant la possession arabe que celle pour laquelle il avait été construit par Abou-abd-Allah, roi de Grenade, qui vivait au quatorzième siècle. Il reste aujourd'hui peu de chose de ses décorations, ses divers possesseurs l'ont cruellement mutilé, mais sans lui ôter pourtant sa forme primitive. Il lui reste entre autres choses deux lions, ou plutôt deux imitations de lions témoignant déjà d'une grande dérogation aux principes religieux de l'islamisme.

Voici la fameuse place de Bib-Rembla, qui était entourée de ces bazars où s'étalaient les riches produits de l'Orient. Bib-Rembla était le cœur de Grenade : là se donnaient les rendez-vous d'amour, là se donnaient les fêtes, les combats où la beauté excitait le courage des combattants. Là enfin la dernière fête qui brilla aux yeux de la belle sultane Zoraïde, se changea par trahison en véritable combat acharné entre deux tribus rivales : les Zégries et les Abencerrages. Lutte terrible qui mit le comble aux divisions, affligeant Grenade, sous le faible et cruel Boabdil, et fut, comme le prélude de la chute de ce royaume, long-temps florissant et heureux.

Sur l'un des points élevés de la ville, nous trouverons le *Cuarto real*, c'est un ancien palais arabe devenu propriété particulière; on n'y trouve plus qu'une seule pièce de son origine. Rien de charmant comme son jardin, ses voûtes si épaisses de lauriers et de myrtes où le soleil ne saurait pénétrer; ses fontaines, ses eaux si abondantes y entretenant une éternelle fraîcheur.

Dans cette cité aux grands souvenirs on regrette parfois des choses ridicules que les fous ou les niais modernes y ont posées. Entre autres, sur l'une des places les plus fréquentées, la très-mauvaise statue de bronze de *Ana Pineda*, héroïne de carrefour, qui, dans l'ignorance de ce que veut dire la noble parole : *patriotisme*, voulut prendre sa part des guerres civiles dont l'école libérale désola son pays.

Excepté à Aranjuez, je n'ai vu nulle part d'aussi magnifiques ombrages que ceux des promenades de Grenade, de celle, entre autres, appelée *los Salones*; outre la beauté de la voûte épaisse formée par des arbres d'une prodigieuse hauteur, des massifs de fleurs et d'arbustes réjouissent le regard et l'odorat à la fois. De belles fontaines, des eaux abondantes se croisent dans tous les sens et entretiennent dans ces lieux charmants une continuelle fraîcheur, d'un grand secours sous un soleil ardent. De plus, chose bien inusitée en Espagne, toutes les promenades de Grenade sont parfaitement entretenues et soignées.

Il y en a une autre bien préférable encore à *los Salones* que nous allons rencontrer en nous dirigeant du côté le plus élevé de la ville. Après en avoir passé la porte, nous nous trouverons dans des allées charmantes où la nature et l'art semblent rivaliser pour vous enchanter, avant votre arrivée au palais des Perles, au temple du Plaisir, à l'Alhambra enfin, qui, hélas! va nous paraître aujourd'hui bien triste, si nous nous reportons en arrière aux beaux jours de sa vie. En montant toujours dans les belles et silencieuses allées de ce parc de l'Alhambra, où le bruit des eaux vous excite à la rêverie, on arrive à la porte *del Juicio* donnant entrée dans le grand *patio de los Algibes* (cour des Citernes). Au milieu du cintre de la porte, nous verrons une main et une clef d'une grande dimension. Ce sont de ces emblèmes mystérieux dont les Arabes héritèrent des Egyptiens. La main représentait la force, c'est la main de Dieu. La clef est le principal emblème de la foi musulmane, elle représente le pouvoir d'ouvrir et de fermer les portes du ciel, que Dieu accorda au prophète.

Comme je te l'ai dit, l'œil est tout d'abord attristé en entrant dans cette grande cour où l'on voit çà et là des gens remplissant des cruches aux différentes citernes, les chargeant sur leurs ânes pour les descendre à la ville, cette eau et celle de la *fuente Avellana* étant les plus saines à boire. Un air de désordre et d'abandon règne dans cette cour où rien ne fait pressentir les charmes de l'Alhambra. Mais nous devons maîtriser cette première impression pour nous rendre compte de ce que pouvait être le palais arabe et ses dépendances. Voici à gauche des bâtiments et de grosses tours carrées comme celles qu'on voit autour de la ville; tout porte à croire qu'au temps des Arabes comme aujourd'hui ces bâtiments servaient de prison. L'une de ces tours est celle de la *Vela* d'où partirent les premiers coups de cloche qui annoncèrent aux populations chrétiennes la reddition de la ville musulmane. Le 2 janvier de chaque année on célèbre à Grenade le souvenir de ce grand événement: des flots de population se portent à la *Vela*, et si une jeune fille peut parvenir à mettre en mouvement la grosse cloche, elle s'en va convaincue que l'année ne s'écoulera pas sans qu'elle soit unie à son cher *novio*.

La plus grande partie du *patio de los Algibes* était occupée par le palais d'hiver des rois maures. Il est regrettable de dire que ce fut un grand homme qui commit l'acte d'orgueilleux vandalisme de détruire tout cela pour reconstruire à sa place un palais auquel il voulait donner son nom, palais qui ne fut jamais achevé, comme si le destin voulait se servir de l'indolence espagnole pour punir dans ses œuvres l'orgueilleux empereur. Néanmoins son nom resta à cette espèce de ruine. Le palais de Charles-Quint se trouve à droite de la grande cour, adossé à ce qui reste de l'Alhambra, qui était, selon la tradition, le palais d'été des rois de Grenade. Celui de Charles-Quint appartient au style grec; sa forme est circulaire; sa décoration extérieure était vraiment digne du grand monarque qui disait : *Le soleil ne se couche jamais dans mes États*. Ses colonnes, ses bas-reliefs en marbre surtout sont d'un travail parfait ; pourquoi faut-il que ces lieux soient si mal soignés, que les imbéciles et les enfants s'amusent à dégrader à coups de pierre ces précieuses choses! Après avoir passé le beau vestibule de ce palais, on se trouve dans une cour circulaire aussi entourée de portiques soutenus par trente-deux colonnes de marbre, qui, à leur tour, soutiennent la galerie du premier étage ayant le même nombre de colonnes. Le grand escalier de marbre est aussi dans de magnifiques proportions, et voilà tout ce qui existe de ce palais où le puissant monarque voulait réunir tous les prestiges des arts, et qui ne fut même jamais couvert.

En sortant de ces murs, nous allons trouver un autre mur très-haut, sans fenêtres. Une modeste porte, comme celle d'une *posada*, fait penser que ces lieux sont ou ont été habités; une ficelle vous annonce qu'il doit y avoir là une sonnette, mais assurément rien ne vous révèle que, passé le seuil de cette porte, vous allez vous trouver au milieu d'un séjour féerique. C'est le *patio de los Arrayanes o del Estanque* (cour des Myrte ou de l'Étang). Sa forme est celle d'un carré long; un étang en occupe la plus grande partie; il est entouré d'une haie de myrtes et d'une plate-bande de délicieuses fleurs. Le regard est ravi à la première apparition de ces portiques si légers, de tout cet ensemble si joli; à droite était jadis la grande porte d'entrée, sous la galerie. A gauche, nous allons trouver la magnifique salle des Ambassadeurs précédée d'une petite galerie. Cette salle est carrée, très-grande, très-haute, rien n'est beau et riche comme sa voûte, dont l'ornementation consiste en espèces de pendentifs assez longs faisant l'effet de stalactites; ses murs sont garnis d'abord d'*azulyos* jusqu'à environ un mètre et demi du sol; puis, jusqu'à la voûte, ils sont couverts de ces délicieux caprices tels que ceux dont je t'ai parlé à propos de l'Alcazar de Séville. Les murs sont tellement épais, que, sur chaque face de cette salle, qui occupe la tour de *Gomares*, on a pratiqué dans leur épaisseur des rentrants ressemblant à des cabinets ouverts; chacun d'eux est divisé en trois parties séparées les unes des autres par de petites colonnes gracieuses et légères; mais, hélas! comme la main du temps se fait sentir! Au fond de ces jolis réduits, nous trouvons de petites fenêtres s'appelant ici des *miradores*. De celui qui occupe le fond de la salle, on a une délicieuse vue sur la vallée du Darro.

De la salle des Ambassadeurs rentrons dans le *patio de los Arrayanes*, où nous trouverons la porte qui va nous donner accès à la fameuse cour des Lions. Ici, je dois l'avouer, ma première impression fut pénible : cette cour était restée dans ma mémoire telle que je l'avais vue au temps de sa splendeur, et cette infidèle mémoire me la représentait bien plus vaste qu'elle ne l'est. Ce qui m'affligea le plus, fut de voir les délicieuses terrasses qui couvraient toutes les salles ouvrant sur la cour des Lions, remplacées par un effroyable toit de tuiles dont la charpente est d'un tel poids que tous ces légers arceaux se fendent et auraient déjà succombé sous elle si l'on n'avait étayé fortement. Tu conçois alors quel mauvais effet doivent faire ce toit de tuiles et ces étais, sur et contre ces galeries délicates, où le marbre est partout taillé à jour, et qui semblent avoir été créées par un souffle divin. Revenue de cette première impression, je cherchai à ne plus regarder ce qui blessait si fortement ma vue pour voir seulement ce qu'il y a de délicieux, de charmant dans cette cour. Il ne faut pas y chercher le grandiose, qui d'ailleurs ne se trouve nulle part dans les œuvres mauresques, mais les mille détails si jolis de cette architecture, mais l'harmonie parfaite qui présida à ces constructions, faites pour donner à ses heureux possesseurs le paradis sur la terre.

La cour des Lions a aussi la forme d'un carré long ; elle est entourée d'une galerie soutenue par 141 colonnes de marbre blanc d'une seule pièce, d'un blanc aussi pur que le jour de l'édification. A chaque extrémité de la cour, nous trouverons un petit temple, également soutenu par des colonnes, dont tous les chapiteaux sont différents et rappellent un peu ceux de nos églises romanes. Dans le centre, nous verrons la fontaine des Lions. C'est un beau bassin de marbre blanc d'une seule pièce, soutenu par quatorze animaux ressemblant à des lions, aussi de marbre blanc. Je ne sais pourquoi un écrivain, dont pourtant le nom fait autorité, a vu cette cour plantée de fleurs et décrit la beauté de ses massifs. Elle est, et a toujours été, dallée de marbre ; ses dalles sont même en assez mauvais état pour qu'on reconnaisse que des siècles les ont déjà vues.

Après avoir examiné l'harmonieux ensemble que nous représente la cour des Lions, entrons, à droite, dans la salle des Abencerrages. Nous y verrons, à droite et à gauche, des espèces d'alcoves, soutenues par des colonnes de marbre de couleur, au fond desquelles étaient jadis des divans et de riches tapis. Je ne puis me lasser d'admirer ces arceaux si délicatement festonnés, cette pierre à jour, cela me paraît bien plus parfait que ce que je revis à Séville. C'est du filigrane, de la dentelle, ce sont des chefs-d'œuvre d'art et de patience. Et cette coupole avec ses étoiles, ses stalactites et sa clef de voûte représentant l'écusson des rois de Grenade sortant de la bouche d'un dragon et sur lequel on lit : *le galib ile Allah* (seul, Dieu est vengeur). Dans le centre de la salle, voici le bassin qui reçut, suivant la tradition, le sang des malheureux Abencerrages. Sans doute, la grande tache qu'on voit sur son fond de marbre blanc a pu donner lieu à penser aux amateurs de romans de cette époque, lorsqu'ils la virent après la conquête, que le massacre encore récent des Abencerrages en était la cause. Cependant, Perez de Hita, dans son histoire des guerres civiles de Grenade, en fait mention comme d'un fait historique.

En face de la salle des Abencerrages, à gauche de la cour, nous trouverons celle de *las dos Hermanas* (1), ainsi appelée à cause des deux grandes dalles de marbre blanc, de même dimension, occupant la plus grande partie de son sol. Son ornementation ressemble à celle que je viens de décrire; elle est un peu plus grande et ne reçoit la lumière que par quelques petites fenêtres ovales pratiquées autour de la coupole. Rien de plus mystérieusement voluptueux que ce séjour où ne règne jamais qu'une demi-clarté. On pense que c'est dans cette salle que couchaient le roi et la reine. Nous trouverons, au fond, une petite galerie et un *mirador*, dit de *Lindaraja*, parce qu'il donne sur une cour du même nom. Cette petite cour carrée est entourée de colonnes; une fontaine dans le centre et des massifs de fleurs et de myrtes en occupent la plus grande partie.

Rentrons dans le *patio* pour aller voir la salle de justice se trouvant au fond, en face de la porte d'entrée. C'est une grande salle en forme de galerie divisée en trois travées; le juge occupait celle du centre. La coupole est en grande partie recouverte de cuir peint représentant des juges et

(1) Des deux Sœurs.

tous les attributs de la justice. Beaucoup de gens pensent que ces peintures sont postérieures à la conquête, puisqu'elles eussent été une violation flagrante des préceptes du Coran, qui, tu le sais, défendent la reproduction d'êtres organisés dans la sculpture ou dans la peinture. Néanmoins, l'absence complète des moindres notions de l'art du dessin me porterait à croire que ces peintures seraient plutôt une preuve de l'indifférence religieuse des Maures à cette époque.

Après avoir ainsi examiné la cour des Lions et tous les délices qui l'entourent, revenons à la salle des Ambassadeurs pour monter, par des constructions postérieures à la conquête, au *tocador de la reina*. Cette petite pièce carrée, qui se trouve en haut d'une tour, était en communication avec les appartements qui furent occupés par Isabelle. Suivant les inscriptions religieuses qu'on y voit encore, on pense que, du temps des Maures, c'était une sorte d'oratoire. Puis, les peintures à fresque des murs, les trous pratiqués dans ces mêmes murs font penser que cette charmante retraite fut ensuite le boudoir où se parfumait la reine de Castille. Rien de charmant comme la vue qu'on y a sur l'Albaycin, le Généralife et la vallée du Darro.

Redescendons encore dans la salle des Ambassadeurs pour aller, par le *patio de Lindaraja*, aux salles de bains du palais. C'est certainement ce qu'il y a de mieux conservé dans tout l'Alhambra : les *azuleyos* des murs, les dalles de marbre du sol, tout cela est intact. Ces salles sont ornées de colonnes ; les baignoires, aussi de marbre blanc, sont des espèces de grands bassins carrés.

En repassant par le *patio de Lindaraja*, je voulus jeter un coup d'œil, par l'une de ses fenêtres, sur la partie de l'Alhambra s'étendant de ce côté. C'est une triste vue : je ne vois que ruines là où régnaient le plaisir et l'amour dans un palais merveilleux. Sous cette fenêtre gisent les tristes débris du harem du farouche Boabdil ; quelques masures, construites avec ces débris, sont habitées par des êtres sans nom.

Allons de là à la mosquée, aujourd'hui chapelle, et qui

a perdu toute sa gracieuse originalité en se transformant. Nous retournerons ensuite à l'ante-salle des Ambassadeurs, où nous trouverons le petit escalier qui va nous conduire à la plate-forme de la tour de *Gomares*, d'où l'on embrasse tout l'édifice. Quelle adorable vue! Mais combien attriste l'âme cette réunion de ruines qu'on aperçoit de tous côtés! Eloignons un peu nos regards, et nous verrons, au nord, tout l'Albaycin, toutes les grottes qui le précèdent en dehors de la ville. Ces grottes sont creusées dans les rochers, une nombreuse population de gitanos vit dans ces demeures incommodes et malsaines. A mes pieds se trouve le rocher servant de base à la haute tour sur laquelle je suis; une pente douce, bien plantée, descend jusqu'au Darro. A l'est, voici une partie considérable et bien conservée de l'antique muraille qui ceignait l'Alhambra; un peu à droite, la majestueuse Sierra-Nevada, dont la cime éclatante semble vouloir rivaliser d'éclat avec le soleil lui-même. Au sud, le palais de Charles-Quint; à l'ouest, les tours de l'*Homenage* et de la *Vela*, et, tout autour de nous, à nos pieds, nous verrons des *patios*, des tours, des ruines, de laides petites maisons, une église, tout cela dans l'enceinte de l'ancien palais des Perles.

Je pense que tu éprouveras, comme moi, le désir d'aller bien souvent passer quelques heures dans le silence de ce charmant séjour. Plus on y va, plus on éprouve le besoin d'y revenir, d'admirer la parfaite harmonie de ces heureuses conceptions, d'y évoquer le passé, d'y voir les scènes charmantes ou les drames terribles dont furent témoins ces murs couverts des sentences du Coran.

Comme à moi aussi, une chose te fera mal: c'est le peu de soin apporté à la conservation de l'Alhambra. Quiconque a le goût des arts et de l'histoire, doit avoir le cœur navré en voyant l'état d'abandon où il se trouve, en voyant ces délicieux murs et leurs dentelles se fendre de tous côtés, ces légers arceaux plier sous le poids de l'abominable charpente dont j'ai parlé. Et, le croirais-tu, le concierge trafique avec les étrangers des morceaux de stuc qui se fendent et se soulèvent du mur. Un monsieur de ma connaissance en acheta un grand morceau pour 5 fr.; je ne pus m'empêcher de le blâmer, et je ne voulus pas l'imiter; laissons commettre aux Anglais seulement ces actes de vandalisme. Certainement, si le gouvernement n'apporte pas une sérieuse et prompte attention à la restauration et à l'entretien de ce chef-d'œuvre oriental, dans vingt ans il restera à peine quelques vestiges de l'Alhambra. C'est cependant ce qu'il y a de plus parfait, de plus pur en ce genre, non seulement en Espagne, mais en Europe.

Pour jouir de cet ensemble si charmant, sans être attristé des nombreux ravages du temps, il faut y aller passer quelques heures de nuit par un beau clair de lune. Je ne sais rien de plus adorable que le *patio de los Leones* vu ainsi; ces galeries de marbre, ces colonnes légères, ces arceaux à jour, tout cela vous détache entièrement des réalités de cette vie, vous fait rétrograder de quatre siècles, et vous ne voyez plus qu'à travers un prisme enchanteur toutes les scènes gracieuses dont ces lieux furent témoins. Je n'oublierai de ma vie les douces heures que j'y ai passées dans la société de l'excellent parent que je retrouvai dans cette poétique cité; il partageait mon enthousiasme ou mes tristesses en interrogeant avec moi l'histoire. — Aujourd'hui, me disait-il, lorsque nous lui avons dit adieu, le génie de l'Alhambra a disparu, le silence seul l'habite, et le temps le marque de son implacable sceau. Où sont les galants Arabes, les braves Castillans et les gentilles dames qui peuplaient ce charmant séjour? Hélas! tout cela est refoulé dans un passé déjà loin de nous! Nous n'entendons plus que le son grave et triste de la cloche de la *Vela*; écoutez, ne dirait-on pas le cri plaintif des générations lointaines? Envolez-vous, songes de gloire et d'amour, la main de Dieu vous éloigne et vous couvrira du linceul de l'oubli!

Non loin de l'Alhambra, nous trouverons le Généralife, dont il est séparé par un profond ravin. Au temps des Arabes, il y avait un pont réunissant en quelque sorte les jardins des deux palais. Le Généralife était, suivant toute apparence, un petit palais d'été. Il n'en reste aujourd'hui qu'un corps de bâtiment qui a peu d'étendue; on y arrive par un jardin étroit et long, arrosé par les plus belles eaux du monde. A gauche du jardin, et dans toute sa longueur, règne une galerie dont la vue plonge sur l'Alhambra, qui est un peu plus bas, c'est un délicieux tableau. Par cette galerie, nous arriverons à ce qui reste du palais : nous verrons d'abord des portiques qui règnent extérieurement sur toute la façade; ils sont, comme au palais des Perles, soutenus par d'élégantes colonnes de marbre blanc, les murs sont couverts d'arabesques. La porte principale s'ouvre sur un grand salon au fond duquel nous en trouverons trois autres petits dont la vue sur la vallée du Darro et l'Albaycin est très-pittoresque. Malheureusement, les inintelligents propriétaires de ce joyau mauresque ont, comme le fit cet *alcaide* anglais de Séville, recouvert les précieux murs d'une épaisse couche de chaux, ce qui a enlevé tout le charme des détails. Après avoir vu ces pièces, passons dans des jardins en terrasses qui nous causeront une gracieuse surprise, car, en entrant dans les premiers, on n'aperçoit rien de ces jolis et mystérieux réduits où l'eau murmure de tous côtés sous des bosquets de myrtes et de rosiers. Nous y trouverons un gigantesque cèdre, appelé le cèdre de l'Adultère, parce que, sous son ombre épaisse, et se croyant à l'abri de tout regard, la sultane Zoraïde reçut l'unique baiser du valeureux et beau Ben-Hamet. Avant et après le fatal baiser, les antiques rameaux du cèdre en virent, en entendirent bien d'autres; ces lieux, discrets d'ordinaire, étaient choisis pour les rendez-vous. Il paraît certain que cet arbre remonte à une haute antiquité; il fut planté par le roi Abul-Walid, qui régna trois ans, de 1322 à 1325. Son écorce est indignement traitée par les guides conduisant là des étrangers; ils ne manquent jamais d'y enfoncer la stupide *navaja* pour que le voyageur emporte un souvenir de ce vieillard du Généralife, sans penser au tort qu'ils lui font.

Ils ne faut pas, mon cher Hugues, que la contemplation et les charmes de tous les souvenirs gracieux des enfants du prophète nous fassent oublier à Grenade les œuvres, les hauts et nobles témoignages de piété de leurs successeurs. La cathédrale est un monument digne des rois catholiques par son ampleur, par ses belles proportions, par la hardiesse de sa haute coupole, qui paraît se soutenir d'elle-même presque sans appui. La cathédrale de Grenade est de style grec très-mélangé, ou plutôt est composite; ses cinq belles nefs sont formées par des piliers énormes, composés de quatre demi-colonnes réunies, à chapiteaux corinthiens, c'est d'un très-bel effet. La voûte est magnifiquement ornée. Nous trouverons de belles peintures dans les chapelles, particulièrement dans celles de droite. Dans la première, qui est toute de marbre et de jaspes précieux, deux murillo attirent l'attention. De l'intérieur de la cathédrale, nous passerons dans l'église du Sagrario, qui est du même style, mais beaucoup plus chargée de sculptures; elle est bâtie sur l'emplacement d'une ancienne mosquée. Puis, nous rentrerons dans la cathédrale chercher un sacristain qui nous conduira à la *capilla de los Reges* où se trouvent les tombeaux de Ferdinand et d'Isabelle, ainsi que celui de Jeanne-la-Folle, leur fille, et de l'archiduc Philippe-le-Beau, son mari. Ces deux monuments, de marbre blanc, sont d'une grande perfection de travail : les statues royales sont couchées dessus, ayant à leurs pieds les lions de Castille; leurs couronnes ceignent leurs têtes, et l'écusson est posé derrière. Les figurines, dans des niches tout autour des tombes, sont charmantes. Tout en reconnaissant le très-grand mérite artistique de ces mausolées, je crois que ceux de la *Cartuja de Miraflores*, dont je te parlai dans ma lettre de Burgos, leur sont supérieurs. On voit, dans un caveau au-dessous des tombeaux, les cercueils de fer contenant les restes des quatre personnages. Il faut demander à voir le sceptre, la couronne et l'épée de Ferdinand, la boîte à bijoux et le missel d'Isabelle. Et dans la sacristie, les vêtements sacerdotaux brodés par ses mains royales.

Non loin de la cathédrale, nous trouverons le palais de l'archevêque. J'avais entendu parler des richesses de peintures qu'il contient et j'obtins facilement du prélat la permission d'y entrer. Lorsque ce saint homme sut que c'était une Française qui le demandait, il voulut même nous faire entrer près de lui ; il trouvait un grand plaisir à causer en français, quoique d'une manière peu compréhensible. Je n'oublierai jamais la visite faite à cet excellent homme, qui, courbé sous le poids de l'âge, voulait encore nous faire voir lui-même les chefs-d'œuvre qui ornent les murs de ses appartements particuliers. Puis il nous fit servir une collation et nous donna sa bénédiction, que le ciel ratifiera, je l'espère. En nous séparant, il voulut nous faire accompagner par l'un des ecclésiastiques qui étaient avec lui pour nous faire voir tout son palais. C'est un véritable musée ; il fut fondé par l'un des derniers archevêques, qui y consacra sa fortune, et le laissa par testament à l'archevêché de Grenade.

Le musée de la ville est bien inférieur à ce dernier. On l'a installé dans l'ancien couvent de San Domingo avec peu d'ordre : quelques tableaux de Murillo et de Alonzo Cano se trouvent parmi des médiocrités et des croûtes. Il faut voir ensuite la petite église de ce couvent, et surtout le *camarin de la Virgen* (1). Il est très-richement orné ; son sol de mosaïque est charmant. Lorsqu'on officie au maître-autel, on tire le rideau qui est devant la Vierge ; elle paraît alors aux yeux des fidèles depuis son *camarin*, qu'elle ne quitte jamais. Ce n'est qu'en Andalousie, jusqu'à présent, que j'ai vu mettre ainsi la Vierge dans un appartement séparé du chœur.

Les deux meilleures églises de Grenade, après la cathédrale, sont, sans contredit, San Geronimo et San Juan de Dios. Le rétable de la *capilla mayor* de la première est très-remarquable ; il se compose de six étages de colonnes, entre lesquelles il y a de bonnes statues ; dans les chapelles, tu trouveras des fresques charmantes. La deuxième est l'église de l'hôpital du même nom ; elle est plus moderne, on y retrouve alors le mauvais goût platéresque dans les ornements ; le *camarin* de la Vierge est très-remarquable par

(1) On appelle *camarin* une sorte de petit appartement exclusivement consacré à la Vierge ; il se trouve derrière l'autel et à la hauteur de sa partie supérieure.

sa richesse; nous y verrons, dans des médaillons, de jolies peintures italiennes. Les sujets, quoique sacrés, ont cependant quelque chose de profane qu'on regrette de voir en pareil lieu; ce *camarin* ressemble trop à un boudoir de courtisane, et je lui préfère celui de San Domingo.

J'eus la douleur de m'entendre raconter que la Vierge possédait une *custodia* dont la valeur était de 100,000 fr. et qui lui fut enlevée par un général français.

Nous aurons à voir extra muros une église de grande réputation, c'est celle de la *Cartuja*. Son cloître est orné de très-médiocres tableaux qu'on estime beaucoup, parce qu'ils sont d'un chartreux qui peignait d'instinct sans avoir jamais eu aucune notion de l'art. L'église est renaissance, très-chargée d'ornements de mauvais goût; les statues et les peintures sont mauvaises, mais on voit dans la composition des autels une grande richesse de jaspes de toutes couleurs.

Ce qui est vraiment beau est la chapelle de la *custodia*: les marbres, les jaspes, les agates, tout cela y est de la plus grande beauté. La *custodia*, au centre de la chapelle, est de marbre rouge incrusté de marbre noir, le travail en est parfait. Tu remarqueras les portes de cette chapelle; elles sont d'ivoire et d'écaille. La sacristie est peut-être encore plus riche; elle est beaucoup plus grande que la chapelle de la *custodia*, les murs sont entièrement couverts des plus beaux marbres, jaspes, agates, pierres de toutes couleurs, et depuis le bas jusqu'en haut. Les habits sacerdotaux sont d'un travail et d'une richesse extrêmes; ils sont enfermés dans des commodes de boule; il y en a cinq de chaque côté, d'un travail qui défie, par sa perfection, tout ce que nous pouvons faire de mieux. Tout cela est dû à l'intelligente patience des moines.

Pour aller à la *Cartuja*, je t'engage à passer par la *puerta de Elvira* et la *plaza del Triunfo*, c'est une jolie promenade sortant de la *Cartuja*. Tu iras voir le collège du *Sacro-Monte*; il a une grande réputation pour la force de ses études; plusieurs écrivains célèbres d'Espagne, entre autres Martinez de la Rosa, sont élèves de ce collège. Rien de pittoresque comme sa position sur une colline de la rive droite du Darro et la vue qu'on y a. L'église est au-dessous du médiocre, mais il y a des chapelles souterraines assez curieuses; elles ont été consacrées à la mémoire des martyrs de la foi qui y furent massacrés sous Néron.

Du *Sacro-Monte* j'apercevais l'Albaycin, cette vieille ville encore si complétement arabe aujourd'hui. Mon guide, homme fort intelligent et quasi-lettré, me conseilla fort de pénétrer dans l'intérieur de ce curieux quartier, et je me hâtai de répondre : Allons. J'ai déjà vu en Espagne des rues aussi sales peut-être que celles de l'Albaycin, mais certainement je n'en ai pas vu qui le soient davantage. La population, se composant en grande partie de gitanos, est là grouillant dans des rues où l'herbe et la fange se disputent le terrain; elle se peigne, elle s'épouille en public comme dans sa chambre; les jeunes gens et jeunes filles me suivent en dansant et demandant l'aumône; tout cela était plus curieux qu'attrayant, je te l'assure.

De l'Albaycin, nous allâmes voir les *cuevas*, qui n'en sont pas loin. On appelle ainsi cette partie extérieure de la ville dont je t'ai parlé plus haut, où les habitants, tous gitanos, vivent dans des grottes. Je voulus visiter quelques-uns de ces curieux et dégoûtants réduits : dans la plupart, l'habitation se compose de deux pièces : une première qui n'a du jour et de l'air que par la porte, une deuxième où les animaux et les gens couchent pêle-mêle. Malgré mon goût pour la couleur orientale, je ne pus retrouver les zingalis dans cette population sale, déguenillée, sentant horriblement mauvais. Ce type est le même qu'à Séville; cela s'explique, puisque les gitanos ne se marient qu'entre eux.

Je te recommanderai Arrabal, notre guide; il sait par cœur Grenade et ses environs; de plus, c'est presque un *caballero* ayant beaucoup voyagé et parlant une quantité d'idiomes. Ce n'est plus la familiarité andalouse de Barnabé, c'est, je le répète, un guide fait exprès pour les *señoras* voyageuses.

Nous fîmes bien des promenades à cheval à travers la *Vega*, sous ses beaux ombrages, tantôt admirant la fertilité du sol, qui, sans jamais se reposer, donne quatre récoltes par an, tantôt cherchant de l'or dans des gisements qu'on s'occupe en ce moment à pouvoir exploiter. Nous fûmes dans un endroit appelé le *Barranco rermejo* (1), où nous pensons que l'or peut se trouver dans une assez bonne proportion, car un paysan chercheur d'or, tout en me lavant très-maladroitement dans sa grande sébille une petite quantité de terre, m'en trouva pour environ trente sous dans une demi-heure. Je pense donc qu'avec l'emploi du mercure et une machine pour laver la terre et le sable, on doit arriver à un résultat. Une compagnie de Belges et de Français vient d'obtenir une concession; il va sans dire que des Anglais sont là aussi pour rivaliser.

En parcourant ces délicieuses campagnes où tout est histoire, nous trouverons le village de la Zubia; il est fort célèbre encore en souvenir du danger qu'y courut Isabelle. Montée sur sa jument et s'étant un peu trop avancée, en allant faire une reconnaissance, elle fut poursuivie par des Maures et obligée de se réfugier dans un endroit touffu où elle allait être prise, si le marquis de Cadix, qui, de loin, avait vu le danger, ne fût accouru au secours de la reine à la tête de 1,200 cavaliers. C'était le 25 août 1491; la reine fit vœu que si Dieu la délivrait d'un si grand péril, elle offrirait au saint roi Louis un couvent de Franciscains dans le lieu même où elle se trouvait. La victoire resta aux chrétiens, et, peu de temps après la conquête, le couvent était élevé. On montre encore aujourd'hui dans la *huerta* du couvent, maintenant inhabité, un antique laurier planté en ce temps dans l'endroit même où s'était cachée la reine.

C'est de la Zubia qu'Isabelle observait tous les mouvements de son armée, pendant la dernière période du siége de Grenade. Il y avait aussi dans ce village un château fort dont les souterrains communiquaient avec l'Alhambra; une tour est tout ce qu'il en reste.

Poursuivant nos promenades dans la *Vega*, nous arriverons au point de jonction du Darro et du Génil, et nous y

(1) Ravin vermeil.

trouverons un cabaret qui fait gonfler le cœur de soupirs. C'était jadis une mosquée ; après la conquête, elle fut érigée en chapelle sous l'invocation de saint Sébastien, et enfin, dans l'un de ces jours de folie révolutionnaire de notre siècle, elle devint un cabaret. Sur le mur qui regarde la Sierra-Nevada, nous verrons l'inscription suivante gravée en lettres gothiques sur une plaque de marbre blanc, que le vandalisme libéral a oublié de lui enlever :

« Muley-Abdeli-Boabdil, dernier roi maure de Grenade, ayant remis les clefs de ladite ville le vendredi 2 janvier 1492 à trois heures, à la porte de l'Alhambra, à nos rois catholiques don Ferdinand V d'Aragon et doña Isabelle de Castille, après 777 ans que ladite ville souffrait le joug mahométan, depuis la perte d'Espagne survenue le dimanche 2 novembre, l'an 714 (1), ledit roi catholique revint après prendre congé de Boabdil, jusqu'en ce lieu, qui était alors une mosquée, laquelle est à présent érigée en chapelle de Saint-Sébastien. On y rendit les premières grâces à Dieu notre Seigneur, au glorieux conquérant et à son armée,

« Habiendo Muley-Abdeli, ultimo rey moro de Granada, entregado las llaves de dicha ciudad, el viernes 2 de enero de 1492, a las tres de la tarde, en la puerta de la Alhambra, a nuestros catolicos monarcas don Fernando V de Aragon y doña Isabel de Castilla, despues de 777 años que esta dicha ciudad sufria el jugo mahometano desde la perdida de España, acaecida domingo 2 de noviembre de 714, salio dicho catolico rey a despedir al espresado Boabdil hasta este sitio; antes mesquito de Moros y ahora erigida en capilla de San Sébastian, donde dieron las primeras gracias a Dios nuestro Señor, el glorioso conquistador y su ejercito; entonando

(1) On remarquera peut-être que c'est à la date de 711 que j'ai fait mention plus haut de l'entrée des Arabes en Espagne, après la perte de la bataille de Jérès. Cette différence tient à ce que les historiens espagnols ne sont pas d'accord entre eux à cet égard. Cependant la date la plus généralement acceptée est celle de 711.

tandis que, dans la chapelle royale, on chantait un *Te Deum*, et que la tour de la Vela arborait l'étendard de la foi. En mémoire de cet événement, chaque jour on sonne à pareille heure la prière dans la cathédrale, et on gagne des indulgences plénières en récitant trois *Pater* et trois *Ave, Maria*. »

la real capilla el Te Deum, y tremolando en la torre de la Vela el estandarte de la fé, en cuya memoria se toca a dicha hora la plegaria en la catedral, y se gana indulgencia plenaria rezando tres Padres nuestros y tres Ave Marias. »

Une jolie promenade à faire au-delà de la *Vega*, c'est à Visnar, au palais de l'archevêque. Le sentier que nous suivîmes à travers les montagnes est très-pittoresque et fort praticable pour se livrer au plaisir du galop andaloux. Le palais de Visnar est situé sur une colline; de ses jardins en terrasse on a une charmante vue. L'intérieur du palais n'a rien de remarquable, mais il s'y trouve de bonnes peintures.

Arrabal est un guide précieux pour sa complaisance et sa connaissance parfaite des moindres sentiers des environs de Grenade; il nous fit prendre, en sortant de Visnar, de jolis chemins à travers les *huertas*, pour aller déjeûner, avec les provisions que nous avions apportées, au bord d'une source appelée *la fuente grande de Alfacar*. Elle jaillit dans un grand et beau bassin naturel; son eau est véritablement un diamant des Indes : je n'ai qu'un reproche à lui faire, c'est d'être au milieu d'un site triste et dégarni. Il n'y a d'ombrages qu'au bord du bassin, et c'est là que nous nous mîmes à dévorer un déjeûner dont la simplicité eût fait sourire de pitié un républicain de la veille; et cependant deux pauvres pâtres qui nous regardaient d'un œil d'envie furent bien reconnaissants en dévorant ce que nous leur offrîmes. Nous revînmes en passant par la grotte de Idin, assez inférieure à la réputation que lui fait Arrabal.

Veux-tu maintenant faire une agréable promenade à pied ? Tu iras le matin déjeûner à l'ancien couvent des

Martyrs, sur une terrasse d'où l'on a une adorable vue ; tu vas de là, par des sentiers charmants, mais impossibles à d'autres que nous, car il faut traverser des ravins très-difficiles, à la *fuente Avellana* dans la vallée du Darro. L'eau de cette fontaine est une eau merveilleuse, elle est un spécifique applicable à tous les maux du corps et de l'âme ; les Grenadins l'apprécient fort et l'envoient chercher pour boire, quoique ce soit à près d'une lieue de la ville. On va avec des ânes chargés de grandes cruches qu'on appelle *cantaros*. Est-ce à cette eau merveilleuse qu'il faut attribuer la beauté des femmes de Grenade ? J'imagine que oui. Toujours est-il que je n'ai vu nulle part en Espagne un aussi grand nombre de femmes jolies, et, chose plus rare, réunissant la distinction à la beauté. Quand tu te seras bien reposé sous les ombrages de la fontaine, tu descendras par des *huertas* dont Arrabal obtiendra le passage dans le lit du Darro. Cette petite rivière n'occupe qu'une partie de son lit, lequel est profondément creusé dans des masses de rochers recouverts de plantes grimpantes ; c'est une des promenades les plus fraîches et les plus silencieuses qu'on puisse faire.

On m'avait dit que le sable du Darro contenait de l'or et de jolies petites pierres, entre autres du grenat ; tu penses bien que j'en voulus faire l'expérience. Je pris avec nous un ouvrier qui, dans ses moments de loisir, s'adonne à cette ennuyeuse recherche, car l'or ne s'y rencontre qu'en si petites parcelles, qu'il faudrait énormément travailler pour gagner trente sous dans un jour. Nous cherchions et nous trouvions des petites pierres, tandis qu'Arrabal se livrait à ses inspirations ; pour nous distraire, il écrivait avec du charbon des vers sur le pouvoir de l'or. Les rochers n'étaient vraiment pas contents d'être ainsi barbouillés ; ils espèrent un orage qui les vengera.

Je te le répète, Grenade est un séjour enchanté, de quelque manière qu'on l'envisage ; le savant, l'historien, l'artiste et même le simple touriste, s'enthousiasmant pour tout ce qui est beau, doivent aller à Grenade ; il y a là pour eux des sources des plus douces jouissances. L'homme du monde en trouvera également ; la société grenadine est fort distinguée : l'aristocratie est lettrée, très-bienveillante, très-accueillante pour les étrangers ; ils peuvent facilement s'y faire présenter. Parmi les gens distingués que j'ai connus, je veux citer l'abbé don Jimenès, près duquel un Français trouve toujours le plus aimable accueil. Don Jimenès joint une grande simplicité à un grand savoir, il a passé toute sa vie à sonder les profondeurs de la science et pourrait donner de précieux renseignements à quiconque voudrait demander aux sierras de Grenade quelques parcelles des immenses richesses qu'elles contiennent. Sa collection minéralogique, particulièrement pour ce qui concerne l'Espagne, me paraît être très-précieuse.

Hélas ! mon cher ami, voici venir mon dernier jour à Grenade, vieille et adorable cité, où j'ai compté quelques heureux jours qui, hélas ! ont passé comme un rêve, et que je ne retrouverai jamais. Comme Boabdil, je jetterai avec douleur mon dernier regard sur elle, mais sans en mourir, j'espère.

Le meilleur loueur de chevaux de Grenade s'appelle Napoléon ; cela ne prouve pas que ses animaux soient des quadrupèdes parfaits quoiqu'andalous, attendu que Napoléon les fatigue beaucoup et les nourrit fort peu ; cependant il nous a toujours donné ses meilleurs. C'est donc à lui que je me suis adressée pour en avoir de solides qui puissent faire les courses que je projette dans les Alpujarras, en me rendant à Almeria. Napoléon est l'homme le plus accommodant pour les prix que j'aie encore trouvé. Je paie un douro par jour, par cheval, et même somme pour leur retour à Grenade, qui devra se faire en trois jours. Me rappelant l'excellent conseil qui me fut donné, j'ai demandé et obtenu une escorte de garde civile ; nous partons en toute sécurité, demain matin, pour nous lancer dans les montagnes des Alpujarras. C'était, tu sais, une province tributaire des rois de Grenade. Je m'imagine y voir encore de précieux restes de ces fils du prophète, qui conservent toujours l'espoir de recouvrer l'Hespérie.

LETTRE XX.

Almeria, 5 mai 1850. —
Lanjaron, Orjiba, Ujijar, Adra, Almeria.

Crois-moi, mon cher Hugues, il n'y a pas de plus adorable manière de voyager en Espagne que celle que j'emploie. La promenade que j'ai faite à travers les Alpujarras pour me rendre ici est comme celle que je fis dans la province de Malaga, quelque chose de si enivrant que les paroles ne peuvent l'exprimer. Durant celle-ci, j'eus de plus que pendant la première un temps toujours magnifiquement beau et une chaleur très-supportable, du moins pour moi qui ne la crains pas.

C'était le 29 au matin que je quittais la *casa de pupilos* de Don Juan, située dans une petite rue conduisant au pont et à la *Carrera*; je regrette de ne point retrouver dans mes notes l'adresse plus positive de ce brave homme qui met tout en usage pour être agréable à ses *pupilos*.

Montée cette fois sur un bon cheval, ayant une très-bonne selle, une vaillante garde civile à cheval, j'aurais dû partir le cœur joyeux, et il n'en était rien. Je regrettais amèrement les heureux jours écoulés à Grenade, et j'avais l'âme toute triste en faisant à mon passage mes derniers adieux à la délicieuse promenade de *los Salones*, à ces belles allées, ces magnifiques ombrages qui vous conduisent loin dans la *Vega*. Lorsque nous fûmes à une certaine distance, nous prîmes le grand galop pour arriver à *el ultimo Suspiro del rey moro;* comme le malheureux Boabdil, je voulais m'arrêter là un instant, et jeter un long, triste et dernier regard sur ce paradis terrestre, comprenant les douloureuses angoisses du roi qui l'avait perdu.

Lorsque Boabdil remit sa capitale entre les mains des vainqueurs, il dit à Ferdinand : Tuyos somos, rey poderoso y ensalzado ; esta cuidad y reino te entregamos, que asi lo quiere Allah, y confiamos que usaras de tu triunfo cou clemencia y genera sidad (1).

L'infortuné monarque ne put en dire davantage, la voix lui manquait. Malgré les instances du roi, il sauta sur son cheval et se lança à toute bride dans la direction de l'Alpujarra qu'avait prise sa famille, et un petit nombre de guerriers et d'amis dévoués le suivant dans sa mauvaise fortune. Il arriva ainsi à l'extrémité de la *Vega* sur le haut de la colline de Padul entre des rochers. C'est le dernier point d'où l'on aperçoit Grenade. Là, il retrouva toute sa famille disant adieu au beau royaume et au palais des Perles, qu'elle savait, pour elle, perdus sans retour. Boabdil descendit de cheval ; lui aussi eut des regards douloureux pour tant de biens perdus ; il se prosterna la face contre terre, et, dans un de ces déchirants cris de l'âme, il s'exclama : Allah-akbar ! (Dieu est grand), et il versait d'abondantes larmes.

— Oui, pleure comme une femme, lui dit la fière Aïxa sa mère ; pleure, roi sans valeur, qui ne sus pas défendre la couronne.

— Allah-akbar ! répondit-il.

Et le désespoir, la honte et la douleur séchèrent ses yeux. Il sauta sur son cheval, le lança avec tant de vigueur que l'empreinte de ses fers se voit encore aujourd'hui sur le rocher : lui et sa suite disparurent dans les hauteurs des Sierras. C'est en mémoire de ces tristes adieux que cet endroit fut appelé depuis *el Suspiro del rey moro*.

En quittant ce plateau aride, et après avoir jeté mon dernier regard sur la ville du palais des Perles, nous trouvâmes des sentiers plus riants qui nous conduisirent à une

---

(1) Nous sommes à toi, roi très-haut, très-puissant, nous te remettons cette ville et ce royaume, ainsi le veut Allah, et nous avons la confiance que tu useras de ton triomphe avec clémence et générosité (1).

(1) Historique : Conde, *Histoire de la domination des Arabes*.

assez bonne route à travers les plus gracieuses campagnes. Cette route est celle de Grenade à Motril; elle est commencée depuis bien des années déjà et fut tracée par un ingénieur français à qui elle fait grand honneur. D'immenses difficultés de terrain ont été vaincues; il y a des endroits où de hautes montagnes, où des masses granitiques ont été coupées comme par enchantement. Dans ce pays peu peuplé, où les bras sont occupés à l'agriculture, on manque quelquefois d'ouvriers. Le gouvernement a eu l'heureuse idée d'employer des forçats; il y a grande économie pour lui, et c'est un bien pour ces gens-là que de travailler sous la surveillance très-sévère des ingénieurs et de la troupe, au lieu de devenir plus vicieux encore dans l'oisiveté des bagnes.

Nous traversâmes les villages de Armilla, Alendin, Padul, dont l'aspect est si étrange. Ce dernier n'est habité que par des gitanos, vivant, comme à Grenade, dans des grottes. Ce fut dans ces contrées que, pour la première fois, je vis des gitanos nomades. Ils campent où ils se trouvent, quand ils sont fatigués; bêtes et gens, tout cela est pêle-mêle sur le sol. Ils me parurent avoir dans la physionomie quelque chose de plus sauvage que ceux des villes; les femmes, toutes couvertes de brimborions de crisocale, et pieds nus, paraissent d'une effronterie dont je n'ai pas encore vu d'exemples. Quelques-unes disaient d'indécentes paroles à mes braves gendarmes; d'autres me demandaient si j'étais la reine, pour voyager ainsi. Personne ne répondait, comme tu penses. Après Padul nous trouvâmes Durcal et son petit ermitage, Beznar et Tablate. Entre ces deux derniers villages règne la plus délicieuse vallée d'orangers qu'on puisse voir. Après Tablate, nous quittons le tracé de la route allant à Motril, pour entrer dans des sentiers toujours en montant jusqu'à Lanjaron, où je devais passer la nuit. Ces montagnes sont nues, arides, et lorsque, arrivée à une certaine hauteur, Lanjaron tout d'un coup s'offrit à mes regards, je restai ravie. Cette montagne si verte, si belle, ces cascades, ces torrents éclairés par un beau soleil couchant, tout cela faisait un ravissant tableau.

Quelle ne fut pas ma surprise, mon cher ami, en trouvant dans ces lieux, si loin du monde civilisé, un Français établi, tenant la *posada* de la petite ville. Il me prit d'abord pour une Anglaise; puis, se repentant d'une semblable erreur, il ne savait plus que dire et faire pour me la faire oublier. Toute la maison fut en mouvement pour que la compatriote fût traitée avec tous les honneurs qui lui sont dus. Le brave homme n'avait pas trouvé l'occasion de dire un mot de français depuis 1814 qu'il s'était marié et établi à Lanjaron, et sa joie était bien grande.

Le lendemain matin, mon hôte et deux indigènes de ses amis vinrent me prendre pour me faire visiter les sources et les sites délicieux qui entourent la petite ville. Si elle était en France, quel parti on tirerait d'une si grande richesse en eaux minérales! Mais les Espagnols qui, heureusement pour eux, ont si peu de besoins, ne savent pas exploiter les munificences de la nature à leur égard. Cette adorable montagne, outre la richesse étalée aux regards, contient donc dans son sein plusieurs sources différentes et d'une merveilleuse efficacité. Mais l'accès de Lanjaron étant impossible aux gens bien malades, puisqu'on ne peut y venir qu'à cheval, il s'ensuit que ses eaux sont peu suivies. Je vis d'abord la *fuente de la Capuchina*, dont l'eau est horriblement salée et aigre, et peut avoir seulement 20 degrés; les *fuentes de la Salud* et de *San Antonio*, qui guérissent la fièvre, et enfin celle plus abondante de l'établissement. Elle est extrêmement chargée de fer; elle a 24 degrés.

Mais, mon Dieu, quel établissement! Et quand on n'a qu'à ramasser le marbre tout autour de soi pour faire de belles et utiles choses! Mon hôte me dit à cela: « C'est que l'absence de chemins empêchera toujours qu'on vienne beaucoup, et les frais qu'on ferait seraient en pure perte. »

Figure-toi donc une cabane qu'on refait tous les ans pour la saison des eaux; elle a trois piscines, pouvant contenir chacune six personnes, le tout très-grossièrement bâclé. L'eau est si abondante qu'elle se renouvelle sans interruption dans les trois piscines. Rien de charmant comme la position de cette cabane, située sur un monticule s'élevant au milieu d'une profonde vallée toute plantée d'orangers. De là on plonge sur d'autres vallées toutes d'aspects différents; c'est délicieux. J'avais vu à Tarifa un médecin allemand s'occupant d'un grand ouvrage sur les établissements thermaux d'Espagne; il place les eaux de Lanjaron parmi les plus efficaces de la Péninsule.

De l'établissement, nous descendrons, à travers les bois d'orangers en fleurs, à l'ancien château arabe dont la posisition est si pittoresque. Il est situé sur la pointe aiguë d'un haut rocher paraissant sortir de la terre, dans la vallée au bas de Lanjaron. Il faudrait avoir l'agilité et avoir participé de l'éducation des chèvres pour arriver facilement jusqu'à ces belles ruines. Deux hautes tours sont encore debout, et une fois parvenu dans les cours du château, on peut arriver facilement jusqu'aux plates-formes, d'où l'on a une très-belle vue. Mon hôte, en homme prudent, n'était pas arrivé jusqu'en haut, mais ses compagnons, voyant ma persistance à vouloir monter, et sans le secours de leurs mains, s'étaient mis immédiatement derrière moi pour me recevoir en cas de chute. Leur habitude des montagnes a fait d'eux de véritables isards. Ils étendaient leurs bras de tous côtés, disant : « Mon Dieu quel malheur, si la première señora française qui vient ici se tuait à côté de nous! » Mais, enfin, je m'en tirai à leur satisfaction. Mon hôte voulut ensuite me faire voir les principales *huertas*, y compris la sienne, qui est une des plus belles. Toutes ces *huertas* sont en terrasses du haut en bas de la montagne, et les terres y ont été apportées. L'abondance des eaux, et l'exposition de la montagne firent penser aux habitants de ces contrées quel parti on pourrait en tirer; à force de travail, et au moyen de terre qu'ils y apportèrent du fond de la vallée, ils changèrent en jardin des Hespérides la haute montagne de Lanjaron. Tu conçois que ces terres-là produisent immensément; je n'avais pas encore vu d'aussi beaux orangers que ceux de la *huerta* de mon brave hôte, Juan Delpino. Ceux de deux ans sont couverts de fruits, ceux de sept ans sont gros comme des noyers. J'en sortis toute chargée de fleurs et de fruits pour ma route. De sa propriété, mon hôte me conduisit dans des bois si charmants qu'on les a nommés *el Paraiso* (le paradis). Si je ne commençais à être un peu pressée par le temps, je serais volontiers restée un jour de plus à parcourir cette belle et gracieuse nature, mais il faut penser que la chaleur ne tardera pas à être très-forte, et que, d'ailleurs, j'ai mille raisons pour rentrer dans cette pauvre République française, malgré le peu de sympathie que j'ai pour la robuste déesse qu'elle encense aujourd'hui.

A quatre heures, je quittai mon compatriote l'aubergiste et le riant séjour de Lanjaron, pour aller à Orgiba passer la nuit. Nous descendîmes dans la vallée, toujours à travers des jardins charmants, et après avoir remonté une haute montagne par un sentier fort mauvais, je jetai un dernier regard sur ce magnifique tableau, sur cette végétation perpétuelle, ces eaux que le soleil couchant fait scintiller de mille feux du haut en bas de cette montagne d'émeraudes, puis nous tournâmes à gauche, et Lanjaron avait disparu pour toujours.

Je remarque que le costume des femmes est toujours le même, c'est encore le jupon jaune. Quant aux hommes, le leur est plus arabe que dans les campagnes de Grenade. Ils portent un large pantalon de toile blanc, n'allant que jusqu'aux genoux; une ceinture de laine rouge leur entoure la taille; ils n'ont qu'un gilet, et le classique manteau espagnol est remplacé par une espèce de couverture de laine à carreaux bleus et blancs. Cette couverture est très-longue et pliée en deux dans sa longueur; l'une des extrémités est cousue de manière à former un sac, et cette partie, ramenée par devant, leur sert à mettre leurs petites provisions de bouche.

Je me trouvai transportée brusquement d'un lieu charmant au milieu d'une affreuse nature sans végétation. De loin, j'apercevais Orgiba dans une position assez pittoresque. Ce village est posé au milieu d'un bassin formé par de hautes montagnes; les deux tours de son église font un très-bon effet de loin. Quant au village, il est laid et sale à faire frémir. Et la posada! je la trouvai encore tenue par un Français, mais qui ne valait pas le brave Juan Delpino; sa femme, la plus sotte brute du monde, m'apporta bien douze paires de draps successivement avant que j'en pusse trouver une pure de tout contact humain depuis celui de la rivière. Cependant, rendons justice, sous un certain rapport, aux *posadas;* je n'y ai pas encore trouvé cet animal repoussant qu'on dit si commun en Espagne, si ce n'est dans la seule Ujigar dont je te parlerai tout à l'heure. Cela peut tenir à la précaution que je prends et que je vais t'indiquer pour ta gouverne. Il faut bien se garder de coucher dans un lit : après avoir fait étaler un drap à terre, et fait poser dessus un matelas bien entouré de linge blanc, on y dort du meilleur sommeil possible; il faut aussi garder de la lumière toute la nuit.

Il faudra voir la petite église d'Orgiba et de fort bons tableaux qu'on trouve dans la sacristie. Les montagnes entourant ce village contiennent des mines de plomb argentifère, dont l'exploitation occupe un grand nombre d'ouvriers. La plus riche est celle de la Sierra-Lucar.

La journée d'Orgiba à Ujijar fut délicieuse. A peine sortis du bassin où est la première, nous entrâmes dans le large lit du torrent de Gadiar, qui y serpente sans en occuper la deuxième partie. J'étais obligée d'aller toujours au pas; depuis Lanjaron, je n'avais plus que des gendarmes à pied, mais dans ce chemin délicieux je ne le regrettais pas. Le lit du torrent, toujours abrité du soleil par des rochers et des ombrages, est encore parsemé de lauriers en fleurs et d'arbustes odorants de toutes couleurs, c'est la plus charmante promenade qu'on puisse imaginer. Pendant neuf heures de route, je ne rencontrai pas un village; seulement quelques rares *ventas* où il est fort agréable de se désaltérer avec le vin liquoreux de ces contrées, étendu dans l'eau toujours si fraîche des *alcarazas.* Nous quittâmes notre torrent près d'Ujijar pour prendre alors le sentier qui y conduit. Cette laide petite ville est située dans une position charmante sur une colline d'une merveilleuse fertilité; la vallée qui est à ses pieds est un vrai jardin; les montagnes qui l'entourent contiennent des mines de plomb. L'église est bâtie sur les ruines de l'ancienne mosquée, mais il ne reste rien de cette dernière. Ujijar était la capitale de l'ancienne province d'Alpujarra, c'est là qu'eut lieu la dernière bataille entre les Espagnols et les Arabes, bataille qui décida du sort de ces derniers; ils furent pourchassés ensuite jusqu'à Tarifa, où ils s'embarquèrent.

Si j'ai gardé un bon souvenir des sites charmants qui entourent cette ancienne capitale, je n'en dirai pas autant d'elle-même. Il est impossible, cependant, de produire plus d'effet; jamais étrangère n'avait été vue dans ces lieux si reculés; j'étais tout à fait une curiosité, et, en descendant sur la place, la ville entière était autour de moi; mes gardes civils étaient obligés d'user des moyens les plus violents pour écarter cette foule importune. Enfin, un señor, un notable de l'endroit, un véritable *caballero*, vint interposer son autorité et m'offrir son bras pour me faire voir la ville. La surprise était à son comble, je devais être une très-grande dame; assurément le *posadero* eut la même conviction, à en juger par la note effrayante qu'il me présenta le lendemain matin, et cela, pour la plus exécrable nuit que j'aie passée de ma vie. Le même caballero, qui était venu passer la soirée avec nous, m'avait offert l'hospitalité, je me suis bien repentie depuis de n'avoir pas accepté.

Les murs des chambres de la *posada*, les plafonds formés avec des joncs, tout cela contenait des milliards de punaises. Je changeai trois fois de chambre, sans parvenir à trouver de repos; enfin je pris le parti de descendre m'asseoir dans la cour, pour attendre le retour du jour. La cour était cependant encombrée d'*arrieros* couchés sur le sol, enveloppés dans leur couverture ou dans des peaux de mouton. Enfin je patientai dans le coin le plus retiré. Mon guide, à qui je témoignais plus tard mon étonnement sur ce singulier dortoir, me dit que les *arrieros* ne couchent jamais dans un lit; ils sont en général si pauvres, qu'ils ne peuvent faire cette dépense dans les *posadas*, et cependant elle ne monterait peut-être pas à un réal; mais ils sont habitués à cela depuis leur enfance, et dorment aussi bien sur la terre que sur le meilleur matelas; lui-même, malgré ses soixante ans, me dit-il, n'en connaissait pas d'autres que sa peau de mouton étendue à terre. Ainsi, il y a en Espagne une nombreuse population qui n'a jamais connu les douceurs du lit; elle se compose des *arrieros*, des ouvriers de la campagne, des domestiques de ferme et du plus grand nombre des gitanos. Leur nourriture est en rapport avec cette manière d'être : ils mangeront quelquefois une soupe épaisse le matin, mais c'est un extra; le plus ordinairement c'est du pain et de l'ail, ou de la salade d'oignons crus, ou de la morue crue; mais il leur faut toujours du vin ou un peu d'eau-de-vie; ils n'en boivent jamais à s'enivrer. Cette eau-de-vie est blanche et parfumée à l'anis; avec de l'eau et du sucre, c'est une très-bonne boisson pour la chaleur. Je persiste à dire, après avoir vu le peuple d'Espagne dans les villes et dans les campagnes, après m'être très-souvent et très-volontairement mêlée à ces braves gens, oui, je répète que, malgré les *rateros* qui désolent l'Andalousie, le peuple espagnol est extrêmement bon et hospitalier; ses instincts sont généreux, ses sentiments sont élevés.

Enfin, pour revenir à Ujijar, je dirai à tout voyageur qui me consulterait : « Préférez la voûte du ciel dans le jardin de la *posada* ou dans les champs, aux chambres de cet abominable établissement. »

De grand matin, nous fûmes rejoindre le lit de notre torrent; il devenait de plus en plus pittoresque. A une heure environ d'Ujijar, nous étions entre de hautes murailles de roches rouges du plus bel effet, et qui avaient aussi pour nous l'avantage de nous garantir d'un soleil ardent; puis nous trouvions en approchant de la petite ville de Berja deux villages charmants bâtis en amphithéâtre. Berja est une jolie ville située dans une vallée riante et fertile où je voulais rester un peu pour me promener. Mon brave guide avait à Berja un ami médecin; il eut l'ingénieuse idée d'aller, sans me consulter, le prier de venir être mon cicerone. J'acceptai avec reconnaissance l'offre que vint me faire le frater. Après m'avoir promenée pendant deux heures, il nous demanda encore de continuer ses bons offices jusqu'à Adra, où j'allais coucher ; il voulait, disait-il, nous faire prendre un chemin qui serait un peu plus long que celui indiqué par mon guide, mais bien plus joli. J'acceptai encore très-volontiers ; nous avions tout le temps nécessaire : comme je partais toujours le matin à la pointe du jour, cela me donnait de la marge dans la journée pour me reposer ou aller voir ce que je voulais. Le frater fit donc seller son cheval, et nous entrâmes dans un autre lit du torrent. Ah ! quel délicieux chemin, quelle riante nature ! De chaque côté les rochers sont couverts de plantes grimpantes, au-dessus desquelles paraissent de petites maisons bien blanches, dans des touffes d'orangers en fleurs embaumant l'air. Puis les rochers disparaissent, et le torrent se trouve à travers les champs de cannes à sucre dont la culture fait la richesse de ce pays ; elle a parfaitement réussi dans les contrées du littoral, depuis Motril jusque près d'Alméria. Nous arrivâmes encore d'assez bonne heure à Adra pour avoir le temps de visiter ce singulier petit port de mer. La ville d'Adra se compose d'une seule longue et belle rue bien bâtie, le long de la mer. Le reste est un ramassis de huttes, remontant sur la colline ; son aspect est bizarre. Cette partie de la ville n'est occupée que par des mineurs, des ouvriers de la fonderie, des gitanos et de pauvres pêcheurs. Toutes les montagnes qu'on voit renferment de grandes richesses en plomb argentifère. Il y a plusieurs fonderies à visiter, particulièrement celle del señor Heredia, qui mit une grande complaisance à me la montrer. C'est un des plus beaux et des plus grandioses établissements que je connaisse. L'exportation que fait cette maison, en plomb en barres et en feuilles, en balles, en blanc de céruse, est quelque chose d'immense. Outre l'extrême abondance des mines exploitées par le señor Heredia, ce plomb contient quatre onces d'argent par quintal.

Sur le penchant de la colline, on voit aussi les ruines d'un vieux château arabe, mais en si mauvais état qu'elles n'ont plus rien d'intéressant.

La journée que j'employai pour aller d'Adra à Almeria

fut loin d'avoir les charmes de celle de la veille. Nous marchâmes longtemps au bord de la mer dans le sable; puis, en entrant un peu plus dans l'intérieur, je trouve la campagne la plus désolée du monde. Depuis deux ans il n'est pas tombé une goutte d'eau; quelques rares épis d'orge sortent de terre avec une peine extrême et n'ont pas six pouces de haut, quoiqu'ils aient atteint leur maturité. Les montagnes n'ont ni eau ni verdure, et si elles ne contenaient pas des richesses minérales qui occupent un grand nombre d'ouvriers, la misère serait horrible. Rien de triste à voir comme les habitants de ces contrées; leur teint hâve, leur maigreur excessive que des vêtements en lambeaux laissent apercevoir de tous côtés, tout cela fait mal à voir. Aussi voyage-t-on bien du temps sans rencontrer de village. A trois heures j'arrivais à Roquelas, pour prendre un repos dont ma garde civile avait bien besoin. C'est un affreux village bâti au bord de la mer, à l'entrée de la baie d'Almeria, en face du cap de Gata. Rien au monde de plus triste que toute cette campagne; c'est une véritable thébaïde où il y a seulement quelques salines. On aperçoit Almeria au fond de la baie; on pourrait y aller en une demi-heure avec un bateau à vapeur, tandis que j'ai mis trois heures à y aller par les montagnes. Au reste, je ne l'ai pas regretté; car cette route, qui est très-bonne, est extrêmement pittoresque : taillée à vif dans les rochers, presque toujours en vue de la mer, c'est un très-beau coup d'œil.

Nous arrivâmes fort tard à Almeria, ce qui m'était égal, puisque je devais y faire un petit séjour.

A la porte d'entrée, je fis pour la première fois usage du vil métal; il m'était insupportable de faire décharger ma mule et d'ouvrir mes malles. Au moyen de deux piécettes offertes par mon intelligent guide, le douanier s'attendrit et nous laissa passer, à mon grand contentement; ma pauvre escorte était brisée de fatigue, et mes animaux auraient pu en dire autant. Les chevaux de Napoléon ont une précieuse qualité pour leur propriétaire : ils vivent presque sans manger. Mon guide leur faisait donner une forte ration de paille et d'orge à quatre heures du matin, avant de partir, et les infortunés ne mangeaient plus que le soir.

Alméria est une assez jolie ville de 22,000 âmes ; elle est bâtie en amphithéâtre et présente un agréable aspect. Son nom vient du mot arabe *al mariial*. Elle était prospère en ce temps-là, mais aujourd'hui il ne lui reste d'autre témoignage de sa grandeur passée que les vastes ruines de sa citadelle ; elles sont fort curieuses et intéressantes à visiter par les nombreux vestiges qu'on y rencontre. Jetées sur une montagne élevée dominant la ville, on a, du haut de ces ruines, une vue fort étendue, mais extrêmement triste.

On m'assure qu'il n'y a rien d'intéressant à voir par terre d'ici à Carthagène ; il faudrait trois jours au moins pour y aller à cheval, et la campagne y est aussi désolée que celle que j'ai vue depuis Adra jusqu'ici. Malgré mon horreur pour la mer, je vais m'embarquer ce soir, et je serai demain, à cinq heures du matin, à Carthagène.

LETTRE XXI.

Carthagène, 7 mai 1830.

Cette ville est située au fond d'une baie dont l'entrée est un peu plus étroite que le centre, et si bien formée par la nature, qu'elle semble être un ouvrage d'art. Je ne parlerai pas de l'ancienne importance de cette cité, tu la sais mieux que moi. Elle fut fondée par Asdrubal, général carthaginois, qui regardait ce point comme très-sûr, dans la pensée d'entreprendre la ruine des Romains. Aujourd'hui, Carthagène est encore une place très-forte, tant du côté de la mer que de celui de la terre. Plusieurs forteresses, bâties sur les hauteurs qui entourent la ville, doivent en faire une cité fort difficile à prendre, si la rapace Angleterre tournait de ce côté son œil envieux.

Cette ville, qui ne compte que 13,000 âmes, est plus animée qu'Alméria, mais, excepté les trois ou quatre rues centrales, elle est, comme beaucoup d'autres, très-sale.

Il faut monter aux ruines du vieux château arabe, on a de là une belle vue, d'où l'on voit parfaitement toute la baie, la ville, l'arsenal à droite, le village de Sainte-Lucia à gauche, et après cela une triste campagne. Partout, dans la ville, on retrouve des témoignages de ses gloires passées : ce sont des inscriptions, des statues, des médailles, des pyramides, et de très-belles maisons qui ont dû être le séjour de l'opulence. Tu verras aussi une vieille tour sur laquelle sont sculptées les anciennes armes des Carthaginois : c'est une tête de bœuf.

Ce qu'il y a de plus intéressant à voir est l'arsenal : je le crois unique en son genre pour la commodité de la construction des bâtiments. Tout y est immense et témoigne de l'ancienne renommée et des gloires de la marine espagnole. Quoiqu'il renferme un grand nombre de travailleurs, tout y est si considérable, qu'il paraît manquer d'animation. Il y a en construction deux vaisseaux de ligne et un bateau à vapeur.

Le village de Santa Lucia, qui est comme un faubourg de la ville, contient plusieurs établissements industriels; je vis une fort belle verrerie; le verre a presque la limpidité du cristal lorsqu'on veut faire des objets d'un certain prix. Mais impossible de rien voir de plus salement désordonné que ce village, cela fait pitié.

Il n'y a ni *fondas* ni *posadas* à Carthagène, il n'y a que quelques endroits sans nom pour les *arrieros*. Les étrangers, les voyageurs se logent dans des *casas de pupilos*, et il faut deviner où cela se trouve. Ce ne fut pas sans peine que je découvris celle qui m'avait été indiquée dans une petite rue non loin du port et de la place où se trouve la douane. Je te la recommande, car, si je ne n'y trouvai pas d'élégance, je ne ne fus jamais traitée si bien et si proprement pour un prix si modeste.

Impossible de trouver des chevaux pour aller demain à Murcie, et je trouve que deux jours passés ici sont bien suffisants. On m'assure qu'il y a une route magnifique pour aller en *tartana*, et comme c'est presque toujours en pays plat, sans aucun ombrage, j'aurai bien moins chaud. Va donc pour la tartane. Ce véhicule, qui n'est pas suspendu, ressemble aux carrioles de nos campagnes, mais l'intérieur est plus soigné; il est partout bien doublé, bien rembourré, orné de draperies, et les bancs sont suspendus aux parois de la voiture au moyen de courroies en cuir. Le fond et le devant sont ouverts ou fermés à volonté avec de petits rideaux de soie, si la tartane est soignée. Tu penses bien que je choisis ce qu'il y avait de mieux, sans que cela coûtât plus cher que des chevaux, dont il faut toujours payer le retour. Il y a une petite diligence qu'on peut prendre, mais on y est malproprement, et on n'a pas l'avantage de s'arrêter partout où l'on veut. Tandis que ma manière de voyager est une promenade continuelle sans fatigue ; c'est un plaisir de tous les instants. J'ai obtenu encore deux gardes civils ; dans ces malheureuses contrées il y a des *rateros*, que jusqu'à un certain point j'excuse, en songeant à l'affreuse misère d'un pays où il n'y a pas d'eau et où il ne pleut jamais.

LETTRE XXII.

Murcie, 11 mai 1850.

Ainsi qu'on me l'avait dit, il n'y a rien de plus triste que la campagne qui s'étend entre Carthagène et Murcie. Et cette bonne route, qu'on m'avait tant vantée! Ah! grand Dieu! heureusement que ma charpente est solide!

Après le triste désert qu'on a traversé, on éprouve une sensation délicieuse à l'apparition de la *vega* de Murcie lorsqu'on arrive en haut de la montagne et qu'on la voit s'étendre devant soi. C'est le jardin le plus magnifiquement riche, la nature la plus souriante qu'on puisse voir. Ce n'est pas la beauté poétique et sublime de celle de Grenade, que je lui préfère cent fois, mais c'est cet aspect gracieux qui vous dispose à la gaîté, au bonheur. La *vega* de Murcie n'est pas plus fertile que celle de Grenade, mais les montagnes qui l'entourent étant bien moins hautes, n'ayant pas une Sierra-Nevada pour lui envoyer des courants d'air très-froids, ses conditions atmosphériques sont meilleures et ses produits bien plus variés. On évalue annuellement à 35 millions de francs les produits de cette *vega*, n'ayant que cinq lieues de longueur sur trois de largeur. On a pu récemment y acclimater les vers à soie de Chine et la cochenille, qui y prospèrent au-delà des prévisions. Ce beau bassin est entouré de montagnes, excepté du côté le plus étroit, c'est celui conduisant à la mer.

Murcie est une très-jolie ville de 35,000 âmes; elle est située sur la rive droite de la rivière Segura, venant des montagnes et donnant une partie de ses eaux aux nombreuses irrigations qui fertilisent la *vega*. Ses promenades sont charmantes, bien soignées, remplies de fleurs, et, comme elles sont à l'extrémité de la ville, la vue dont on y jouit est des plus agréables.

Je me trouvai à Murcie l'un de ces jours de grande solennité religieuse durant lesquels toute la population est dehors, c'est celui de l'Ascension. Je dois convenir que la grand'messe en musique que j'entendis à la cathédrale ne fait pas honneur aux Murciens. Comme musique, je lui préfère une sérénade que me donnèrent de pauvres aveugles en s'accompagnant de la guitare; ils chantaient en chœur un air dont les mélancoliques paroles d'Espronzeda étaient si bien en rapport avec la musique! En voici un couplet :

Hojas del arbol caidas,	Feuilles tombées de l'arbre,
Juguetes del viento son.	Vous êtes le jouet du vent.
Las ilusiones perdidas	Les illusions perdues
Son las hojas desprendidas	Sont les feuilles détachées
Del arbol del corazon.	De l'arbre du cœur.

Les promenades offraient vers le soir un joli coup d'œil : gentilshommes, bourgeois et manants, tous semblaient s'y être donné rendez-vous. C'était un mélange original et élégant de toute espèce de costumes. J'y remarquai une classe de femmes que je n'avais pas encore vue en Espagne, et dont le costume n'appartient qu'à la province de Murcie; ce sont les *huertolanas* (jardinières des huertas). Leur jupe de laine est courte et brodée tout autour en couleurs tranchantes, le corsage est collant et en soie; par-dessus se croise un petit châle de soie; puis la toilette est complétée par un tablier de satin brodé de paillettes d'or ou d'argent, ou bien de soie de différentes couleurs; leurs souliers sont en toile blanche, leur mantille est de taffetas noir, garnie de velours.

Les femmes de la ville, appartenant à la classe moyenne, ont un goût immodéré pour les volants, les gitanas surtout. Leurs robes sont ordinairement en toile peinte, et il arrive souvent que les volants sont d'un dessin différent de la robe. Quant aux hommes, c'est comme depuis Almeria : le court et très-large pantalon de toile blanche, serré par une coulisse autour de la taille comme un jupon de femme, ceinture rouge, petite veste ronde en velours avec boutons ronds en argent.

Au point de vue monumental, il n'y a rien à voir à Murcie, si ce n'est la cathédrale, quoique ses mérites soient encore contestables. Son architecture est un composé de tous les styles possibles. La façade est platéresque, mais il y a de belles statues. Ce qu'il y a de plus remarquable à l'extérieur est une grosse chaîne de pierre entourant les murs de l'église, et qui est admirablement faite. A l'intérieur, il y a quelques bons tableaux à voir, et la chapelle du marquis de Vallez, d'un gothico-arabe qui est charmant.

C'était don Angelo, l'un des trois curés de la cathédrale, qui eut l'obligeance de me la montrer; il voulut bien me faire voir toutes les choses miraculeuses qui s'y trouvent, entre autres un flacon contenant une goutte de lait de la Vierge. Il est, on peut dire, le pendant de celui de Naples contenant du sang de San Gennaro. La goutte de lait, formant une perle toute l'année, se liquéfie le 15 août, et les bonnes âmes qui, pendant ce temps, demandent quelque faveur à la Vierge sont bien sûres d'être exaucées. Le bon père Angelo me racontait son miracle avec une puissance de conviction qui me faisait plaisir à entendre en me faisant envie. Etait-il sincère? Je veux le croire, mais j'aimerais mieux qu'il ne le racontât pas si facilement, sans savoir s'il s'adresse à une âme candide et heureuse de l'entendre ou à quelque fanfaron d'incrédulité. Il me montra aussi un riche reliquaire et un poil de la barbe du Christ.

Le rétable de l'*altar mayor* est fort beau; on voit, à droite de l'autel, une urne de pierre contenant le cœur et les entrailles d'Alonzo-le-Sage. La seule chose vraiment digne de remarque de la cathédrale est son clocher : c'est une belle et très-haute tour carrée, dans laquelle on monte jusqu'à environ les deux tiers de la hauteur par une pente douce, puis vient ensuite un escalier en spirale qui vous conduit à un pavillon à jour dominant les vingt cloches de l'église; on a de là une délicieuse vue embrassant la *vega* dans son entier.

Il y a au-dehors une jolie excursion à faire : il faut louer une tartane pour la journée, aller d'abord voir la Contraparada, lieu où les Arabes exécutèrent un travail, beau de simplicité, pour diviser les eaux venant des sierras, et les envoyer sillonner la *vega* en tous sens.

De là, tu iras voir la poudrerie ; c'est un établissement fort beau et fort considérable, c'est la plus importante poudrerie d'Espagne, d'autant mieux placée qu'elle est au milieu d'une grande abondance d'eau et qu'il n'y a que trois lieues à faire pour aller chercher le soufre dans la montagne.

Tu reviendras par l'ancien couvent de San Geronimo, qui était un des plus beaux et des plus vastes d'Espagne. Il offre aujourd'hui un triste spectacle : c'est un dépôt de mendicité, où les pauvres des deux sexes et de tous les âges trouvent un abri et leur nourriture, mais on ne les occupe pas. Rien de plus repoussant que cette foule hideusement sale et déguenillée, éparse sur les marches des escaliers, dans les cours, dans les cloîtres. La misère est effroyable dans toutes les campagnes qui entourent la riche *vega*. Il y eut un orage ces jours derniers, c'était la première pluie depuis cinq ans ; ces êtres malheureux ne pouvaient plus vivre que de rapines ; le gouvernement prit alors des mesures pour venir à leur secours, et on va leur organiser du travail dans le couvent. Pour la millième fois j'entends regretter le temps où les bons pères les consolaient, les secouraient de toutes les manières.

L'église est fort belle, la coupole est remarquable par la hardiesse de son élévation et par les belles statues qui l'entourent.

Je viens de passer à Murcie trois jours, d'autant plus agréables, qu'un heureux hasard nous fit faire la connaissance du commandant de la garde civile, en allant lui demander la faveur d'une escorte. Cet homme aimable et sa famille nous firent les honneurs de Murcie avec cette bonté pleine de grâce qu'on ne trouve que sur la terre d'Espagne. Si j'étais moins pressée, j'aurais bien volontiers passé quelques jours de plus dans leur cité, tant ils m'en rendaient le séjour attrayant. D'ailleurs Murcie me plaît infiniment ; si elle ne renferme rien de bien remarquable comme art, elle plaît pour elle-même, car son aspect est tout oriental avec la couleur si blanche de ses maisons, s'élevant au milieu de l'éternelle verdure de sa riche *vega*, entourée de montagnes rocheuses et dépouillées. Il est impossible de ne pas trouver un charme infini à se promener à travers ces mille jardins, sous les grenadiers, les orangers, les palmiers ; à examiner cette culture toujours arabe faite par ces robustes hommes au costume presque africain encore et n'ayant la tête garantie des ardeurs du soleil que par un mouchoir de couleur dont la pose bizarre leur donne un aspect de sauvagerie. Enfin, je le répète, il faut faire en sorte d'avoir une semaine à passer à Murcie.

Pour aller à Alicante de la manière la plus agréable, on doit louer une tartane pour deux jours, partir de bonne heure, afin d'aller coucher le soir à Elche, après s'être arrêté en passant pour se reposer et voir Orihuela. Le lendemain on va coucher à Alicante. C'est ce que je vais faire.

A Murcie tu devras descendre à la *fonda* de la place San Leandro.

LETTRE XXIII.

Elche, Alicante, 15 mai 1850.

Vois un peu, mon cher Hugues, si dans toutes les classes l'Espagnol n'est pas toujours *caballero*. Le loueur de tartanes, monté sur son andaloux, voulut escorter la Señora française jusqu'à deux lieues de Murcie pour lui offrir en passant des fleurs et des oranges de sa campagne. Il fallut donc mettre pied à terre pour voir la *quinta* (maison de campagne), où je fus comblée de ses produits; puis je reçus du brave homme l'expression très-pompeusement formulée du désir de me revoir.

La route de Murcie à Orihuela est ravissante; elle longe tout le délicieux jardin de la *vega*; elle est toujours ombragée par de beaux arbres. La végétation est si merveilleuse que mon *tartanero* me disait que sur son bien, le produit du blé est dans la proportion de 60 pour un. Le fait est que je comptai sur la même tige jusqu'à neuf et dix épis.

A peu près à moitié chemin d'Orihuela, mes gardes civils voulurent descendre de la tartane pour mieux veiller sur moi, disaient-ils. Il y a dans ces contrées un fameux brigand nommé Ornero, auquel on fait une chasse très-suivie sans pouvoir parvenir à l'atteindre; aussi la garde civile a-t-elle l'ordre de le fusiller sur place.

Je m'arrêtai trois heures à Orihuela. C'est une jolie ville bâtie sur une colline; la Ségura coule au bas. Il y a trois églises valant la peine d'être vues : la cathédrale, la Salesa et Santiago Mayor. Il ne faut pas manquer de monter à la tour de San Ayusta, d'où l'on a une vue merveilleuse embrassant la *vega* dans toute son étendue et la ville de Murcie, qui est à cinq lieues d'Orihuela.

Le soir nous arrivions à Elche après avoir traversé la plus triste campagne du monde depuis Orihuela. Je me croyais en Afrique; le crépuscule jetait une lumière toute particulière sur ces bois de hauts palmiers (1), plantés au milieu d'une campagne tristement aride; puis apparait la petite ville toute blanche venant compléter ce tableau si oriental.

Je passai à Elche toute la journée du lendemain, car il faut peu de temps pour se rendre à Alicante, et dans cette saison, il vaut mieux voyager le soir ou de grand matin, le soleil étant déjà excessivement chaud.

Mes premières courses furent pour ces délicieux bois de palmiers que j'avais aperçus le soir. Lorsqu'au sortir de la ville on se trouve subitement au milieu de cette végétation africaine, on croit voir une décoration de théâtre. C'est quelque chose de charmant que ces bois aux arbres si hauts, si élégants; que ces allées bordées de chaque côté par des massifs de grenadiers en fleurs, et l'eau courant partout. Chaque propriété est séparée des autres par un ruisseau et un talus; toutes sont arrosées par des irrigations dont les eaux viennent de la montagne et passent près de mines de sel; elles sont légèrement salées; c'est à cela qu'on attribue la puissance de la végétation. Mais si j'étais ravie de la beauté et de l'élégance de cet arbre élancé, je dirai aussi que son ombrage est d'un faible secours contre un soleil si ardent, et que la nature l'eût mieux placé sous nos climats, n'en déplaise à nos romanciers faisant rafraîchir et reposer l'esclave à l'ombre du palmier. Ses rameaux ne se trouvent que très-haut sur l'arbre qui n'est qu'un puissant roseau, et s'étendent en retombant en forme de parasol, mais s'étendent peu. Les feuilles du jeune palmier mâle s'attachent fortement serrées autour de la tige pendant un an,

(1) Suivant les habitants d'Elche, leurs bois de palmiers furent plantés par les Arabes au commencement de leur occupation, lorsqu'ils reconnurent combien la qualité du sol était favorable à ces plantations. C'est le seul point d'Espagne où ils forment de grands et beaux bois, et où les dattes puissent être comptées comme un revenu. Partout ailleurs ils sont épars dans des *huertas*.

elles blanchissent ainsi, et l'on s'en sert pour faire des chapeaux d'hommes. La richesse de la ville d'Elche vient de ses dattes qui font une partie de la nourriture du paysan, et le reste s'exporte.

Il est curieux de voir grimper les jeunes garçons à l'arbre pour cueillir les dattes. C'est au moyen d'un cerceau en cordes qu'on ferme quand l'arbre et l'enfant sont dedans ; ce dernier appuie son dos à la corde qu'il tient avec ses deux mains, se penche en appuyant ses pieds contre l'arbre, et, dans cette position, marche en montant dessus avec l'agilité du singe, jusqu'à ce qu'il arrive aux fruits.

Nous ne devons pas nous contenter de nous promener à travers les palmiers, de contempler la couleur orientale de ces sites, et de nous arrêter dans ces petites maisons dont les terrasses sont posées au-dessus d'un rez-de-chaussée très-bas, et dont les humbles habitants vous font les honneurs avec toute la cordialité espagnole. Ils paraissent pourtant bien pauvres !

Après donc avoir exploré dans tous les sens ces bois si frais, si jolis, nous entrerons dans Elche pour voir *Santa Maria, la iglesia mayor*. J'ai été surpris de trouver dans cette petite ville un édifice vraiment beau. Santa Maria est une église moderne, d'architecture grecque des plus nobles et des plus simples à la fois. La *capilla mayor*, l'autel, le tabernacle, tout y est marbres et jaspes précieux, tout cela mérite d'être vu avec attention. La façade est digne aussi de l'intérieur. On ne manquera pas de te montrer le *camarin* et sa vierge *muy milagrosa*, comme toujours. Le bon sacristain me raconta que cette vierge fut trouvée, il y a environ trois cents ans, au bord de la mer ; elle dit aux premières personnes qui l'approchèrent : *Je suis pour Elche*. Des papiers très-authentiques attestent ce miracle, et la vierge ne refuse jamais ce qu'on lui demande avec ferveur.

Le soir je remontais en tartane avec ma garde civile, prenant le très-mauvais chemin d'Alicante.

Cette petite ville, qui n'a que 17,000 habitants, est remplie d'animation et plaît infiniment, quoiqu'elle n'ait rien de remarquable : ses rues sont la plupart étroites et montueuses, mais les maisons sont jolies et propres. La ville est située au pied d'une montagne et au centre de la baie d'Alicante ; son port est charmant et sa jetée est chaque soir le rendez-vous très-animé des promeneurs.

Il ne faut pas manquer d'aller voir le fort, bâti sur le sommet de la montagne qui domine la ville, et de monter sur sa plus haute plate-forme ; on a de là une très-belle vue et, comme art, je le crois curieux à visiter. La muraille d'enceinte de la ville part du fort ; toutes les restaurations qu'on a faites dans les dernières années sont belles et très-importantes. Mais on ne doit faire cette ascension que le matin. Grand Dieu ! que c'est haut et comme le soleil vous brûle !

Dans la ville, il faut voir le musée du marquis de..., on laisse entrer quiconque le demande ; il y a de très-bonnes choses. Si l'on a du temps, il faut aller à l'église Santa Maria et à la *iglesia mayor*, mais il n'y a rien d'important à voir. J'allai visiter aussi la fabrique de tabac qui occupe 3,400 femmes ; je la trouve inférieure à celle de Séville. Ce qui est vraiment monumental est la *plaza de Toros* : ce sont de vastes arènes magnifiquement bâties tout en pierres de taille ; ce sont les plus belles que j'aie vues en Espagne. Comme tu vois, la ville d'Alicante n'offre pas un grand intérêt au touriste ; mais, je te le répète, elle plaît. Ce qu'elle a d'agréable pour un certain nombre de gens, c'est l'excellence du vin que produit son territoire ; ce produit fait la seule richesse du pays, on en exporte en quantité en Angleterre et en Russie. La vigne produit toujours, malgré la sécheresse qui désole le pays et qui oblige un grand nombre d'habitants des campagnes à émigrer pour nos possessions d'Afrique.

C'est à la *fonda del Vapor* qu'il faut descendre, on y est à merveille.

Enfin, je vais reprendre les mules pour aller à Valence ; je n'aurai pas plus chaud qu'en tartane, et c'est mille fois plus agréable ; d'ailleurs, il y a une bonne raison pour cela, c'est qu'il n'y a pas de chemin jusqu'à San Felipe.

LETTRE XXIV.

Valence, 24 mai 1830. —
Alcoy, San Felipe, Valence.

N'oublie jamais, mon cher ami, que dans cette saison il faut partir à la pointe du jour, et pour y parvenir on doit se lever longtemps avant. L'Espagnol ne se presse jamais ; il a pour principe que : *chi va piano, va sano* ; et je ne sais pas beaucoup de choses plus impatientantes que de le voir à quelque travail que ce soit. Lorsque je vis qu'ils étaient tous ainsi, je pris le parti d'être levée la première, de les appeler de toute la force de mes poumons pour les réveiller et les faire mettre en mouvement ; c'est le seul moyen de parvenir à être matinal, et voilà ce que je fais depuis que je voyage à cheval ou en tartane.

En sortant d'Alicante, je trouvai toujours la même campagne aride et triste ; mais, à peu de distance, elle revient accidentée, pittoresque ; nous traversons les crus qui produisent le fameux vin d'Alicante, et nous arrivons pour déjeûner à Gijona, très-laide et très-sale petite ville, dans une situation charmante. Elle est bâtie en amphithéâtre sur la pente rapide d'une montagne appelée : *Peña de Gijona*. Cette pente est si raide que la plupart des rues de la ville sont en escaliers. Elle domine des vallées charmantes et fertiles aboutissant à ses pieds. C'est ici qu'on fabrique ce gâteau si célèbre en Espagne et qu'on appelle *turron*.

En quittant les montagnes si vertes et si fleuries de Gijona, nous retombons dans l'aridité jusqu'aux hauteurs qui précèdent Alcoy. Arrivée là, j'ai à mes pieds un bassin riche et vert, faisant un immense contraste avec les montagnes tristes et abruptes qui l'entourent, et nous descendons dans la jolie petite ville d'Alcoy.

Alcoy a 18,000 âmes, elle est très-industrielle, il y a plusieurs fabriques de drap et de papier; eh bien, je m'étonne une fois de plus, il n'y a pas de chemin; tous les produits se transportent aussi à dos de mulets. Cependant je répéterai que l'Espagne est en voie de progrès; j'avais vu une belle route en construction allant de Grenade à Motril, on en fait une ici qui ira rejoindre celle de Madrid à Valence, et qui est déjà fort avancée.

La *iglesia mayor* doit être visitée; ensuite les promenades sont jolies, et enfin il faut faire en sorte d'arriver de bonne heure à Alcoy, tant pour voir la ville que pour voir quelques fabriques si l'on a ce goût. Quant à moi, je le confesse que cela n'attire nullement ma curiosité, et je préfère de beaucoup un beau point de vue aux infectes machines auxquelles je ne comprends rien.

Partant d'Alcoy de bon matin, on ira déjeûner et se reposer à Albaida en traversant des campagnes charmantes et qui le deviennent toujours de plus en plus à mesure qu'on approche de San Felipe de Jativa. Au fond des vallées, nous trouvâmes de grandes rizières; le sentier que nous suivîmes une partie de la journée longeait la nouvelle grand'route en construction; cette route, continuellement taillée dans le roc, est un fort beau travail. La journée d'Alcoy à San Felipe fut vraiment charmante.

Depuis Alicante je n'ai plus de garde civile; le maire de cette cité, à qui j'étais recommandée, m'avait dit que le pays étant très-sûr, il n'y avait pas à craindre le moindre *ratero*. Nous fîmes donc l'économie de l'escorte.

Le soir, au soleil couchant, nous apercevions, longtemps avant d'y arriver, la forteresse mauresque de San Felipe, couronnant une haute montagne.

Je n'ai rien vu de plus laid que cette petite ville; elle est noire, elle est triste, elle est sale, sa *posada* est digne d'elle. Cependant, pour jouir du joli pays qui entoure San Felipe, il faut y rester deux jours.

Cette ville est bâtie dans une vallée fertile et charmante

au pied d'un immense rocher sur lequel nous monterons pour visiter son vieil édifice mauresque. Il est curieux d'abord par lui-même, puis la vue dont on y jouit est si belle, si attachante qu'on y passe plusieurs heures avec un charme extrême.

Ce château a une très-grande étendue; à en juger par ce qui en reste, il dut être fort. De l'une de ses extrémités, part une muraille crénelée qui entoure les deux tiers de la ville et revient à l'autre extrémité de la forteresse. En 1836, les *épiciers* (libéraux) de la ville eurent l'aimable fantaisie de s'imaginer qu'on voulait leur ravir leur liberté; ils s'armèrent, se portèrent à la citadelle, y firent les plus ridicules restaurations pour se préparer à la défense. Ils ne furent point attaqués, bien entendu, et l'épicier retourna à sa boutique.

La seule chose à voir dans la ville est l'église *mayor*; son style composite est simple et de bon goût; l'autel est dans une espèce de temple grec entouré de colonnes de marbre rose veiné de rouge, c'est fort beau.

On trouve aussi, en parcourant la ville, de pauvres restes d'une ancienne mosquée, indignement travestie en magasin de fer; on n'en voit plus que le plafond et le dessus de la porte, que le propriétaire m'offrit de me vendre. J'aurais bien volontiers accepté si c'eût été d'un transport plus facile.

Il y a de très-jolies promenades à faire autour de San Felipe, surtout du côté de la forteresse; partout les montagnes sont sillonnées de petits sentiers fleuris, et les yeux ne peuvent se reposer que sur des sites pittoresques. Il faut donc oublier la laideur de la ville en faveur de sa campagne.

Je m'étais décidée à prendre la diligence pour venir à Valence; on ne met que huit ou neuf heures, au lieu de mettre deux jours avec des chevaux, et le temps presse. Je ne m'en trouvai pas mal; elle est très-bien servie, mais je jouis moins qu'à cheval de la beauté de ce pays, qui est un continuel jardin d'une admirable fertilité. Plus de deux heures avant d'arriver à Valence, on voit la haute tour de sa cathédrale, dominant cette riche *huerta*, qui se dit sans rivale, ayant à droite le lac d'Albufera.

Valence est une grande ville, elle en a tout l'aspect, tout le caractère et, me dit-on, toutes les habitudes. Elle compte 115,000 âmes. Tu sais que ce fut le Cid qui la reprit aux Arabes, en 1096.

La richesse de la *huerta* de Valence et la beauté de son climat en ont fait une source féconde pour les poètes et les romanciers : Lucio Siculo l'appelle le miracle de la nature, Peralta, le Paradis terrestre, et Mariana, les Champs-Elysées. Quant à moi, tout en reconnaissant sa gracieuse beauté, je lui préfère cent fois la *vega* de Grenade.

Comme je te le disais, Valence a toute l'ampleur d'une grande ville : elle est entourée d'une forte muraille; on y entre par huit portes, dont quelques-unes sont vraiment monumentales. L'intérieur de la ville est laid; les rues sont étroites et tortueuses, les places irrégulières, comme à Séville et à Grenade; mais ses maisons n'ont presque plus rien dans leur construction qui rappelle les Arabes; cette ville est loin d'avoir le sceau si poétique dont sont marquées ces deux dernières. Nous y verrons, près de la promenade, un quartier neuf, où de grandes maisons bien régulières annoncent l'introduction du progrès.

Il y a beaucoup de choses dans tous les genres à voir à Valence : au point de vue humanitaire d'abord, nous en trouverons qui devraient servir de modèle et d'exemple à quiconque s'occupe d'améliorer ou de soulager notre pauvre espèce. Je te parlerai d'un lieu si hideux partout, d'un lieu dont on ne peut prononcer ou écrire le nom qu'avec dégoût, du *presidio* (bagne) enfin. J'en ai vu en Italie, en France et en Espagne, et ce n'est qu'à Valence que j'ai vu dans le *presidio*, non pas un bagne, mais un établissement qui vous intéresse, au lieu d'un séjour infâme qui vous fait horreur. Honneur au directeur, homme véritablement philantrope et intelligent, qui, en étudiant les dispositions naturelles de chacun, a toujours su trouver les cordes qu'il fallait faire vibrer; et, sauf de très-rares exceptions, les êtres pervers entrant au *presidio* en sortent honnêtes gens, bons ouvriers, laborieux. Là il n'y a pas un oisif : lorsque le directeur, sur les rapports de ses employés et les observations qu'il a faites lui-même, connaît les aptitudes des nouveaux venus, il les dirige en conséquence. Les prisonniers sont soumis à une discipline terrible, et le moindre manquement est puni des peines les plus sévères. Ces natures, qui arrivent là si mauvaises, sont bien contraintes de plier sous un joug de fer et de prendre l'habitude du travail, qui finit par les changer. Tous les métiers sont pratiqués au *presidio;* les ouvriers de chaque métier occupent des salles différentes. J'ai vu faire depuis les choses les plus vulgaires jusqu'aux plus belles étoffes de soie, et au velours. Les travailleurs de tous les métiers s'occupent au milieu du silence le plus absolu, qui leur est imposé par la discipline. C'est une chose vraiment curieuse qu'une salle fort grande remplie de gens occupés, dans laquelle on entendrait le bruit d'un soupir. Les hommes qui, manquant d'intelligence, ne peuvent exercer aucun métier, sont alors employés au service de la maison, où règnent la plus irréprochable propreté, l'ordre le plus parfait. On leur enseigne également ce que c'est que la morale, ce que c'est que la vertu, et on les leur fait aimer. On leur fait pratiquer la religion; ils entendent des sermons courts et à leur portée. Enfin, pour donner une idée des résultats obtenus, il suffit de dire que s'il arrive que quelques-uns de ces hommes aient, par leur conduite, mérité la confiance du directeur, ce dernier les envoie, avant l'expiration de leur peine, sans autre garantie que leur parole, sur quelque point du territoire que ce soit, en les adressant aux directeurs des grands travaux que fait faire le gouvernement. Il n'est point encore arrivé qu'un de ces forçats ait manqué à sa parole et se soit échappé. Je l'assure que lorsqu'on va visiter le *presidio,* si on ne savait où l'on est, si l'on ne voyait le fatal vêtement, on ne pourrait se douter qu'on est au milieu d'une population de voleurs et d'assassins; on se croirait dans l'établissement le plus honnête et le mieux tenu du monde. J'engage fort tout étranger allant à Valence à ne pas manquer de visiter le *presidio.*

Je te répète, tous les établissements de bienfaisance de cette ville peuvent servir de modèles. Je citerai particulièrement la maison des orphelins pour les deux sexes, où non seulement on leur enseigne tous les métiers, mais où l'on apprend encore aux jeunes gens le dessin et l'architecture.

Il n'y a pas de monument bien remarquable à Valence; cependant la cathédrale doit être visitée avec quelque attention. Elle fut construite sur les fondations de l'ancienne mosquée. Les premiers projets furent d'édifier une église gothique; c'est ainsi qu'elle fut commencée, puis les travaux ayant été suspendus et repris à de longs intervalles, il s'en est suivi une grande confusion. C'est une église composite, plus que tout autre chose. Elle est belle dans ses proportions, très-riche dans ses détails. Tu ne manqueras pas d'admirer les peintures du maître-autel, l'autel lui-même, qui est de serpentin orné de guirlandes d'or massif, et presque tous les tableaux des chapelles de droite en entrant sont des toiles de mérite.

Jusqu'à présent, je n'ai pas encore vu autant de choses *milagrosas* depuis que je suis en Espagne, que j'en ai vu à Valence. Dans la sacristie, on te montrera d'abord de très-bons tableaux, dont un de Murillo; c'est ce qu'il y a, je pense, de plus authentique; puis, dans l'armoire aux reliques, la chemise de l'enfant Jésus, le peigne de la Vierge, le calice dans lequel but Jésus-Christ en faisant la Cène, et enfin le squelette de l'un des enfants tués par Hérode.

De la cathédrale, tu iras voir la chapelle de la *Virgen de los desemparados:* elle éblouira tes yeux, tant elle est couverte de diamants; on prétend qu'elle en a pour plusieurs millions. Elle ne te refusera rien de ce que tu lui demanderas, pas plus que le Christ *del Salvador*, dans l'église du même nom.

Tu demanderas à entrer dans son *camarin*, et tu verras un Christ pouvant avoir huit pieds de haut, dont la tête, vraiment belle, est ornée d'une chevelure noire abondante, et d'une barbe épaisse descendant très-bas sur sa poitrine. Le brave sacristain nous raconta que les flots l'avaient amené près de Valence en 1250, et qu'il avait exprimé la volonté de résider dans cette ville. Il ajouta que cette barbe extraordinaire que nous lui voyions lui avait poussé depuis son installation. Il est posé sur un autel d'argent massif, entouré de hauts flambeaux du même métal.

On peut encore voir la chapelle du *Milagro* dans l'ancien couvent qui sert de refuge aux vieux prêtres; l'église de San Juan, où il y a de bonnes peintures et de bonnes fresques; Santo Domingo, qui est la chapelle d'un ancien couvent: il faut entrer dans sa *capilla de los Reyes*.

J'ai trouvé le musée un peu inférieur à ce que je croyais, en songeant à la renommée de l'école de Valence; mais à l'académie des beaux-arts on est amplement dédommagé par les nombreux chefs-d'œuvre qu'on y trouve. On doit voir aussi l'université, la bibliothèque et de précieux manuscrits qui s'y trouvent.

A présent, si tu veux voir de la couleur locale, tu iras le mercredi à onze heures sur la petite place de la cathédrale, et tu y verras le plus curieux tribunal que tu aies jamais vu. C'est celui de *los huertolanos*. Il est composé de six cultivateurs de la *huerta* de Valence, qui sont simplement assis sur un banc de pierre contre le mur de l'église; chacun est dans son costume des champs, et là le tribunal juge sans appel les différends qui s'élèvent journellement au sujet des arrosements entre tous les cultivateurs. Il y a un règlement fort sévère pour que chacun arrose au moyen des irrigations qui sillonnent la *huerta* à des heures indiquées. Si l'on prolonge d'un instant, c'est un tort qu'on fait aux voisins, et c'est là le sujet éternel de ces procès qui se plaident et se jugent en quelques moments, et aux jugements desquels on se soumet sans murmure. Si nous pouvions adopter cette manière expéditive, tout le monde n'y gagnerait-il pas?

La mer est à une petite lieue de Valence, au *Grao*; c'est ainsi que s'appelle son port où l'on va par une magnifique allée de beaux arbres. Du Grao tu iras voir le village de *las Cabañas*; c'est quelque chose de fort original que ce village au bord de la mer, n'étant composé que de cabanes bâties bien régulièrement, ayant presque toutes la même dimension, toutes couvertes de chaume et ayant pignon sur rue. Il n'est habité que pendant deux ou trois mois par an; on y va pour prendre les bains de mer. Chaque particulier aisé de Valence a sa cabane, et cette apparence si modeste cache habituellement l'élégance et même le luxe.

Si tu veux encore faire une promenade plus curieuse que belle, tu iras voir le lac d'Albufera. Ces grandes lagunes sont d'une tristesse mortelle, et le village ne l'est pas moins. Cependant la première partie de la promenade est assez jolie; en sortant de Valence par la *puerta del Mar*, on est dans de belles allées d'arbres longeant la rivière, souvent à sec, de Guadalaviar; elles vous conduisent à travers de jolies *huertas* et des rizières jusqu'aux lagunes.

Croirait-on que dans la grande ville de Valence on ne trouve pas une voiture? Tout le monde va dans ces malheureuses tartanes qui vous secouent si rudement. On les prend à l'heure ou à la course, comme à Paris on prend des fiacres. Et, lorsqu'on est en tartane, on est fort heureux que la plus grande partie des rues ne soit pas pavée, malgré l'effroyable poussière qu'elles vous envoient.

La chaleur va devenir si forte que je vais prendre la diligence pour aller à Tarragone; mais il ne faut pas manquer de voir en passant Murviedro, l'ancienne Sagonte. Voilà ce que tu feras : tu loueras une tartane qui t'y conduira en partant de très-grand matin, après avoir retenu ta place à la diligence, qui, en passant, te prendra le soir à Murviedro. De cette manière on a un jour entier à y rester, et c'est assez. Je quitte Valence fort contente de cette ville; on me dit que c'est l'une des cités d'Espagne les plus agréables à habiter pour la société qui y est très-distinguée. J'ai lieu d'être portée à le croire.

LETTRE XXV.

Murviedro, Tarragone, 28 mai 1850.

Ah! mon cher ami, qui reconnaîtrait à Murviedro, dans cette triste et pauvre petite ville, l'antique et célèbre Sagonte dont la conquête occasionna la seconde guerre punique! Où est la florissante ville romaine? Aujourd'hui ce n'est guère plus qu'une bourgade pauvre, triste, sale, qui n'a même plus, comme d'autres villes dans les mêmes conditions, le sceau mélancolique de la grandeur déchue. Et cependant nous trouverons à l'extrémité, du côté du nord sur une éminence, une vieille forteresse qui devrait rappeler ses beaux jours. Sa construction ressemble à celle du château de San Felipe; elle a une étendue considérable. Elle fut élevée par les Romains, et, après plusieurs siècles d'abandon, les Arabes la réédifièrent; puis les Espagnols l'entretinrent toujours en bon état, y laissant une garnison considérable. Il fallut que ce fût un point bien difficile à prendre, puisque les Français, après s'être emparés du fort, ne purent jamais prendre la citadelle et furent repoussés par un feu incessant qui nous coûta bien des vies. Des hauteurs de la citadelle, on a une merveilleuse vue, d'un côté, sur la huerta de Valence, de l'autre, sur une campagne triste, dans laquelle s'étendait l'antique *Sagonte*. Toutes les montagnes qu'on voit autour de soi contiennent de très-beaux marbres.

Au pied de la forteresse, nous trouverons les ruines de l'ancien Cirque; il en reste quelques pans de sa muraille extérieure, quelques-unes des niches voûtées où étaient les animaux et une partie des gradins, enfin assez pour qu'on juge de ce qu'il était, pour qu'on retrouve toute l'ampleur des constructions romaines. L'état d'abandon, de désordre, d'indigne saleté dans lequel il est laissé, fait mal à voir. Situé à l'extrémité la plus misérable de Murviedro, il est le réceptacle des gitanos, des vagabonds, des enfants qui y grouillent une partie du jour. Combien j'aime mieux l'imposante tristesse de celui d'Anicippo, dont la silencieuse douleur n'est interrompue que par les lugubres cris de l'oiseau de proie, qui s'harmonisent si bien avec ses ruines! Murviedro est à une grande lieue de la mer; dans tout cet espace, on trouve souvent des médailles, des pierres gravées et mille choses, prouvant la grande étendue qu'avait la ville. Si l'on fouille plus profondément, on trouve même des restes de constructions, et si près de la mer que cela porte à croire qu'elle a envahi de ce côté.

Je montai donc le soir en diligence, faisant de tristes comparaisons entre Murviedro et Sagonte, pensant à notre belle capitale, à ses arts, à ses gloires, qui la rendent si attrayante à tout ce que l'univers compte d'êtres intelligents, et à laquelle les Vandales modernes réservent le sort d'Anicippo, ou de Sagonte, ou de Babylone, ou de tant d'autres cités ensevelies dans le passé.

Tout en faisant mes réflexions, nous arrivâmes pour relayer dans une petite ville splendidement éclairée de feux de joie allumés au milieu des rues : nous étions à Villa-Réal. Tu sais que la lenteur espagnole permet toujours qu'on se promène pendant le changement de chevaux; c'est ce que je fis, et l'on me dit que cette singulière illumination était en l'honneur d'un Christ *milagroso*, que dans la journée on avait promené par la ville, pour lui demander de la pluie. Le ciel commençait à se couvrir, et toute cette population se livrait à la joie de l'espérance. Dans la matinée, nous arrivâmes à la très-petite ville de Amposta, sur les bords et près de l'embouchure de l'Ebre, que nous traversâmes sur un bac. Ce petit pays vit d'un singulier commerce, celui du jus de réglisse. Des bâtiments français viennent le prendre pour l'exporter en Russie. Tout près de là, au pied de la montagne de Coll de Balaguer, je vois le champ de bataille, de triste mémoire, où périrent 20,000 Français. Puis nous trouvâmes Reuss, ville moderne assez jolie, assez animée, au milieu d'une campagne charmante où l'on cultive le coton et où l'on fait beaucoup de vers à soie. Depuis Valence la route est toujours jolie, souvent en vue de la mer; elle est même assez bonne pour une route d'Espagne. Depuis Reuss surtout juqu'à Tarragone, c'est un véritable jardin.

Combien de souvenirs aussi n'évoque-t-on pas en arrivant dans la capitale de l'ancienne province tarragonaise! Où trouverons-nous cette ville prospère, qui occupait une si vaste étendue de terrain et qui comptait un million d'habitants? A sa place, nous verrons une petite ville fort triste de 12,000 âmes seulement, mais infiniment curieuse pour quiconque aime à vivre dans le passé.

Tarragone est une des plus anciennes villes de la Péninsule, puisqu'on y retrouve des vestiges phéniciens. Tu sais qu'elle avait atteint un très-haut degré de prospérité sous la domination romaine. Les Goths la prirent et en détruisirent la plus grande partie; puis les Arabes s'en emparèrent, et, au bout d'un siècle, en furent chassés par don Ramon Berenguer, comte de Barcelonne.

Selon la tradition espagnole, Ponce-Pilate était Tarragonais; ceci est fort contestable, mais toujours est-il qu'il exerça une magistrature dans cette ville.

C'est à Tarragone que don Jaime 1er organisa la puissante armée avec laquelle il conquit Mayorque. Dans cette fameuse cité, se tinrent plus de cent conciles.

Aujourd'hui, Tarragone est divisée en deux parties, la haute et la basse ville. La première est bâtie sur un rocher, à 760 pieds au-dessus du niveau de la mer; la ville basse, qui est à ses pieds, est située au fond d'une baie assez large; son port est regardé comme très-sûr. La ville haute est séparée de l'autre par une forte muraille et par des champs couverts de débris; le pied foule d'anciens murs de palais; on voit çà et là des restes de peintures sur la pierre, des morceaux de marbre taillés qui devaient appartenir à des corniches ou à des chapiteaux, et le cœur se serre en voyant avec quelle indifférence le vulgaire passe sans les regarder sur tant de souvenirs de grandeur et de gloire.

C'est depuis très-peu de temps seulement qu'on a songé à faire des fouilles; elles amènent souvent de précieuses découvertes en tous genres. Tout dernièrement, on a trouvé une petite statue d'Apollon qui est un chef-d'œuvre; elle fut déposée dans le musée. On rencontre surtout de grands et beaux morceaux de mosaïque. On en a découvert un tout à fait en dehors de la ville, et on a eu le bon esprit de le laisser à sa place, où l'on distingue fort bien qu'il occupait le sol d'une pièce entière. Une cabane, bâtie au-dessus, le préserve des intempéries, et on le montre aux étrangers. Il vient de se former une société archéologique qui commence un musée d'antiquités avec tout ce qu'on trouve dans les fouilles; elle l'a installé dans l'académie des beaux-arts. Je suis convaincue qu'avec le temps on pourra avoir là une intéressante collection.

Dans l'intérieur de la ville haute, les vieux restes du grand peuple se trouvent à chaque pas. Ce qu'il y a de mieux conservé est la grande et haute tour carrée servant de prison; elle est connue sous le nom de *carcel de Pilatos*. Tout porte à croire que le vaste édifice dont elle faisait partie, et qui s'étendait depuis ce point élevé de la ville jusqu'à l'amphithéâtre situé au bord de la mer, était le séjour de l'autorité. La haute tour sert aujourd'hui de prison.

La muraille du rempart faisant face à la promenade San Antonio du côté de la mer, et qui est presque intacte, est également romaine. Mon cicerone, ancien moine, prétend même qu'elle remonte aux Phéniciens. Il se fonde sur l'irrégularité des grosses pierres employées dans cette construction. Enfin, on ne peut énumérer les nombreux vestiges qu'on rencontre à chaque pas dans cette vieille cité; mais je puis affirmer qu'elle doit offrir le plus grand intérêt à l'antiquaire et à l'historien.

Dans l'intérieur de la ville, nous verrons sa cathédrale, qui, tu le sais, jouit d'une renommée que je trouve justifiée. Elle est, dit-on, une des plus anciennes d'Espagne, et je le crois. Elle fut commencée en 1100; son style est, ce me semble, le roman, mais de ce style qui indique évidemment l'époque de transition du roman au gothique. Elle n'a que trois nefs et n'est pas d'une grande élévation.

Nous remarquerons, dans cette église, plusieurs choses : le rétable de *l'altar mayor*, méritant un examen tout particulier; il est de marbre blanc et forme plusieurs rangs de tableaux en reliefs dont chacun attire l'attention; on y retrouve, dans tous les personnages, cette grâce naïve qui caractérise l'art de cette époque aux dépens des règles. Une grande statue de la Vierge, aussi en marbre, en occupe le centre. Elle doit être très-postérieure au rétable, sans être pourtant une œuvre d'un grand mérite. A droite de l'autel, nous trouverons, dans une niche, un beau tombeau. Nous verrons ensuite la chapelle *del Sacramento* pour la beauté de sa coupole, que rien ne soutient. Puis nous passerons à celle de Santa Thecla, véritable merveille artistique. Elle est toute de marbre rouge, du haut en bas, y compris la voûte. Le bas-relief de marbre blanc, au-dessus de l'autel, est parfait, et je n'admirai pas moins la délicatesse de travail des guirlandes de fleurs et de fruits aussi de marbre blanc, serpentant sur les murs. Pourquoi faut-il que de si belles choses ne soient pas soignées, que ce travail parfait gémisse sous une couche de poussière, et que ce sol de mosaïque de marbre soit si malpropre qu'on en aperçoive à peine les dessins.

Nous remarquerons, à droite en entrant, les fonts baptismaux dans une baignoire d'une dimension énorme en marbre blanc d'un seul morceau. On pense que ce fut une baignoire impériale. Mais, dans toute cette église, nous ne trouverons pas un bon tableau.

Nous passerons ensuite au cloître, du même style que la cathédrale, pour aller dans une très-ancienne chapelle antérieure à cette église, où don Jaime Ier, roi d'Aragon, présida un concile. Dans cette même chapelle, on voit les restes de ce fameux guerrier dans un cercueil recouvert d'une glace. Ce corps desséché, qui compte déjà près de cinq siècles (1), est dans un état de conservation extraordinaire, il semble braver le temps. Don Jaime était l'homme le plus grand de son armée; si l'on ne voyait son squelette, on ne pourrait croire à une pareille hauteur. Les restes de doña Elvira, sa femme, et de ses enfants gisent dans d'ignobles caisses ayant l'air de caisses d'oranges. Toutes ces cendres royales étaient dans de magnifiques tombeaux à l'abbaye de Poblet, à treize lieues de Tarragone; la fureur révolutionnaire les détruisit, et quand cet ouragan fut un peu apaisé, on reprit les cercueils pour les déposer où je viens de les voir. Aujourd'hui les os de ce roi, qui fut homme juste et bon, qui fut un illustre guerrier et chassa les Maures de son pays, sont là les objets de la pitié des uns, de la curiosité du plus grand nombre.

Il ne faut pas manquer de monter à la tour de la cathédrale, d'où la vue est belle. On distingue toute la baie, toute la ville et cette riche campagne qu'occupait jadis la cité romaine; on y voit les abondantes moissons qu'on va faire sur des murs de palais. Voilà là-bas, à une lieue, la petite ville de Constanti, qui était, en ce temps, un faubourg de Tarragone, puis, de tous côtés, des ruines.

Je remarque avec un grand étonnement que, dans un pays religieux comme l'Espagne, il y a des églises qui ne furent jamais complétement achevées, celle-ci entre autres. Il lui manque des clochers et des clochetons, qui furent commencés et restent ainsi depuis huit siècles. La galerie à jour entourant le toit de l'église et la plateforme de la tour contenant les cloches n'est qu'à moitié faite et ne sera jamais achevée.

Il y a aussi, dans la partie la plus élevée de la ville, la petite chapelle de San Pablo; on dit que ce fut la première chapelle chrétienne fondée en Espagne. Elle n'a pas d'autre mérite que sa haute antiquité, car on a eu la barbarie de lui ôter tout caractère, en badigeonnant de gris et de blanc ses vieux murs, pour la moderniser.

(1) Don Jaime Ier, surnommé le Conquérant, mourut à San Felipe en 1276 après un règne de soixante-trois ans.

Il y a une promenade à faire hors de la ville, et, pour cela, il faut se décider à user de la tartane, car *el Puente de las Ferreras* est à environ deux lieues.

C'est un aqueduc romain parfaitement conservé; il est au milieu d'une campagne montueuse et triste, mais très-pittoresque. Je m'étonne que les Goths d'une part, les vingt siècles qu'il compte de l'autre, l'aient ainsi respecté. Sa construction est gracieuse et vraiment aérienne : assis à ses extrémités sur des collines élevées, le centre se trouve à une grande élévation au-dessus de la vallée. Les arches du premier rang sont très-élevées; les piliers ont une forme pyramidale d'un aspect charmant; ils sont si intacts, qu'ils verront certainement passer encore quelques siècles, si les Vandales modernes le permettent. Au deuxième rang, il y a vingt-quatre arches. On peut parfaitement traverser l'aqueduc dans toute son étendue, si on n'est pas sujet au vertige; car, de temps en temps, les petits murs d'appui qui se trouvaient de chaque côté du conduit des eaux ont disparu, et le pont sur lequel on se trouve est terriblement étroit. Étant au centre, j'avais un très-beau tableau devant les yeux : une campagne mélancolique s'étendant au loin à ma droite, une chaîne de montagnes à l'horizon, et à gauche la mer. J'étais au milieu d'un profond silence dans cette contrée rocheuse et inhabitée; de ce silence religieux vous rejetant dans un passé plein de souvenirs, passé qu'on trouve du charme à interroger, et qui ne fait pas toujours trouver beaucoup de satisfaction dans le présent! De l'aqueduc, j'allai, en repassant par la ville, voir un édifice sépulcral appelé, je ne sais pourquoi, la Tombe des Scipions. On suppose que ce fut une tombe, parce qu'il n'y a aucune entrée à cette tour carrée.

Je ne t'engage pas à y aller, à moins que tu n'aies du temps à perdre; cela n'en vaut pas la peine, d'autant moins que la prétendue tombe est au bord de la grand'route et qu'on la voit en passant pour aller à Barcelonne. Mais quant à la ville de Tarragone, je te le répète, elle est excessivement intéressante à explorer : il faut y rester plusieurs jours.

LETTRE XXVI

Barcelonne, 18 juin 1850.

Barcelonne est la seconde ville d'Espagne. C'est une très-belle et grande ville qui compte 112,000 âmes intrà muros. La Catalogne est la seule province industrielle d'Espagne, et Barcelonne est la ville la plus industrielle de la province; c'est un mouvement incessant, perpétuel. Avant d'y entrer, on voit au loin les nombreuses cheminées des fabriques vomissant leur laide fumée noire, sur ces campagnes fertiles et riantes; c'est un contraste que je n'aime pas. Combien je préfère la poétique tranquillité de Grenade, de Tolède, et je pourrais dire de toute l'Espagne, car Barcelonne, si ce n'était la beauté de son ciel et de ses campagnes, vous ferait oublier que vous êtes encore dans la Péninsule.

Même le caractère de ses habitants diffère essentiellement de ceux des autres provinces; ils ont infiniment plus d'activité, ils sont plus travailleurs, mais ils ont aussi les défauts de ces qualités: ils sont très-turbulents, tapageurs; c'est le seul coin d'Espagne où on pourrait trouver quelques républicains. Il y a à Barcelonne environ 20,000 Français, ce n'est malheureusement pas ce que nous avons de meilleur; au contraire, et ils pourraient bien être pour beaucoup dans l'effervescence qui se manifeste si souvent ici.

Je pense que c'est tout autant contre les habitants que dans la crainte de l'étranger qu'on a fait de Barcelonne une ville si forte. Je n'ai jamais rien vu de plus beau que sa muraille d'enceinte et ses forts, particulièrement le fort Montjouix, que tu ne dois pas te dispenser de voir. Il me semble que de cette excellente position on pourrait bien vite réduire une ville rebelle. Les habitants ne cessent de demander à abattre les fortifications, pour laisser s'étendre la ville dans la plaine jusqu'à la montagne et y réunir le faubourg de Gracia, qui compte déjà 20,000 âmes. Comme ce serait alors un éternel foyer de révolutions qu'une cité si considérable, dont l'esprit est déjà mauvais, le gouvernement a trop de sagesse pour céder jamais à une demande si absurde.

Malgré mon peu de goût pour le bruit moderne et l'animation industrielle, je dirai que Barcelonne est une ville qui doit plaire au premier abord. Tout y révèle une civilisation avancée et des habitudes de grande ville. Les étrangers y trouvent des ressources de toute nature, et la mauvaise tartane y est remplacée par de bonnes calèches. Le soir, aux promenades, les équipages, les cavaliers se croisent dans tous les sens. Il y a un tel mouvement dans la ville, qu'il semble que cette population est en continuelle ébullition. Je me demande si quelquefois elle se repose, car, même la nuit, sur la promenade de la Rambla, où je demeure, c'est un passage continuel de chanteurs et de parleurs. Mais, au fait, j'oubliais qu'elle dort le jour pendant l'été. De une heure à trois heures, à peu près, on pourrait dire, comme les Napolitains, qu'on ne voit dans les rues que des chiens et des Français. Les boutiques sont fermées; chacun fait la sieste.

Toute la partie moderne de la ville est magnifiquement bâtie, les rues sont larges et régulières, bien pavées comme celles de Paris, ayant de beaux trottoirs dallés. Les maisons sont toutes badigeonnées en couleur, le rose est celle qui domine. Je ne partage pas le goût des Barcelonnais pour ce mélange de couleurs; cependant disons que sous un ciel si éclatant c'est moins fatigant pour le regard que l'éternel blanc des maisons d'Andalousie. Les promenades, en général assez jolies, sont toutes fréquentées, mais particulièrement la Rambla et la Muralla. J'affectionne surtout cette dernière; par ces belles nuits d'Espagne, l'immensité de la mer, éclairée par ce ciel si transparent, si richement constellé, c'est délicieux. De jour, la promenade du port est agréable : c'est une forêt de mâts, et puis des cris, des chants, une animation extrême. Près du port, en dehors des fortifications, nous trouvons le village de Barcelonnette, bâti si régulièrement que toutes les maisons ont exactement la même hauteur, la même étendue. Il est habité par des négociants et des pêcheurs.

Mais, hélas! le gracieux et charmant costume andaloux, murcien ou valençais a complétement disparu; le joli chapeau calañès est remplacé par l'affreux bonnet catalan, rappelant un peu le bonnet phrygien, que le souvenir de nos dernières années doit nous rendre si repoussant, si affreux. La *chaqueta*, si joliment brodée, est remplacée par une veste unie; il y a bien encore quelques culottes courtes en velours, mais peu, le laid pantalon français a la préférence. Quant à la bourgeoisie, elle me paraît avoir adopté une singulière couleur : tous ces messieurs ont des pantalons d'un vert clair tirant sur le jaune serin; je ne me suis pas encore expliqué ce goût pour la couleur du léger habitant des Canaries.

Et cette jolie mantille noire, comme elle est menacée d'abandon! Il y a bien un tiers des femmes en chapeaux, et quels chapeaux! Vraiment les jolies figures de ces dames ont l'air de fleurs jetées au fond de vieux cornets à bonbons.

Je vis hier une de ces solennités qui mettent toute la population en mouvement, c'était le *dia de Corpus* (jour de la Fête-Dieu). J'avais un balcon sur la place de l'*Ayuntamiento*, d'où je vis défiler toute la procession. Que de bizarreries! Elle commençait par deux géants d'environ vingt pieds, portés chacun par deux hommes cachés dans leurs corps; après venait une compagnie de jeunes gens habillés en Indiens, dansant et jouant avec des bâtons. Ceci est comme un prélude de la procession religieuse, qui commence alors par les bannières des différentes paroisses; viennent ensuite les orphelins chantant des cantiques, un nombreux clergé très-richement vêtu, les membres des différentes corporations religieuses, les officiers de la garnison, et enfin le Saint-Sacrement, porté sous un dais d'une grande richesse. Après lui viennent l'évêque, le capitaine général, le gouverneur civil, un régiment d'artillerie, un de lanciers, un escadron de garde civile à cheval, et l'infanterie fait la haie de chaque côté. C'est un coup d'œil vraiment magnifique que cet immense cortége, dont chaque membre tient à la main un cierge allumé. Les processions, en Espagne, se font toujours le soir; aussi ce long cordon lumineux est-il d'un merveilleux effet. N'en déplaise aux voltairiens, cela est beau et imposant, frappe fortement les masses qui, en l'absence d'éducation, n'ont pas d'autres freins que les croyances religieuses. Malheur à quiconque cherche à les arracher!

Comme toutes les villes mercantiles, Barcelonne est peu monumentale; cependant les bâtiments du gouvernement, tels que: la douane, la bourse, le palais royal, furent construits dans de grandes proportions. La bourse surtout est un véritable palais bâti dans le goût de la renaissance, où tout est marbre; en le visitant, on ne peut s'empêcher de regretter sa mauvaise tenue. Nous y trouverons au deuxième étage une espèce de musée ne contenant rien de remarquable.

La cathédrale est une belle église byzantine à trois nefs, mais qui, excepté la beauté de ses vitraux, n'a rien de bien intéressant dans ses détails. Il faut descendre pourtant à la chapelle souterraine, sous le chœur, et examiner son cloître pour quelques vieilles peintures, dont l'âge est ce qu'elles ont de plus remarquable. Dans la sacristie, on le montrera une grande croix; elle est d'or, enrichie de diamants et de perles fines, ainsi qu'un grand fauteuil d'argent qui appartenait à don Jaime Ier.

On voulut aussi me montrer la petite chapelle où l'on conserve le corps de l'évêque San Aulario. Ce corps, couché dans une très-grande bière, est posé sur des coussins et revêtu de ses riches habits sacerdotaux. La bière est hermétiquement fermée par une glace qui ne s'ouvre jamais, le manque d'air empêche ainsi l'action du temps. Ces restes comptent déjà six siècles. Le visage s'est desséché sans perdre une espèce d'expression de béatitude qui, jointe à cette conservation extraordinaire, en font un saint *muy milagroso*.

Un chanoine de notre connaissance obtint, par faveur, de nous faire monter à la tour de l'église *del Pico*, la plus haute de Barcelonne. Il te semble extraordinaire que ce soit là une faveur, mais voici pourquoi : Dans toutes les églises dont les tours ont une certaine hauteur, ces dernières sont occupées militairement; il y a des corps-de-garde. Notre déplorable révolution de 1848 avait eu du retentissement en Catalogne. Des émissaires français et catalans étaient partis de Paris le 26 février avec de l'argent et des ordres du nouveau gouvernement, pour aller révolutionner cette province facile à mettre en mouvement. Tu connais leur peu de succès, grâce à l'habile énergie du chef du gouvernement de la reine. Le premier besoin des révoltés fut de monter aux clochers pour sonner le tocsin et arborer l'étendard de la révolte. Tous ces misérables furent bientôt refoulés dans leurs bouges, et pour s'opposer à quelque autre tentative de distraction de ce genre, on y a depuis laissé des corps-de-garde. C'est une admirable vue que celle de la tour *del Pico*, embrassant le port, toute la ville et ses environs.

L'église San Pablo n'a d'autre mérite que sa très-haute antiquité. San Pedro de même; ce furent les premières construites à Barcelonne.

La petite église de Belen, sur la Rambla, est assez jolie.

En allant dans un vilain quartier de la vieille ville, du côté du marché, nous trouvons celle de Santa Maria, qui est belle, ses colonnes octogones ont de l'élégance, ses vitraux sont magnifiques, son *altar mayor* est d'une grande richesse.

Il faut aller aussi au palais de justice et demander à voir les archives d'Arragon. C'est une collection manuscrite fort curieuse, qui remonte par ordre chronologique au temps des Goths.

Il y a deux grands théâtres à Barcelonne; celui du *Liceo*

est tout à fait beau ; il est vaste et bien décoré. Je le crois au moins aussi grand que celui de San Carlos de Naples ; mais il est moins riche. Il y a ordinairement une bonne troupe italienne comme dans toutes les grandes villes d'Espagne.

On nous avait vanté les *quintas* des environs de Barcelonne. Je voulus aller voir les plus renommées et je les ai trouvées fort inférieures à leur réputation : ce sont celles du marquis d'Alfarras et du marquis d'Anglade. La première est préférable ; mais, par la chaleur tropicale qu'il fait, je trouve que ni l'une ni l'autre ne valent la peine qu'on se donne pour y aller. Je ne comprends pas qu'avec une si belle nature, si fertile, avec de si belles eaux, et beaucoup d'argent à dépenser, on ne sache pas faire des choses plus grandioses, acheter de plus vastes terrains et se servir des accidents naturels, au lieu d'entasser sur un petit espace des rochers artificiels, de petites grottes, de petites statues, toutes choses qui font ressembler les jardins d'un marquis à celui d'un épicier en retraite.

Comment, mon cher ami, quand on est si près de Mayorque résister au désir d'y aller ? Mayorque, qui nous envoie de si bonnes oranges, doit être un jardin des Hespérides, une nature toute souriante, toute gracieuse. Et puis, cette cathédrale de Palma qui jouit d'une si grande renommée, tout cela n'est qu'à quelques heures de moi, et je n'irais pas ! Ce serait absurde. J'ai bien peu de temps ; je ne verrai l'île qu'à vol d'oiseau ; mais enfin : *mas vale algo que nada* (1). Je prendrai demain soir le bateau à vapeur et je serai à Palma après demain matin.

(1) Cela vaut mieux que rien.

LETTRE XXVII.

Palma, 26 juin 1850.

Rien de plus gracieux, de plus charmant que Mayorque, mon cher ami. Quand tu seras à Barcelonne, garde-toi bien d'oublier qu'il y a deux fois la semaine un vapeur qui va et vient de Palma. J'ai fait dans ce beau jardin une course bien rapide, mais pleine de charmes, et qui me laissera toujours d'agréables souvenirs. En ce moment, je suis à bord pour retourner à Barcelonne. Selon la coutume espagnole, quand un bateau doit partir à une heure, cela veut dire à deux ou trois ; ainsi j'aurai peut-être le temps de te parler de ma promenade avant que nous ne nous mettions en mouvement.

Partis de Barcelonne à cinq heures du soir, nous étions devant Palma à cinq heures du matin. Je ne m'étais point couchée pour être bien sûre en approchant de la côte de ne rien perdre de la première vue de Mayorque, et je dois avouer qu'en entrant dans le port de Palma, mes premières impressions ne lui furent pas favorables. Je voyais autour de cette ville une campagne triste et peu plantée, qui ne répondait en rien à l'idée que je m'étais faite. Mais combien je fus dédommagée plus tard !

Palma est située au fond d'une belle baie, sur le penchant d'une colline ; elle est fortifiée par des remparts qui l'entourent, et défendue par deux forts au-delà de l'enceinte ; cependant je ne la crois pas susceptible d'une longue résistance. Palma n'est pas une belle ville, la plupart de ses rues sont étroites et sombres, et cependant il y a un je ne sais quoi qui plaît; il y a une sorte d'animation tranquille, c'est-à-dire que la population se meut, qu'on va et vient sans faire de bruit : on n'entend ni cris ni chants. Dans les environs de la cathédrale, de beaux quartiers s'élèvent, on construit de belles maisons entourées de portiques. Cette ville, qui compte 33,000 âmes, paraît en voie de prospérité ; elle m'a plu, et je regrettais de n'avoir que si peu de temps à lui consacrer.

Tu sais quelle est la renommée de la cathédrale de Palma; cette renommée est de tout point justifiée. Je ne me rappelle pas avoir rien vu d'aussi beau dans ce style. Ne fût-ce que pour elle seule, on doit faire le voyage. Elle est bysantine, ce me semble, d'un caractère noble et majestueux qui impose. L'élévation de la voûte est d'une hardiesse remarquable; elle est toute de pierre, et repose sur des colonnes octogones aux élégants chapiteaux, qui sont d'un effet délicieux. Pourquoi faut-il qu'un monument vraiment beau comme celui-là, soit entaché d'un chœur si vilainement fermé par un mur sans aucun ornement, et qui pourrait rappeler celui d'un verger! Il faut tâcher de ne le pas voir, il faut l'oublier en quelque sorte, pour ne regarder que la beauté du vaisseau et tous les charmes des détails. Nous verrons, dans la *capilla mayor*, une tombe belle et simple; c'est celle de Jaime II, roi d'Arragon et de Mayorque, qui mourut en 1311 : elle fut élevée par ordre de Charles III. A gauche de celle-ci, nous en verrons une dont le rétable est du plus grand mérite : le tableau du milieu, représentant la Cène, dont les personnages sont de grandeur naturelle, est un chef-d'œuvre de la sculpture de bois. Et cette chaire de marbre blanc, ornée de si charmants bas-reliefs; et cette belle et grande urne de marbre rouge, qui contient les fonts baptismaux; comme tout cela est beau ! Une chose m'étonne : c'est que, excepté la rosace et quatre fenêtres du fond qui ont de beaux vitraux, toutes les autres sont assez grossièrement bouchées avec de grosses pierres. On me dit que cela est fait à dessein pour donner de la solidité aux murs de l'église; que cette cathédrale, qui n'est pourtant pas très-ancienne, est terriblement menacée. En effet, je remarquai avec tristesse de nombreuses fissures à ses murs. Dans la dernière chapelle à gauche, tu verras un beau tombeau, c'est celui du général Romano.

C'était le jour de l'octave de la Fête-Dieu; la *capilla mayor* était du haut en bas tendue en velours rouge; le Saint-Sacrement, exposé pendant la grand'messe, était entouré de si grandes masses de cierges, que, dans cette église où la lumière du jour entre peu, c'était un très-beau coup d'œil. Ajoutons à cela le charme d'une musique céleste; l'orgue de Palma est, après celui des chartreux de Catane, ce qu'on peut entendre de plus parfait : c'est divin.

Peu de villes contiennent autant d'églises que celle-ci; les seules qui méritent d'être vues sont : San Francisco d'Assise, San Aulario, et Santa Catalina.

Notre consul eut l'obligeance de me faire voir la galerie du comte de Montenegro, où il y a de très-bonnes choses.

Comme je te l'ai dit, j'avais bien peu de temps à moi pour parcourir tous les sites intéressants et beaux de l'île de Mayorque; et, pour avoir les renseignements les plus précis, j'eus recours à la bonne obligeance de notre consul. Il la connaît parfaitement; de plus, M. Cabarrus est un homme aimable, très-instruit, ne pouvant parler que savamment de ce charmant pays. Il voulut bien me tracer lui-même mon itinéraire. Je l'ai suivi autant que me le permettait le peu de temps que j'avais, et je puis dire que je reviens ravie de cette île heureuse comme de ses habitants. M. Cabarrus m'avait dit : « Vous pourriez voyager jour et nuit dans l'île avec toute votre fortune sur vous, sans concevoir la moindre inquiétude. » Sans avoir ma fortune sur moi, j'ai voyagé presque jour et nuit, et je puis dire que je n'ai trouvé partout que des êtres d'une bienveillance telle, que je crois qu'ils eussent été plus disposés peut-être à m'ouvrir leur bourse qu'à me prendre la mienne.

Il y a, de par la république des lettres, un écrivain, républicain aussi, qui appartient à un sexe quelconque; généralement on le suppose femme. Cet écrivain a indignement parlé des bons Mayorcains; je me le suis laissé dire à Palma, car j'ai fort peu lu de ses ouvrages, et je ne connais pas son *Voyage à Mayorque.* Je regrette de n'avoir pas le talent de cet écrivain, pour dire plus de bien encore qu'il n'a pu dire de mal des braves et intelligents habitants de ces contrées. Comme Française, comme femme, je regrette infiniment le motif qui a pu porter celle-là à s'exprimer ainsi, d'une manière absolument mensongère, et je ne sais vraiment pas ce qu'elle a pu y gagner.

Mais revenons à ces délicieuses campagnes, et si, comme moi, tu as peu de temps à leur consacrer, je t'engage à suivre mon itinéraire.

Je partis mardi matin en cabriolet pour Waldemosa. De Palma à Waldemosa, il y a pour environ deux à trois heures. Plus on approche de ce village, plus la campagne devient accidentée, pittoresque, charmante; il est bâti sur une colline, la plus gracieuse, la plus fleurie qu'on puisse voir; les rochers sont de toutes couleurs, et c'est un coup d'œil ravissant que celui de ces montagnes offrant un mélange de roches et de luxueuse végétation, tout cela arrosé par les plus belles eaux possibles. Nous verrons dans ce village une ancienne chartreuse, dans une merveilleuse position; la vue qu'on y a n'est pas très-étendue, mais elle est si jolie, reposant toujours sur des jardins si bien plantés, qu'assurément les bons pères ne pouvaient choisir un chemin plus agréable pour aller au ciel. Lors de l'expulsion des moines, la chartreuse fut achetée par un indvidu qui loue séparément les cellules et leurs petits jardins à des particuliers, pour y passer l'été. Personne n'y est encore, quoiqu'il fasse déjà une chaleur suffocante à Palma. Tu ne saurais croire quelle sensation charmante on éprouve au milieu du silence sévère de ces cloîtres, contrastant si fort avec une nature si souriante. Il faut voir l'église de ce couvent; quoique dépouillée de ses richesses, on peut y remarquer encore d'assez jolis détails.

Grand était mon embarras à Waldemosa, car les paysans ne parlent pas un mot d'espagnol; en général, aux îles Baléares, le peuple des villes et des campagnes parle un dialecte appelé le mayorcain, et quoiqu'il ait du rapport avec le castillan, il est très-difficile de le comprendre tout de suite. Le cocher qui m'avait amenée comprenait le castillan, mais il voulait repartir. Que faire alors pour trouver les gens et les montures qui m'étaient nécessaires pour mes courses dans l'île? Enfin j'eus l'idée d'avoir recours au curé; mon cocher consentit encore à me conduire au presbytère. Hélas! le presbytère était fermé, et le curé absent. Que faire?

— Est-ce qu'il y a ici un maître d'école? dis-je.

— Ah! oui, señora, me répondit le cocher, et ils sont obligés de savoir le castillan pour l'enseigner aux enfants.

Enfin, je trouvai dans le maître d'école un *caballero*; il m'aida à rencontrer le jardinier du couvent qui parlait quelques mots d'espagnol et lui indiqua où il pourrait trouver des mules. Le jardinier voulut m'accompagner, être mon cicerone dans l'île; en peu de temps il se procura deux mules, une pour moi, une pour lui; et le propriétaire de l'une d'elles, ne voulant pas s'en séparer, m'accompagna à pied, de sorte que j'avais deux guides. Je devais aller coucher le soir à Soller.

De Waldemosa à Soller, voulant passer par le joli village de Deia, il fallait quitter le chemin et prendre des sentiers, ce que j'aimais infiniment mieux. Ah! quelle charmante nature, quelle promenade adorable je faisais à travers ces montagnes et toujours en vue de la mer! Quel joli tableau que ce petit village de Deia posé si haut sur la montagne, avec ses maisons si blanches, éparses parmi les rochers, les orangers, les plus beaux ombrages possibles et arrosé des plus belles eaux du monde, tombant de toute part en cascades! Le sentier continue ainsi jusqu'à la petite ville de Soller.

J'y arrivai de bonne heure, afin d'avoir le temps de me promener dans ces lieux si riants; d'ailleurs, on peut prolonger fort tard le soir la jouissance de la promenade, tant les nuits sont belles et claires.

Soller est située dans un bassin des plus riches qu'on puisse voir; à mesure que vous y descendez, la vue est toujours plus charmée. Ce sont les plus beaux bois d'orangers que j'aie encore vus, c'est une nature enchantée; rien de plus séduisant que d'aller se promener parmi ces jardins, ces bois si fleuris entourant la petite ville et qu'une grande quantité de belles eaux, venant des montagnes, arrosent dans tous les sens. Ce qu'on exporte d'oranges de Soller pour la France est incalculable. Son port se trouve au bout de la vallée à une petite lieue de la ville.

Soller est aussi une jolie petite ville très-propre, et comme nous devons admirer les œuvres du Créateur quelle que soit la forme qu'elles revêtent, je dirai que ce qui augmente le plaisir qu'on a à la parcourir est la remarquable beauté de la race humaine. Ni en Italie, à Rome ou à Albano, ni en Espagne, à Grenade ou à Tarifa, je n'ai vu un aussi grand nombre de femmes parfaitement belles qu'à Soller. Ce qui m'étonna, sous ce climat si chaud, c'est qu'elles sont blondes et que leur teint est très-blanc. Leur costume est joli : il se compose d'une jupe de laine ou d'indienne assez courte; un corsage plat de laine ou de soie noire à manches courtes, et sur la tête, une espèce de capuchon de toile blanche auquel est attachée une pèlerine qui retombe sur le dos et la poitrine. Les hommes portent un large pantalon de toile à peu près comme celui des Murciens, une veste ronde et un grand chapeau de feutre ou de paille. Quand les femmes ôtent ce bonnet si blanc, elles mettent aussi le grand chapeau de feutre.

Quel regret j'avais de ne passer qu'une demi-journée dans ce jardin charmant! Mais on m'attend, et nos places sont retenues afin de partir le 27 pour Saragosse. Je remontai donc le lendemain matin sur ma mule pour aller à Pollenza par Lluc. Il fallait monter la haute montagne fermant la vallée de Soller; et, si le sentier est difficile pour les pauvres quadrupèdes, il est adorable pour celui qui n'a qu'à regarder. Nous traversâmes toujours des bois d'orangers jusqu'à mi-côte; puis venaient des chênes verts, des caroubiers, des arbustes de toutes sortes et de belles eaux tombant partout. On retourne souvent, bien souvent la tête pour voir tant qu'on peut la riante vallée qu'on a en bas;

arrivé au point culminant de la montagne, on prend à gauche, et elle a disparu. Nous redescendîmes dans une autre vallée bien moins jolie pendant quelque temps; puis nous arrivâmes aux gorges de Yorch, gorges magnifiquement infernales; le soleil ne pénètre jamais parmi ces rochers si hauts formant presque la voûte au-dessus du sentier étroit passant entre ces masses. A partir des gorges jusqu'à Lluc, nous parcourûmes toujours les sentiers les plus délicieux taillés sur le flanc des montagnes et sous les plus beaux ombrages; c'était bien la plus adorable promenade qu'on pût rêver. Mais ces pauvres mules! depuis Soller elles n'ont presque pas cessé de monter ou descendre des pentes à 50 degrés sans aucune exagération. Nous descendîmes ainsi à la *colegiata* de Lluc.

Ce couvent est situé dans l'endroit du monde le plus favorable à l'étude et à la prière. Loin des villes, sans chemins pour arriver, posé au fond d'une vallée, entouré d'une belle nature et au milieu d'un profond silence; jamais séjour ne fut mieux choisi pour l'édification d'un couvent se vouant à l'enseignement. C'est par cette raison que la déesse Liberté n'a point osé le dépouiller complétement de ses biens; elle lui laissa tout juste de quoi ne pas mourir de faim, et les bons pères continuent à donner l'enseignement gratuit aux enfants qui se destinent au clergé ou à chanter dans les églises. Je parcourus tout le couvent, qui n'a rien de remarquable; il est si grand qu'il paraît désert; on voit qu'il a connu des jours plus heureux. Aujourd'hui, les pères étant très-pauvres, il est mal entretenu, les fissures de ses murs attestent la vétusté. Bien entendu que San Lluc a aussi sa vierge *muy milagrosa;* on me la montra, ainsi que toute sa garde-robe, dont les vêtements sont faits et brodés par les dames pieuses de Soller et de Pollenza. Elle apparut, il y a cinq siècles, sur la montagne qui domine le couvent en exprimant la volonté d'être apportée à l'église de Lluc, d'où elle a répandu mille faveurs.

Il y a, non loin du couvent, une petite ferme où l'on peut déjeûner; comme partout, on y trouve des œufs et du chocolat.

Après deux heures de repos passées à me promener, je repris le chemin de Pollenza. En quittant les bois, je me trouvai au fond de la vallée conduisant jusqu'à la petite ville, dans les campagnes les plus fertiles et les plus charmantes; un très-bon chemin ombragé de grands arbres est bordé de haies de myrtes, de grenadiers et de jasmins; tout cela est en fleur, c'est délicieux.

Pollenza est une petite ville assez laide à une demi-lieue de la mer et au milieu d'une campagne des plus fertiles. Ici, comme dans tout ce que j'ai déjà vu de l'île, je remarque une apparence d'aisance qui plaît, je n'ai pas vu un mendiant. Quoique la ville ne soit pas jolie, il y a pourtant de belles maisons appartenant à de riches propriétaires qui y passent l'été et vont l'hiver à Palma. J'étais recommandée au comte de C..., qui possède le plus bel hôtel de la ville, c'est un petit palais. En véritable Espagnol, M. de C. me dispensa la bonne hospitalité de ce pays, et me fit passer une partie de la journée du lendemain à voir la ville et les jardins si fleuris qui l'entourent.

Dans sa jolie maison, je remarquai une fois de plus que, pour ne pas souffrir de la chaleur, c'est dans les pays chauds qu'il faut aller. Les appartements grands, élevés, les courants d'air habilement ménagés vous empêchent totalement d'éprouver la moindre gêne de la chaleur excessive de l'extérieur. Pendant les repas, les domestiques ne cessent d'agiter des espèces d'éventails de papier découpé dans le double but de vous donner de l'air et de chasser les mouches. Tout le confortable et même le luxe de la maison de M. de C. me reportaient en Orient et changeaient complétement les idées avec lesquelles j'étais arrivée à Mayorque; ce que je vis à Palma et à Pollenza me fit connaître dans quelle erreur on est généralement sur le continent en regardant les Baléares comme des pays perdus pour la civilisation.

Pour jouir d'une vue vraiment belle sur ce beau pays, nous montâmes au Calvaire; là, le regard embrasse toute la vallée et plusieurs autres venant aboutir à celle de Pollenza; je distinguais très-bien la baie du même nom, et je voyais la mer de quatre côtés différents. La côte, toute déchiquetée, est curieuse : elle forme une quantité de petites baies, qu'on pourrait croire faites exprès pour servir de refuge aux pêcheurs. En face de la montagne sur laquelle nous étions, je voyais sur un autre plateau un château en ruine, appelé *château du Roi*. La chaleur est si forte que mon aimable cicerone me conseilla de ne pas faire cette ascension, les ruines n'en valant pas la peine et la vue du Calvaire étant tout aussi belle.

A quatre heures, je partais pour aller coucher au village de Santa Margarita. Quelle triste campagne je trouvai à une heure de la jolie vallée de Pollenza! C'étaient de grandes plaines arides semblables à celles de Carthagène, et désolées aussi par une sécheresse effroyable, car il n'a pas plu depuis deux ans. C'est au milieu de cette thébaïde que nous trouvâmes le triste village de Santa Margarita.

Arrivés à la *posada*, on me déclara qu'on ne pouvait me donner autre chose que le toit du hangar pour abri, attendu que, comme jamais voyageur ne s'est égaré dans cette contrée, il n'y a pas une seule chambre. J'allais m'armer d'une résignation toute stoïque, quand la ménagère vint me dire qu'il y avait cependant au-dessus de l'écurie une grande chambre avec un lit, mais qu'on n'osait me l'offrir, parce qu'elle tombait en ruines. J'étais fatiguée, et comme je devais voyager toute la journée et toute la nuit suivantes, je m'écriai, pleine de reconnaissance, que, s'il n'y avait pas de *chinches* dans le lit, j'accepterais lit et chambre, quels qu'ils fussent. Après le plus maigre souper du monde, composé d'œufs, de chocolat et de biscuits secs, je fus introduite dans mon réduit. Jamais plus bizarre coup d'œil ne s'était offert à moi : cette grande chambre était séparée en deux parties égales par l'enfoncement de la poutre qui soutenait le plancher; dans la première partie étaient rangées des provisions de poteries cassées et des bâts de mulets; puis, pour établir une communication entre les deux parties de la chambre, on avait jeté en guise de pont une planche sur le vide fait par le bris de la poutre, et un grand lit fort propre se trouvait à l'autre extrémité de cette chambre.

Lorsque j'eus fermé ma porte, je vis que j'étais livrée à la garde de Dieu; je m'en contentai encore, la regardant comme la meilleure. Ma porte n'avait pas de serrure; j'aurais bien pu lever mon pont, mais la planche était si longue et si lourde, que je ne voulus pas perdre du temps à renverser les difficultés que je rencontrais. Je cherchai donc à me livrer au sommeil au milieu de l'odeur fort peu agréable que m'envoyaient mes voisins les mulets, et des polkas infernales que dansaient des légions de rats habitant un grenier au-dessus de ma tête. Mais le Dieu des voyageurs me fut favorable.

Le matin à quatre heures nous nous remettions en marche pour Arta, petite ville célèbre par les grottes que l'on trouve au bord de la mer au bout de la vallée. Je pris à Santa Margarita un guide connaissant bien la contrée; les miens n'avaient jamais été à Arta, et, comme j'avais beaucoup de chemin à faire en peu de temps, il s'agissait de prendre les sentiers qui devaient abréger le plus possible. Je traversai encore des campagnes tristes et arides; puis, longtemps avant d'y arriver, je voyais la riante vallée d'Arta, la petite ville bâtie en amphithéâtre sur la colline, son église et son clocher jetés sur un rocher au-dessus d'elle; c'est un tableau charmant.

En arrivant à Arta à dix heures, si l'on veut aller voir les grottes, y rester assez de temps pour jouir de leur magnificence, et être le lendemain dans la matinée à Palma d'assez bonne heure pour mettre le passeport en règle, et prendre le bateau à une heure, on n'a pas de temps à perdre. Arta et Palma sont aux deux extrémités de Mayorque; il faut donc la traverser dans sa plus grande largeur et faire vingt lieues dans la nuit avec des mulets et des guides éreintés. A mon arrivée à Arta, je jugeai donc très-sage de louer une autre mule pour aller aux grottes, tandis que les miennes se reposeraient. Pendant que je faisais un bon déjeûner, l'hôtesse de la *posada* se chargea de me trouver le gardien, une mule et tout ce qu'il me fallait.

De la ville aux grottes, il faut deux heures, attendu que les gardiens et mes guides sont à pied. La vallée que nous parcourûmes dans toute sa longueur est un jardin continuel; rien de plus gracieux que ces campagnes. Arrivés au bout de la vallée, il fallut mettre pied à terre et laisser les animaux à la garde d'un pâtre. Nous prîmes alors un petit sentier très-étroit à notre gauche; il est taillé à vif sur de hauts rochers battus par la mer; c'est à la fois admirable et effrayant pour quiconque n'a pas le pied et la tête bien fermes. Au bout d'une demi-heure, nous étions à l'entrée de la grotte.

Ici je te dirai, comme de l'Alhambra et d'autres merveilles d'Espagne, que la plume, surtout entre mes mains, n'est rien, absolument rien pour décrire ce chef-d'œuvre naturel. Tu ne peux rien te figurer de plus grandiose que cette haute et large voûte ouverte devant l'immensité des flots. Nous entrâmes à notre gauche dans une admirable galerie dont la voûte parait soutenue par une forêt de colonnes. Ce sont des stalactites monumentales qui sont l'ouvrage des siècles; la voûte est également garnie de pendentifs qui deviendront aussi des colonnes. Au bout de cette première galerie, la lumière du jour ne suffisait plus. Le gardien avait apporté avec lui une provision de petits morceaux de bois de sapin, et il alluma le singulier feu qui allait éclairer notre marche; il mit une certaine quantité de ses morceaux de sapins dans une espèce de panier à claire-voie en fer; ce panier est suspendu au bout d'un bâton, et il le promenait en tous sens pour nous faire voir les innombrables merveilles de ces grottes. Cela fait un feu très-vif et très-clair qui permet de jouir pleinement de tous les charmes de cette promenade souterraine. Mais il a aussi un grand inconvénient: c'est que cet excès de fumée a fini par noircir tellement cette belle architecture naturelle, que dans certains endroits les colonnes paraissent être de fer. Je parcourus plusieurs grandes salles, émerveillée de ce que je voyais. Comment est-il possible que ce soit seulement le tranquille dépôt des eaux qui, en prenant toutes sortes de formes, atteigne cette perfection qu'il me semblait que l'étude et l'art seuls pouvaient atteindre? Mon Dieu que les lois qui régissent la nature sont admirables! Après avoir parcouru plusieurs salles et galeries, nous nous trouvions au bord d'un abîme; il fallait descendre ici dans les entrailles de la terre pour voir des choses encore plus merveilleuses. C'était vraiment comme une descente aux enfers. Le gardien attacha une très-longue échelle de cordes après les roches, fit descendre d'abord son fils avec du feu, afin que je fusse éclairée par en bas et par en haut; puis je descendis. En effet, je me trouvai au milieu de magnificences telles, que nulle parole n'en peut donner l'idée. La hauteur de la voûte dépasse celle de nos plus belles églises gothiques; les colonnes, les pendentifs, ont pris des proportions colossales; les stalactites, en général, ont pris toutes sortes de formes belles ou bizarres. Le sol est jonché de débris, de tronçons de colonnes; enfin c'est un ensemble si fantastique, si infernalement beau, qu'il est impossible de ne pas se demander si on appartient à une vie réelle ou si on a passé de la vie de la terre à celle de l'éternité. Je parcourus ainsi une foule de salles de toutes grandeurs; il y en avait dont l'entrée est si basse, qu'il faut se baisser pour y pénétrer; et, une fois entré, vous retrouvez cette hauteur prodigieuse qui nous fait si petits. Je restai quatre heures dans ce fantastique séjour, et j'affirme que ce n'est pas assez. Puissions-nous un jour le revoir ensemble!

De retour à Arta, un bon souper et deux heures de sommeil avaient complètement réparé mes forces. A onze heures, par la plus belle nuit que j'aie jamais vue, je remontais sur mon mulet pour regagner Palma, au grand ébahissement des hôtes de la *posada*; ils ne comprenaient pas qu'une señora pût se fatiguer ainsi, et m'assuraient qu'il était impossible que j'arrivasse à Palma pour onze heures du matin.

— Vos mules s'endormiront en marchant, señora, me disait la femme.

— Les hommes en feront autant, répondait le mari, et la señora aussi. Les mules ne peuvent faire vingt grandes lieues en douze heures, fatiguées comme elles sont; il faudra d'ailleurs qu'elles se reposent au moins deux heures à moitié chemin.

— Ce que femme veut, Dieu le veut, leur répondis-je. Et Dieu m'a donné raison.

J'avais aidé ma volonté d'une tasse de café très-fort, et je fus ainsi plus forte que le sommeil. Toute ma vie je me rappellerai cette adorable nuit. La nature la plus belle et la plus parfumée reposait sous une voûte céleste qui ne m'avait jamais paru si richement constellée; pas un souffle d'air ne troublait son calme, et sa pureté était si grande, que je distinguais suffisamment la beauté des sites que je parcourais. La route, qui est une très-belle et bonne grande route, permit pendant les premières heures à mes mules et à mes gens d'aller d'un pas accéléré, et tout allait pour le mieux. Cependant vers les deux heures l'inquiétude me prit; mes hommes, tout en marchant, livraient au sommeil un combat acharné, et les bêtes semblaient vouloir les imiter; j'étais obligée de me livrer à une conversation immodérée avec mes gens et à un combat suivi avec ma mule pour les aider à vaincre l'ennemi. Nous arrivâmes ainsi à la petite ville de Petra, où une nouvelle difficulté se présentait : mes guides ne la connaissant pas, ne savaient quelles rues prendre pour ne point perdre notre route. Nous étions en consultation quand nous entendîmes le bienfaisant cri du *sereno*. Ah! voilà notre sauveur, m'écriai-je. Je me dirigeai du côté d'où partaient les cris, et le brave homme, auquel je demandais mon chemin *comme un pauvre demande un sou*, vint lui-même nous mettre sur la bonne voie. A huit heures, mes innocents quadrupèdes étaient complétement éreintés, mes bipèdes ne valaient guère mieux, quoiqu'ils se fussent d'heure en heure succédé sur une mule. Bon gré mal gré il fallut s'arrêter dans une *venta*, et nous étions encore fort loin de Palma. Sans doute tout à fait de mon étoile, je concevais quelques inquiétudes; mes guides étaient désolés de ne pouvoir me satisfaire, mais il y avait impossibilité physique absolue, du côté des animaux, d'aller plus loin sans manger et sans se reposer. De toutes parts ces braves gens cherchaient dans les maisons de paysans à me trouver d'autres montures; mais pas moyen, tous les animaux étaient aux champs. Encore une fois le Dieu des touristes vint à mon aide : un bruit de galop se fit entendre sur la route, c'était une calèche attelée de quatre mules qui allait passer. Sans me rien dire le jardinier de Waldemosa alla droit à elle, fit signe au cocher d'arrêter, et, s'approchant du señor qui l'occupait, lui demanda l'hospitalité pour moi. Ce monsieur eut la bonté de descendre immédiatement pour venir m'engager à monter dans sa voiture; c'était un procédé trop aimable pour que je m'en étonnasse en Espagne et à Mayorque; je m'empressai donc d'accepter. Je dis à mes gens que je ferais leur compte en arrivant, y compris une gratification que certes ils avaient bien gagnée, et que je déposerais cela au consulat. Ainsi que je l'avais désiré, j'étais à Palma à onze heures, grâce à la charmante complaisance du comte de T...., qui me procura le double avantage d'atteindre mon but et de faire la connaissance d'un homme parfaitement aimable et distingué.

À présent nous sommes en mouvement; le vent devient si mauvais qu'il est question d'aller s'arrêter quelques heures dans la petite baie d'Andraix.

Nous venons de passer trois heures devant Andraix; Dieu merci le vent s'est calmé, et nous avons pu nous remettre en mouvement. Je ne regrette pas ce temps d'arrêt qui m'a permis de voir une jolie baie, dont l'entrée est assez étroite pour que son eau soit tranquille comme celle d'un lac. Les passagers mirent pied à terre, et nous avons pu nous promener dans les sites riants et sur les rochers tout fleuris qui l'entourent. Dieu aidant, nous serons demain dans la journée à Barcelonne, et le soir je monterai en diligence pour Saragosse, trompant les ennuis de ce véhicule par le souvenir de la course que je viens de faire. Je te le répète, il faut voir Mayorque; c'est un jardin tout gracieux, très-fertile, qui produira énormément, quand l'agriculture, déjà en voie de progrès, aura pris tous ses développements. Ce fut en 1229 que Jaime Ier l'enleva aux Arabes pour ajouter ce beau fleuron à sa couronne.

LETTRE XXVIII.

Saragosse, 2 juillet 1850.

C'est ici mon avant-dernière station en Espagne; mes impressions sont déjà toutes différentes; je vais rentrer dans la vie réelle, et je ne me sens plus le même enthousiasme; je vois presque froidement, pour arriver à ne plus rien voir du tout.

Ce n'est pas dire cependant que j'aie vu sans plaisir la capitale de l'ancien royaume d'Arragon, au contraire. Disons d'abord que les campagnes qu'on traverse depuis Barcelonne jusqu'ici sont presque toujours jolies; cela fait oublier de temps en temps l'effroyable chaleur de la diligence, et, quoi qu'on en puisse dire, je soutiens qu'on en souffre moins à cheval. A chaque relais, et si petit que soit le village où l'on s'arrête, un grand secours vous est offert pour la modique somme d'un réal; ce sont des *granitas*. La *granita* est une glace qui n'est pas entièrement prise et qu'on vous sert dans de grands verres. A peine la diligence est arrivée que vous êtes entouré de sabotières pleines de neige venant des montagnes et que vous pouvez vous désaltérer avec le bienfaisant rafraîchissement. On s'arrêta pour dîner à Lerida, et comme, selon la coutume espagnole, il ne faut jamais se presser, nous eûmes le temps de voir la petite ville dont la situation est jolie. L'intérieur ne l'est pas, mais la cathédrale, œuvre moderne dans le style de la renaissance, vaut la peine d'être vue.

La campagne entourant Saragosse est charmante; verte, fertile, bien plantée, ses ombrages me rappelaient ceux de Grenade, non pas qu'on puisse cependant comparer en rien la plaine de Saragosse à la poétique *vega* de Grenade, je ne parle ici que de la beauté des ombrages. Longtemps avant d'entrer dans la ville, on aperçoit au loin ses nombreux clochers, surtout ceux de Notre-Dame del Pilar et de la cathédrale, c'est un tableau charmant. Puis nous passerons un très-beau pont sur l'Ebre, une porte bien vieille, et nous nous trouverons dans une ville encore plus vieille, dont l'aspect n'est que celui du moyen-âge. Saragosse est une ville de 62,000 âmes, d'une tranquillité inouïe; dans le jour on ne voit rien, on n'entend rien. Si vous voulez voir un peu d'animation, allez le matin au marché, ou le soir dans la *calle del Coso*, ou bien aux *paseos* qui en sont près; vous verrez à celui de Torre Blanca, autour de ses *glorietas* (massifs d'arbustes et de fleurs), une très-nombreuse et élégante société; si vous allez un peu plus loin, vous verrez dans les belles allées qui y aboutissent un nombreux concours d'équipages et de cavaliers révélant que vous êtes dans une ville opulente.

Saragosse est une des villes les plus estimées des Espagnols pour le caractère de ses habitants; on aime à parler aux étrangers de son héroïque défense en 1809, défense à laquelle prirent part jusqu'aux femmes et aux vieillards. Elle est trop connue pour en parler ici; j'ajouterai seulement qu'il me semble que nous devons, en toute justice, dire avec les Espagnols qu'elle n'est comparable dans l'histoire qu'à celles de Numance et de Sagonte.

Aujourd'hui elle est entourée d'un mur en terre, on y entre par douze portes. Ses rues sont étroites, ses maisons sont assez hautes et bâties en briques. Malgré ses affreux malheurs de 1809, il lui reste encore un certain nombre de vieilles bonnes choses devant la rendre intéressante à l'observateur qui la parcourt. Je te citerai particulièrement la *Casa del Infante* appartenant à la *baronesa* de Torreffel. C'est une vieille maison dont la cour est entourée de portiques. Rien de plus original que leurs colonnes formées de trois personnages entrelacés et surmontés d'espèces de cariatides, soutenant la galerie du premier étage. Le petit mur d'appui de cette galerie est richement orné de sculptures, et ses colonnes supportant le toit sont d'une délicatesse extrême. Cette maison me paraît, par son style, appartenir au moyen-âge, elle est digne de l'attention de l'antiquaire. Son nom fait supposer son origine, mais ni concierge, ni guides ne peuvent vous donner aucun renseignement.

En général, si l'on veut retirer quelque agrément d'un voyage en Espagne, n'oublie pas qu'il faut faire en sorte d'avoir des lettres de recommandations. Excepté à Séville et à Grenade, les gens que vous prenez pour vous guider sont, le plus souvent, des garçons d'hôtel, ne sachant rien, et qui, la plupart du temps, ne savent même pas ce qu'il y a à voir dans leur ville. Ainsi, ce fut par hasard qu'en flânant j'entrai dans la cour de madame de Torreflel, et mon guide ne savait pas où était la *lonja*. Saragosse est la seule ville importante pour laquelle je n'aie eu aucune lettre et je l'ai bien regretté. Dans tous les cas, il ne faut, dans aucun lieu, attacher la moindre créance à ce que vous disent les guides; ces savants-là vous racontent les plus effrayantes énormités. Tu ne manqueras pas d'aller voir la *lonja*, l'université, qui a de la réputation et fut fondée en 1478, l'académie des beaux-arts renfermant le musée où il y a d'excellentes choses. Enfin, en te promenant dans la ville, ton attention sera souvent appelée par mille vestiges pleins d'intérêt, particulièrement d'anciens couvents et leurs chapelles ou églises.

Trois églises de Saragosse sont dignes d'un long examen; on le leur accorde avec une véritable satisfaction. Ce sont : Notre-Dame del Pilar, la cathédrale et San Pablo. La cathédrale est une très-belle église byzantine, d'un goût très-pur dans son ensemble; les piliers sont chacun comme une réunion de palmiers dont les rameaux s'échappent en canelures pour orner la voûte. Le rétable de l'*altar mayor* forme un admirable ensemble de groupes en bois dont les personnages, de grandeur naturelle, sont d'une exécution parfaite. Dans chaque chapelle il y a, soit en peinture, soit en sculpture, quelque chose de beau à voir. Tu remarqueras surtout une sainte famille derrière le chœur, c'est parfait. Malheureusement il y a dans l'ornementation de l'église du plateresque bien lourd; cela est fâcheux, dans cette grande et belle basilique à cinq nefs, dont le style est si noble !

Oserai-je l'avouer ? Notre-Dame del Pilar ne m'a pas plu beaucoup. C'est une église composite, manquant de noblesse, tant dans son ensemble que dans ses détails. Cependant nous remarquerons deux choses vraiment belles : les fresques des coupoles, dues à Velasquez, qui, sur l'ordre du roi, revint exprès de Rome pour les peindre; puis un temple de marbre et de jaspe des plus magnifiques, d'un admirable travail et presque aussi haut que l'église. C'est dans ce temple qu'on voit la fameuse Vierge, la plus riche et la plus *milagrosa* d'Espagne. En effet, quoiqu'elle n'ait qu'environ un mètre de hauteur, je n'ai jamais rien vu de si éblouissant. La niche dans laquelle elle est posée, sur un petit pilier d'un mètre de hauteur environ, est doublée de velours et parsemée d'étoiles de diamants; le manteau de velours qui la couvre du haut en bas est parsemé de la même manière; sa couronne royale est de gros diamants, ainsi que celle de l'enfant Jésus qu'elle tient dans ses bras. Puis elle a des colliers, des bracelets, des bagues, toujours en diamants. Je te le répète, c'est à éblouir la vue, d'autant plus que la chapelle qui occupe tout l'intérieur du temple de la Vierge est très-sombre, et seulement éclairée par des cierges; cette lumière, toute faible qu'elle est, fait resplendir la sainte mère de Dieu d'un éclat sans pareil. Le public ne peut approcher près de la Vierge ; il en est séparé par une balustrade dorée que les prêtres seuls ont le droit de franchir pour officier à l'autel et bénir en les faisant toucher le saint pilier, les nombreux chapelets et les images que viennent acheter les fidèles. Je t'assure que c'était pour moi un spectacle à la fois curieux et touchant, de voir cette foi vive et sincère qui, tout le long du jour, attire aux pieds de la Vierge un si nombreux concours de fidèles; que de voir de pauvres gens de la ville et des champs venir jeter sur les dalles, après avoir fait leur prière, la modeste offrande d'un ou deux *cuartos* qui, peut-être, doit diminuer leur repas. Mais, n'importe, ils se relèvent contents, la tranquillité de l'âme est peinte sur leur visage, car sainte Marie va leur accorder la faveur demandée. La foi qu'on a en elle est si grande, chez les puissants comme chez les petits, que nul trésor de reine de ce monde ne saurait égaler les immenses richesses qu'elle possède en bijoux depuis des siècles; ce sont les cadeaux qu'elle reçoit des mains royales ou de celles des grands de l'État, en témoignages de reconnaissance pour des grâces accordées par elle. C'est dans la sacristie qu'on te montrera *las alhajas de la Virgen*. On t'ouvrira une armoire de toute la hauteur de la sacristie; cette armoire, doublée en velours, est arrangée en manière d'écrin, et contient des colliers, des bracelets, des croix, et enfin des bijoux de toutes sortes, toujours en diamants, dont la plupart sont extrêmement gros. Outre cette armoire, il y a encore une quantité d'autres petits écrins qui sont les cadeaux les plus récents. Enfin, je le répète, il n'y a pas de reine ou d'impératrice dont les joyaux soient, à beaucoup près, aussi beaux et aussi considérables que ceux de la *Virgen del Pilar*; elle en a pour une valeur incalculable. Le prêtre qui nous les montrait me dit que ce trésor était bien plus riche encore avant la guerre; mais que le chapitre fut obligé, en 1809, de faire, aux dépens de la reine des cieux, des cadeaux considérables au maréchal Lannes, ce qui le diminua beaucoup.

Voici ce que me raconta le même prêtre sur l'origine miraculeuse de la Vierge qui dispense tant de bienfaits: C'était vers le douzième siècle qu'un nuage épais descendit un jour dans la plaine de Saragosse; l'étrangeté de ce nuage sur le sol, par un temps clair et beau, attira un grand nombre de curieux; le nuage s'ouvrit alors, et la Vierge mère de Dieu apparut, remit sa statue, qu'elle apportait, entre les mains des assistants, leur disant: « Voici ma statue, que je donne moi-même à la pieuse Saragosse; allez sur la montagne la plus voisine, vous y trouverez le pilier sur lequel je veux qu'elle soit posée. Allez, et priez. » On trouva le petit pilier, on déposa provisoirement la

Vierge dans une église. Elle fit tant et tant de miracles que sa renommée s'étendit rapidement par toute l'Espagne. Avec les dons nombreux qu'elle reçut, dons puissamment aidés par la munificence royale, on lui construisit l'église dans laquelle elle est aujourd'hui, et, peu de temps après, le temple magnifique que nous admirons au centre de cette église, et qu'elle continuera à occuper sans doute jusqu'à ce que la versalité humaine ou les révolutions des barbares modernes viennent l'anéantir.

Nous verrons aussi San Pablo, c'est la plus ancienne église de Saragosse; il y a d'assez bons tableaux, et le rétable de l'*altar mayor* est digne d'attention.

Enfin, en tout point, la vieille capitale du royaume d'Arragon est intéressante à visiter, j'engage beaucoup à la parcourir dans tous les sens. Malgré les destructions de la guerre, on rencontre très-fréquemment des vestiges d'origine arabe qui furent fort modifiés par le moyen-âge dans les douzième et treizième siècles; partout on retrouve avec plaisir le mélange du goût et de l'architecture des Arabes et des Espagnols; il y a peu de rues de l'intérieur de la ville où l'attention ne soit attirée par des objets vraiment intéressants à observer ou même à étudier. J'y suis restée quatre jours avec un grand plaisir.

Garde-toi de descendre à la *fonda de las cuatro Naciones*, on y a le double désagrément d'y être affreusement mal et indignement écorché. C'est à la *fonda del Turco* qu'il faut aller.

Ici, nous combinâmes longtemps notre itinéraire pour rentrer en France par les sites pyrénéens les plus beaux. J'hésitais entre la direction de Bagnères-de-Luchon par Barbastro, et celle de Pau par Jaca. Cette dernière est la plus courte, étant la plus directe; d'ailleurs, je ne connais pas ce côté-ci des Pyrénées espagnoles, et je connais tous les environs de Luchon des deux côtés de la frontière. Va donc pour Pau.

Nous voulions, malgré la longueur du trajet, prendre

ici des mules et des guides pour aller jusqu'à Pau, mais, après renseignements pris, je vois qu'il vaut mieux prendre l'omnibus de Huesca; il part cette nuit à deux heures, nous serons le matin dans cette ville, et nous aurons toute la journée pour la voir et nous procurer les moyens de chevaucher jusque dans le beau royaume de France.

LETTRE XXIX.

Pau, 7 juillet 1850.

La voilà cette pauvre France, j'y suis et je la retrouve, hélas! comme je l'avais laissée. Elle souffre, elle a le sentiment de sa souffrance, mais elle dit: laissons le temps faire son œuvre. A-t-elle tort? Je crois que oui. Si nous abandonnons un malade à la seule action du temps, le malade succombe. Enfin, disons avec le prophète: *Dieu est grand*, ou avec les Espagnols: *como Dios quiere*. Je ne puis exprimer à quelle impression violente j'étais en proie en repassant la frontière; c'était à la fois une joie vive et un regret poignant de voir déjà fini ce voyage que j'avais désiré toute ma vie et qui s'était accompli avec tant de bonheur. Je quittais toutes les satisfactions qui, depuis près de neuf mois, m'entouraient sous un ciel enchanteur, pour revenir, il est vrai, dans la capitale du monde savant, mais aussi pour m'attrister l'âme de l'état actuel de notre patrie et ne plus entendre que des discussions sans fin n'aboutissant à rien. Enfin, dans ton charmant séjour au pied des Alpes, où tu me parleras de la Russie quand je te raconterai l'Espagne, nous répéterons ces paroles d'un poète, afin d'oublier les choses d'ici-bas:

> Sainte amitié, don du ciel, beauté pure,
> Porte un jour doux dans ma retraite obscure (1).

Mais revenons à ma dernière course dans cette Espagne aux si doux souvenirs.

(1) J.-B. Rousseau.

C'était dans la nuit du 2 au 3 que nous montions dans l'omnibus qui va de Saragosse à Huesca, et à sept heures du matin nous arrivions dans cette petite ville. Nous descendions dans une *posada*, la seule qui existât. Son apparence est révoltante, mais, rendons-lui justice, la réalité valait mieux que l'apparence, et je la trouvai tenue par une Française si enchantée d'en recevoir une autre, que la pauvre femme mit tout en usage pour nous plaire, et que nous trouvâmes dans la modeste *posada* une cuisine vraiment digne de nous.

Mais, grand Dieu! quel chemin que celui de Saragosse à Huesca! c'est quelque chose qui n'a pas de nom; les pauvres habitants de l'omnibus tombaient avec fracas les uns sur les autres; les nez s'entre-choquaient, les poitrines se heurtaient, les genoux se battaient, c'était effrayant. Cependant, par un bienfait tout providentiel, l'omnibus et tout son contenu arrivèrent sans être en morceaux.

Il n'y a d'intéressant à voir à Huesca que sa cathédrale. Elle appartient au style gothique et fut construite par le fameux architecte Juan de Olotzaga. Le portail, orné de chaque côté de quatorze statues colossales qui ont du mérite, est très-beau. Dans l'intérieur, il y a peu d'ornements, mais on admire les belles proportions et l'harmonie qui règnent partout. Le rétable de l'*altar mayor*, tout d'albâtre, est des plus curieux.

Huesca est une ville très-ancienne, mais rien ne rappelle aujourd'hui ses beaux jours passés. Elle fut très-peuplée sous la domination romaine, et Jules César lui avait donné le titre de *vencedora*. Il ne lui reste à présent que 9,000 habitants, l'herbe croît dans ses rues, et la tristesse l'habite.

Ce ne fut pas sans peine que nous trouvâmes des chevaux assez solides pour que leur propriétaire consentît à faire en deux jours un trajet qui en demande trois, et je ne conseillerais à personne de faire la même absurdité. On se fatigue beaucoup, et la nuit on ne jouit pas des contrées charmantes que l'on parcourt. Nous eûmes deux chevaux, un mulet et deux hommes pour une once (84 fr.), et je l'assure que bêtes et gens l'ont bien gagnée.

Le 4, à quatre heures du matin, nous nous mettions en marche; pendant deux heures nous traversâmes des plaines riantes, cultivées partout comme des jardins, puis nous entrions dans les Pyrénées, dans cette nature si belle et si variée que chaque pas qu'on fait est un plaisir nouveau.

Près du village d'Acquis, nous trouvâmes une magnifique prise d'eau, bien à tort appelée le *pantano* (bourbier), car ses eaux, venant toutes des montagnes, ont la limpidité du cristal. Elles ont été amenées dans un très-grand bassin, une espèce de petit lac, où elles sont retenues par un mur traversant toute la vallée et dont l'épaisseur est prodigieuse. De ce réservoir, elles vont par des conduits jusqu'à Huesca.

Nous allâmes coucher à Aurin, où nous n'arrivâmes qu'à la nuit fermée dans une pauvre *posada* où, de mémoire d'homme, on n'avait jamais vu si bonne compagnie arriver. Mais, hélas! pour réparer nos forces, il n'y avait que des œufs et du chocolat! Néanmoins ce repas, aidé d'un bon sommeil dans du linge très-propre, nous donna toutes les forces nécessaires pour repartir à quatre heures du matin. Malgré une chaleur excessive, je jouissais pleinement des belles contrées que nous parcourions; plus nous avancions dans la chaîne, plus la nature devenait grandiose. Ces pays-là sont si peu habités que nous ne rencontrions personne dans les sentiers, avantage que j'apprécie fort; le solennel silence qui nous entourait n'était interrompu que par le bruit des eaux qui coulent et tombent en cascades de tous côtés. Nous traversâmes le joli petit village de Briescas, et nous vînmes nous reposer à celui de Sallent, dans une *posada*. Dieu, quelle *posada*!.. Mais au moins nous fûmes dédommagés en trouvant du lait de vache; c'était vraiment pour nous un festin; depuis mon entrée en Espagne, c'était la première fois que j'en voyais. Nous étions encore bien loin de la frontière et surtout de Larruns, sur la grande route de Pau, où nous avions consenti à renvoyer nos guides. Le repos ne fut donc pas long. Les Pyrénées devenaient de plus en plus belles de cette grandeur sauvage qui les caractérise. Nous pûmes heureusement atteindre le port et traverser ses neiges avant que la nuit fût complète, car, outre ses ombres, nous fûmes enveloppés d'un brouillard épais qui obscurcissait la vue au point de ne plus voir le sentier, lequel sentier était coupé à chaque instant par des torrents qu'il fallait traverser. Nous étions obligés de nous mettre presque horizontalement sur nos chevaux, que chacun de nos guides prenait par le mors pour les soutenir au milieu de l'eau et des pierres, ayant, eux, de l'eau quelquefois jusqu'à la ceinture, et ni l'un ni l'autre n'étant bien sûr du chemin. S'aventurer ainsi était une extravagance ; il eut mieux valu cent fois coucher sur l'herbe quand la nuit commença, et je regarde comme une faveur toute providentielle que nous ayons pu arriver sains et saufs jusqu'à Gabas. Il était alors minuit et demi. Gabas est la première ligne de douanes, il n'y a que la maison des douaniers et une auberge. Nos pauvres guides étaient tellement fatigués, que, malgré les conventions faites pour aller sans s'arrêter jusqu'à Laruns, je leur proposai de coucher à Gabas. Nous fîmes tapage à la porte, mais on était si bien endormi qu'on ne répondait pas. Nos braves guides prirent leur parti et nous offrirent d'aller tout de suite jusqu'aux Eaux-Chaudes, où nous pouvions être en une heure et demie, la route étant très-bonne, si nous voulions bien ne pas les obliger d'aller jusqu'à Laruns; que d'ailleurs nous trouverions aux Eaux-Chaudes d'excellents hôtels et des omnibus pour aller à Pau. Ce fut accepté, et à deux heures du matin nous étions aux Eaux-Chaudes cherchant un hôtel qui voulût nous recevoir.

J'avoue qu'en rentrant dans mon pays, ce ne fut pas sans tristesse que je fis des comparaisons entre l'hospitalité espagnole et la nôtre. Arrivés éreintés dans ce village où, certes, l'hospitalité se vend fort cher, nous allâmes frapper à trois hôtels, où les gens, en nous disant des sottises pour les avoir réveillés, nous refermèrent la porte au nez. Enfin, dans un quatrième, la servante me demanda si je ne plaisantais pas et si nous étions bien réellement des voyageurs. Sur l'assurance que je lui donnai, les portes s'ouvrirent et nous trouvâmes alors bons lits et bon souper.

Depuis vingt-deux heures, nous cheminions, ne nous étant reposés qu'une heure dans la journée. Je ne comprends pas la constitution de nos guides qui avaient pu faire tout cela à pied. Je n'ai jamais vu un dévouement et une sollicitude comparables aux leurs. Je regrette de ne pas me rappeler leurs noms pour les recommander aux voyageurs qui feraient le même trajet (1). Je t'engage beaucoup à suivre le même itinéraire que moi pour rentrer en France; il est impossible de parcourir une nature plus belle et plus variée. On peut aussi passer par la ville de Jaca et y coucher; nous ne le fîmes pas, parce que, me dit-on, le pays est moins joli.

Nous passâmes une journée dans la vallée, ou plutôt dans la gorge si pittoresque des Eaux-Chaudes, pour nous reposer et aller voir sa belle grotte qui traverse une montagne, et au milieu de laquelle passe un torrent. Le lendemain matin nous prenions l'omnibus de Pau. Je ne te parlerai pas de cette jolie petite ville si connue; je te dirai seulement quelle peine j'y éprouvai en trouvant suspendues, depuis que nous avons le *bonheur* d'être en République, les restaurations intelligentes que le roi Louis-Philippe y faisait faire. On eût retrouvé le palais de Jeanne d'Albret, tel qu'il était lorsqu'elle donna le jour au bon roi Henri; au lieu de cela on voit des fissures se manifestant de toutes parts. On me dit que cependant le gouvernement venait de se décider à envoyer 15,000 fr. pour continuer à travailler. Ce témoignage de la munificence républicaine a l'air d'une vraie plaisanterie, là où il faudrait encore bien des centaines de mille francs, qui auraient de plus l'avantage de faire travailler dans un pays où cela est si nécessaire.

Me voilà rentrée dans la vie prosaïque! Une malle-poste va me conduire à Paris, et remplacer ces courses charmantes à cheval dans la poétique Andalousie, à travers ses sierras. Il me faudra tromper les ennuis du présent avec le charme des souvenirs, et entretenir l'espérance de revoir ce beau ciel dont la seule vue est un allégement aux

(1) On peut les savoir en les demandant à la posada française.

peines de cette vie, et un avant-goût des jouissances célestes.

Avant de terminer notre correspondance, un mot encore, mon cher frère, un dernier coup d'œil sur les hommes et les choses du doux et charmant pays que je viens de parcourir, un dernier conseil, à toi et à ceux qui auraient le désir de l'explorer. J'engage à se mettre en garde contre les dénigrements exagérés des uns ou contre les enthousiasmes irréfléchis des autres.

Je répéterai que l'Espagne est la terre classique de l'héroïsme, des grandes vertus, de l'intelligence et toutes les qualités du cœur. Mais il est évident que les Espagnols, étant doués d'une imagination ardente, doivent avoir les défauts de leurs qualités, et, comme je l'ai dit en commençant, si chez eux les dévouements sont sans bornes, il arrive souvent que leurs vengeances sont terribles. Toutefois, n'oublions pas, je le dis encore, que la Péninsule offre une grande variété dans les caractères des différentes provinces. Ainsi, les Asturies qui échappèrent au joug musulman, les provinces basques et la Gallice, qui le subirent moins d'un siècle, ne sauraient avoir ces traits caractéristiques appartenant au génie arabe, et que nous retrouvons toujours plus à mesure que nous nous avançons vers les provinces du sud-ouest et du sud. Génie qui n'existe pas seulement dans les caractères, mais aussi dans presque toutes les habitudes de la vie, et qui a passé de là dans la langue, dans les lettres, dans les arts et l'agriculture. Aussi les habitants de ces contrées doivent-ils être pour l'observateur des sujets continuels d'études intéressantes, car ils offrent les contrastes les plus remarquables. Comme les Orientaux, ils s'abandonnent avec bonheur à une nonchalance extrême, nonchalance qui cependant sera souvent interrompue par des moments d'activité passionnée. Excepté les courses de taureaux, où leur courage se déploie, ces hommes n'aiment point les exercices corporels; la fatigue leur fait horreur, et cependant, quand la nécessité l'exige, ils savent endurer les plus dures fatigues mieux que tout autre Européen.

Le trait saillant du caractère de l'Espagnol méridionale le plus rapproché du caractère arabe, est son goût pour le merveilleux, pour les choses extraordinaires; c'est peut-être cette disposition qui fut longtemps cause de ce brigandage organisé qui désola la Péninsule, en faisant presque considérer des chefs de bandits comme des héros, ou tout au moins comme des êtres exceptionnels en révolte contre la loi. C'était comme une reconnaissance du droit de la force contre des lois impuissantes.

Pendant mes pérégrinations, une des nuances caractéristiques qui m'ont le plus frappée dans les gens du peuple, c'est cette patience, cette persévérance à toute épreuve et ne connaissant pas d'obstacle. Un Espagnol, brisé de fatigue ou exténué de besoin, ira toujours jusqu'à ce qu'il atteigne le but qu'il s'est proposé d'atteindre. Au reste, une guerre de près de huit siècles pour chasser les Arabes le prouve suffisamment. Malgré l'ardeur de leur imagination, il y a dans le peuple un admirable bon sens, un jugement excellent, plus peut-être que dans les classes élevées de la société, où l'indolence est devenue tellement envahissante, que les grands d'Espagne ne prennent plus nul souci de leurs propres affaires, et qu'une partie de la noblesse est aujourd'hui à moitié ruinée. Mais, dans toutes les classes, nous remarquerons ce sentiment de la justice gravé au fond des cœurs; je t'en citerai un exemple que j'oubliai dans une lettre de Madrid. En visitant la *Armeria* dans cette ville, on me raconta que jadis cette collection possédait l'épée de Rolland et celle de François Ier.

Il appartenait à un Bourbon d'effacer les traces de nos anciens revers : lors de l'expédition d'Espagne, sous les ordres du duc d'Angoulême, en 1823, le prince français, en arrivant dans la capitale, cette cité si fière d'avoir eu François Ier captif, demanda et obtint la restitution de l'épée du preux de Roncevaux et de celle du prisonnier de Pavie. Elles sont aujourd'hui au musée d'artillerie de Paris.

Au nombre des qualités qui sont le partage des Espagnols en général, je dois parler aussi de leur extrême loyauté, de leur scrupuleuse probité, principalement dans leurs rapports avec les étrangers, aussi le commerce espagnol est-il justement estimé. Je suis heureuse d'avoir ici l'occasion de t'en citer quelques exemples.

Étant sur le bateau à vapeur de Carthagène, le hasard me fit un jour prendre part à une conversation qui avait lieu entre un commerçant français, des Portugais et des Espagnols. Le Français nous dit ces mots : « Quant à moi, je me plais à rendre hommage à la loyauté des Espagnols dans leurs rapports commerciaux ; car, depuis dix ans que je fais des affaires avec eux, personne ne m'a fait tort d'un franc, et leur manière de traiter est toujours empreinte de la plus scrupuleuse délicatesse. »

Pour ce qui me concerne, je puis citer entre autres deux traits d'autant plus beaux qu'ils sont plus rares : J'avais un crédit à Grenade chez un banquier nommé don Juan Morel ; le lendemain du jour où il m'avait donné de l'argent, et quoique m'ayant pris fort peu de chose pour se couvrir de ses frais, il me rapporta deux douros, me disant qu'il avait trouvé sur Paris un change plus avantageux qu'il ne l'espérait. A Valence, le banquier, Espagnol aussi, à qui j'avais affaire, me traita à peu près de la même manière. Certes, pendant la durée de mon voyage, je n'eus pas autant à me louer des Anglais et Français établis en Espagne.

Parmi les erreurs qu'on s'est plu à accréditer chez nous sur les Espagnols, celles qui concernent les femmes ne sont pas les moins choquantes. On est très-persuadé en France que ces dames sont au moins légères et qu'on peut tout se permettre avec elles. Ceci est une erreur grossière. Ce qui est vrai, c'est que la conversation entre hommes et femmes est extrêmement libre, et qu'un abandon, que nous pouvons trouver de mauvais goût, j'en conviens, y règne constamment. Cela tient à ce que les femmes, comme je l'ai dit, reçoivent très-peu d'instruction, et sont réduites à ne s'occuper que de frivolités la plupart du temps ; la conversation avec elles n'est plus alors qu'un babillage et ne pourrait prendre un ton sérieux. Mais je puis affirmer que, dans la bonne compagnie, si un homme cesse un instant d'être *caballero*, et se permet de s'avancer un peu trop, il est repoussé de la manière la plus énergique; l'éloquence de la main est immédiatement employée.

Les femmes espagnoles de tous les rangs sont très-bonnes mères de famille; si elles aiment passionnément la toilette, elles savent allier ce goût avec toutes les qualités de la femme d'intérieur dévouée à ses devoirs.

Enfin, mon cher frère, je ne saurais trop le répéter, qu'un voyage en Espagne est, selon moi, paré de toutes les séductions, de tous les attraits. Jusqu'ici, je n'ai visité que notre pays, l'Italie et l'Espagne, et je dirai toujours aux gens qui dans leurs pérégrinations cherchent des impressions nouvelles, aux gens aimant l'observation et l'étude, je dirai que la préférence appartient à cette dernière.

Ce n'est pas que je veuille dépoétiser l'Italie à tes yeux, au contraire; son ciel est doux et pur comme celui de la Péninsule ibérique; mais l'Italie a si souvent changé de maîtres, mais son sol est tellement foulé par les habitants de l'univers entier que toute espèce d'originalité lui a été ravie, et que le niveau moderne a passé sur elle. Assurément les gens qui se vouent exclusivement à la culture des arts doivent aller en Italie, où, encore de nos jours, et malgré tant de révolutions successives, on les cultive avec amour plus qu'en Espagne. Mais à ceux qui aiment l'étude de l'histoire, qui aiment à étudier les arts dans les témoignages que les âges passés ont laissés, je dirai avec raison, je crois, que l'Espagne leur offre une bien plus grande variété que l'Italie.

En effet, pour ce qui concerne l'art monumental, nous ne verrons dans cette dernière, à très-peu d'exceptions près, que l'architecture empruntée aux Grecs par les Romains; tandis qu'en Espagne, nous retrouvons tous les âges, tous les styles depuis les Phéniciens jusqu'à nos jours. Nous voyons les créations orientales depuis leur naissance jusqu'à leur plus haut point de perfection. A ceux qui veulent se rendre bien compte de cet art si gracieux, je signalerai, comme étant les trois points les plus intéressants de cette étude : Cordoue, Séville et Grenade.

A Cordoue, c'est l'enfance de l'art que nous observons ; dans cette mosquée qui fut le premier édifice construit dans la Péninsule par les Arabes, on reconnaît çà et là qu'ils imitèrent les arts antiques, se servant même d'anciennes colonnes trouvées dans des fouilles.

A Séville, on reconnaît de toutes parts, mais principalement dans l'Alcazar, la deuxième période de la puissance arabe et le beau développement de cette architecture charmante qu'on retrouve ensuite à Grenade dans toute sa perfection.

Le génie des arts plane encore aujourd'hui sur l'Alhambra en ruines, ruines qui témoignent hautement que ces lieux virent l'apogée de la puissance arabe. On y retrouve à chaque pas toute la féerie de leurs imaginations brillantes.

Ne nous étonnons pas de ces raffinements de luxe dans l'art architectural ; nous devons nous rappeler que la loi de Mahomet défend la reproduction d'êtres organisés dans la sculpture et dans la statuaire ; ainsi tout ce qu'il y avait d'artistique dans leur imagination devait nécessairement se reporter vers l'art monumental et donner naissance à cette multitude de créations originales et charmantes que nous admirons dans l'ornementation arabe, et que nous retrouvons toujours à travers les versets du Coran dans toutes leurs œuvres et principalement à l'Alhambra.

Enfin, je répéterai qu'on ne trouve pas en Italie ce parfum de poésie si mélancolique, si rêveuse, attaché à l'Espagne, et que le caractère des habitants contribue à lui donner.

Je pense donc que les savants, les historiens, les artistes, ou même les personnes qui voyagent seulement pour se distraire, trouveront un grand charme à parcourir la Péninsule. J'ajouterai même que les industriels savants n'y trouveront pas moins d'attraits en observant les immenses richesses minéralogiques que les montagnes renferment dans leur sein et dont les indigènes pourraient tirer un si grand parti s'ils étaient moins indolents et plus intéressés.

L'agriculteur pourrait également admirer la merveilleuse fertilité du sol dans la plus grande partie du royaume, fertilité qui serait pour des Français une source de si grands produits, puisque cette terre, labourée comme je te l'ai dit, donne de si abondantes moissons. Ainsi, dans les *vega* de Grenade, Murcie et Valence, dans les plaines de Séville et de Cordoue, on fait quatre récoltes par an (1), et cela, sous les ombrages des oliviers et des mûriers plantés partout, car l'huile et la soie peuvent être comptées au nombre des produits les plus abondants de l'Espagne.

J'eus l'occasion de causer de cette admirable fertilité avec un propriétaire des environs de Tarragone; il me disait que ces champs d'*alfalfa* (2), herbe avec laquelle il nourrit ses chevaux, est coupée quinze fois par an. Aujourd'hui, on peut aussi ajouter au nombre des produits de l'Andalousie la culture de la canne à sucre, qui y a pris un très-grand développement.

J'ai la conviction que le royaume d'Espagne serait bien plus visité par nos compatriotes si l'on ne s'était plu à lui faire une mauvaise et très-souvent injuste réputation pour ce qui concerne le côté matériel des voyages.

Quant à la crainte des bandits, je répéterai d'abord qu'en général les récits faits à leur égard sont toujours empreints d'une exagération ridicule, et puis j'ai indiqué le moyen de se sauvegarder. J'ajouterai que tout dernièrement il a paru une loi pour soustraire ces scélérats aux tribunaux civils et les renvoyer devant les conseils de guerre qui, certainement, n'hésiteront pas à leur appliquer la peine de mort. Il appartenait à un gouvernement aussi sage que celui de la reine, à un conseil présidé par un homme aussi énergique que le duc de Valence de faire une loi d'une si grande opportunité.

Au reste, il est incontestable que l'Espagne est entrée dans une nouvelle voie de splendeur et de prospérité, qui, sous l'égide tutélaire d'une reine intelligente, devra chaque jour devenir plus large. Avec le temps et le concours des

(1) Le blé, le maïs, les pommes de terre, les choux: la consommation de ce dernier légume est immense.

(2) Espèce de luzerne que l'on donne toujours verte aux chevaux.

hommes de bien, si nombreux dans cet heureux pays, il sera réservé à Isabelle II l'honneur de délivrer sa patrie d'une forme de gouvernement ridicule, absurde, en opposition avec le caractère, les mœurs des Espagnols; une forme qui la gêne, la blesse, l'entrave; une forme qui n'est faite que pour faire éclore les plus mauvaises passions, malheureusement toujours en germe au fond du cœur humain. Le jour viendra où cette femme courageuse fera justice des deux fléaux modernes : la presse, et ces arènes où l'égoïsme et la vanité s'agitent sans cesse, où les grands intérêts de la patrie sont chaque jour sacrifiés à des satisfactions d'orgueil et d'ambition; ces arènes enfin qu'on a pompeusement décorées du titre de *représentations nationales*.

J'ai l'espoir, mon cher frère, que, dans cette trop longue correspondance, je t'aurai suffisamment éclairé sur cette noble et grande nation, toujours appréciée, mais souvent mal jugée. J'ai voulu, moi, juger froidement les hommes et les choses; sans enthousiasme comme sans prévention, j'ai donc l'espoir d'être restée dans le vrai. Je serais heureuse d'être parvenue à rectifier quelques erreurs et à donner, aux êtres d'intelligence et de cœur voulant charmer leurs loisirs, aux amateurs du beau, dans les œuvres divines comme dans les œuvres humaines, le goût et le désir d'aller visiter cette Péninsule où tout est attrait. Je leur dirai qu'au milieu d'une civilisation avancée on y retrouve partout les grandes qualités du cœur si rarement compatibles avec elle. Allez, touristes, allez voir cette Espagne aux mœurs encore originales; allez avant que les utiles, mais affreux chemins de fer, hélas! déjà commencés, ne sillonnent en tous sens ces campagnes si belles, si heureuses dans leur état actuel. Le libéralisme, avec sa face hypocrite, l'a dépouillée d'une de ses forces vitales en assassinant ses moines, et les lignes ferrées vont la dépoétiser. Hâtez-vous donc!

CONCLUSION.

Paris, 12 février 1852.

Que nous sommes loin, mon cher frère, du temps ou j'écrivais à Pau les lignes précédentes! Et cependant dix-huit mois seulement sont écoulés. Mais, au dix-neuvième siècle, les hommes, les événements sont lancés à toute vapeur sur un sol brûlant; et, depuis l'origine du monde, y a-t-il jamais eu une époque plus féconde que la nôtre en catastrophes et en événements inattendus? Après tant de tempêtes successives, trouverons-nous enfin le calme? Il me semble que oui; car l'espérance paraît être au fond des cœurs et se reflète sur les visages.

Pauvre France! En 1849 je la laissais en proie aux inquiétudes les plus douloureuses; nul n'osait interroger l'avenir. Un an plus tard, je retrouvais sa position plus grave encore : des institutions antipathiques à ses instincts comme à ses goûts, qu'un jour de folie lui avait imposées, avaient surexcité au plus haut degré toutes les mauvaises passions s'agitant dans son sein, et l'avaient conduite au bord de l'abîme. Mais Dieu protége la France et veille sur elle. Un homme de tête et de cœur, portant un nom prestigieux, était marqué par la Providence pour la préserver des horreurs de l'anarchie et de nouvelles révolutions qui eussent été toujours plus atroces. Rendons grâce à Dieu, et que béni soit son envoyé pour avoir eu le courage de faire justice des êtres pervers et des doctrines infâmes prêts à mettre en question l'existence sociale de notre patrie. Honneur à l'homme intelligent et dévoué qui a pu, parce qu'il l'a voulu, enfouir dans le néant, et à jamais, espérons-le, toutes les absurdités, toutes les niaiseries que le libéralisme croyait avoir implantées en France pour toujours.

Combien nous étions loin, il y a dix-huit mois, de penser que ce que je désirais tant pour l'Espagne serait d'abord appliqué à la France ! A qui nous eût dit alors que la délivrance était si près, nous n'eussions opposé qu'un triste sourire d'incrédulité. Remercions Dieu, nous sommes sauvés.

Hélas ! qui pourrait nier jusqu'à quel point peuvent être excitées les fureurs démagogiques ? fureurs d'autant plus grandes qu'elles sont aujourd'hui impuissantes, en voyant ce qui vient de se passer en Espagne. En Espagne, cet heureux pays, où les traditions monarchiques sont à l'état de culte, où la majesté royale est si intimement liée à tout l'édifice social, où l'amour du roi et l'amour de la patrie sont inséparables dans les cœurs ! Eh bien, c'est sur cette terre que la démagogie, musclée en France, a pu recruter un bras assassin. L'odieux forfait, l'exécrable attentat commis sur la reine Isabelle II est sans précédent dans l'histoire d'Espagne. Il appartenait aux réformateurs modernes de fanatiser un ministre des autels pour frapper une femme ! une femme dont la couronne royale est entourée de la triple auréole de la jeunesse, de l'intelligence et de la puissance ; une reine dont chaque jour est marqué par un bienfait nouveau, et dont la perte eût encore jeté ce beau royaume dans de nouveaux malheurs.

Espérons que le monstre à face humaine, qui a déjà reçu le châtiment de son crime, était le seul de son espèce sur la noble terre d'Espagne. Espérons qu'enfin, dans nos deux pays, les lois de la raison et de l'éternelle justice en reprenant leur empire pourront encore régir les hommes et les maintenir dans une voie de prospérité et de bonheur.

FIN.

TABLE.

	Pages.
LETTRE I. — Paris, 1er janvier 1852.	1
LETTRE II. — Burgos.	6
LETTRE III. — Valladolid.	25
LETTRE IV. — Ségovie.	38
LETTRE V. — Madrid.	55
LETTRE VI. — Madrid.	69
LETTRE VII. — Madrid, le Pardo.	89
LETTRE VIII. — Madrid, l'Escorial.	99
LETTRE IX. — Tolède.	109
LETTRE X. — Aranjuez.	121
LETTRE XI. — Cordoue.	124
LETTRE XII. — Séville.	135
LETTRE XIII. — Cadix.	164
LETTRE XIV. — Lisbonne.	180
LETTRE XV. — Gibraltar.	199
LETTRE XVI. — Algésiras, Tarifa.	207
LETTRE XVII. — Ronda.	214
LETTRE XVIII. — Malaga.	230
LETTRE XIX. — Grenade.	240
LETTRE XX. — Almeria, par Lanjaron, Orjiba, Ujigar, Adra.	265

LETTRE XXI. — Carthagène.	277
LETTRE XXII. — Murcie.	280
LETTRE XXIII. — Elche, Alicante.	285
LETTRE XXIV. — Valence, par Alcoy et San Felipe.	289
LETTRE XXV. — Murviedro, Tarragone.	297
LETTRE XXVI. — Barcelonne.	304
LETTRE XXVII. — Palma.	310
LETTRE XXVIII. — Sarragosse.	324
LETTRE XXIX. — Pau, par Huesca.	331
CONCLUSION.	343

FIN DE LA TABLE.

Paris. — Imp. de Pommeret et Moreau, 17, quai des Augustins.

www.ingramcontent.com/pod-product-compliance
Lightning Source LLC
Chambersburg PA
CBHW050805170426
43202CB00013B/2571